● 高等院校应用型专业心理学系列教材

职业生涯规划与辅导

CAREER PLANNING AND GUIDANCE

主　编　吕厚超
副主编　张　锋　赵　然　李　敏

西南师范大学出版社
国家一级出版社　全国百佳图书出版单位

图书在版编目(CIP)数据

职业生涯规划与辅导 / 吕厚超主编. —— 重庆 : 西南师范大学出版社，2014.7

ISBN 978-7-5621-6898-0

Ⅰ. ①职… Ⅱ. ①吕… Ⅲ. ①职业选择 Ⅳ. ①C913.2

中国版本图书馆 CIP 数据核字(2014)第 153027 号

职业生涯规划与辅导

ZHIYE SHENGYA GUIHUA YU FUDAO

主　编　吕厚超

副主编　张　锋　赵　然　李　敏

责任编辑：刘　露

封面设计：尚品视觉 周　娟　钟　琛

排　　版：重庆大雅数码印刷有限公司

出版发行：西南师范大学出版社

地址：重庆市北碚区天生路 1 号

邮编：400715　市场营销部电话：023-68868624

http：//www.xscbs.com

经　　销：新华书店

印　　刷：重庆紫石东南印务有限公司

开　　本：787mm×1092mm　1/16

印　　张：19

字　　数：430 千字

版　　次：2014 年 7 月　第 1 版

印　　次：2014 年 7 月　第 1 次印刷

书　　号：ISBN 978-7-5621-6898-0

定　　价：32.00 元

前 言

据中国社会科学院《社会蓝皮书:2014年中国社会形势分析与预测》(社会科学文献出版社,2014年5月)报道,2013年全国大学毕业生达699万,被称为“史上最难就业季”。2014年,我国大学生就业形势会更加严峻,高校毕业生人数将首次突破700万大关,高达727万人。与此同时,招聘单位对应届高校毕业生的招聘量却在减少,这使本已严峻的就业形势雪上加霜。大学生毕业后找不到合适的工作,就业无门,不仅严重浪费宝贵的人才资源,影响学生家长对子女教育的投资热情,也会影响社会经济的可持续发展,甚至危害社会稳定。因此,指导大学生理性就业和帮助其进行合理的职业生涯规划就显得尤为重要。

职业生涯规划(career planning)是在对一个人职业生涯的主客观条件进行测定、分析及总结的基础上,确定最佳的职业奋斗目标,并为实现这一目标做出行之有效的安排。人的一生,绝大部分时间是在职业生涯中度过的,职业生涯规划的成败在某种程度上对人的一生具有决定性的影响。因此职业生涯规划对于指导学生求职和未来职业发展具有重要的现实意义。本书通过十四章内容,使读者学习和掌握职业生涯规划的基础理论和方法,学会如何运用职业生涯规划的技能有效地对自己的职业生涯进行规划和管理,从而做到“人得其位,事得其人”。本书十四章内容的安排如下:职业、职业生涯与职业生涯规划;职业生涯规划的理论;职业生涯规划的内容和方法;职业生涯规划的模式;职业生涯规划设计;自我认知的内容;自我认知的方法;职业期望与职业声誉;职业信息收集;家庭、学校和社会环境认知;社会职场探索与社会能力;职业生涯目标;职业生涯选择的心理辅导;职业选择。以上内容所遵循的内在逻辑为:知己—知彼—抉择。书中内容不仅介绍职业生涯规划的基本知识和理论,也包含了拓展阅读和案例分析;每节和每章之后不仅有复习巩固题,还给出了要点小结和习题参考答案,附录部分还包含了一些有趣的心理测试量表,这有利于读者快速掌握所需要的知识,学会如何使用心理测量工具全面、客观地了解自己。

本书的顺利出版,得益于很多人的合作和帮助。本书的策划和组织者任志林、编辑刘露在成书过程中提供了诸多方便,付出了辛勤汗水。参与编写的诸位作者:副主编张锋副教授、赵然教授、李敏老师,研究生郭婧、敖玲敏、皮锋、范富霞、蒋旭玲、付彩红、华生旭、沈文、肖倩、庞雪、翟天宇、谢琼霜，均做了大量工作，在此一并表示真诚的感谢。在本书撰写过程中，由于作者时间紧迫，水平有限，错误与不当之处在所难免，敬希读者批评指正。

本书得到全国教育科学“十一五”规划教育部青年专项课题项目（批准号：EIA100409）、重庆市教育科学规划项目（批准号：10-GJ-0236）和重庆市高等教育教学改革研究重点项目（批准号：102204）的资助，诚致谢意！

吕厚超

2014 年 5 月于西南大学

目 录

第一章　职业、职业生涯与职业生涯规划

人生在世，面临着很多追求和选择。大体而言，有三大抉择：一是求学，二是求偶，三是求职。职业伴随着人的大半生，既是人生价值的体现，也占据着生活的主导地位，构成每个人生活的重要组成部分。在对未来充满期待和憧憬时，每个人可能都会思考：在当今严峻的就业形势下如何择业？我要从事什么样的工作？我的职业发展的领域在哪里？什么工作适合自己的特点？这些问题均涉及职业生涯规划，也是职业生涯规划所要探讨的主题。个人的职业生涯规划是否正确，不仅影响自身的发展，也影响心理健康。职业生涯规划可以帮助我们合理地规划未来，在人生旅途中少走弯路，扬长避短，顺利地迈向职业和人生的成功。本章主要论述职业、职业生涯以及职业生涯规划的概念意义和任务。

第一节 职业、职业生涯和职业生涯规划的概念

一、职业

职业是人类社会发展到一定阶段的产物，也是社会劳动分工发展的必然产物。职业是人的一种社会活动和生活方式，又是一种经济行为，也是人们从社会中谋取多种利益的资源，对于每个人都非常重要。正确认识职业的概念和特性是正确制定个人职业生涯规划的基础。

职业的英文是"occupation"或"vocation"，前者是一个比较大而广的概念，是在社会制度上或社会分工意义上的使用，例如职业分类；后者是一个比较狭窄的概念，是在个人和心理意义上的使用，例如职业兴趣、职业价值观等（方俐洛，凌文铨，刘大雄，2002）。关于职业的概念界定，从不同的角度出发，对职业有不同的理解。

（一）职业的概念

职业的概念由来已久，对职业内涵的理解概括起来有两个方面（张再生，2002）。

1.社会学定义

从社会学的角度来界定职业的概念，主要有以下研究者：日本社会学家尾高邦雄认为职业是某种一定的社会分工或社会角色的持续实现，因此职业包括工作、工作的场所和地位。美国的泰勒认为职业可以解释为一套成模式的与特殊工作经验有关的人群关系。这种成为模式的工作关系的结合，促进了职业结构的发展和职业意识形态的出现。中国研究者姚裕群和朱启臻（1991）认为职业是人的社会角色的一个极为重要的方面。总之，社会学的职业界定主要包括四个方面的内容：（1）职业是社会分工体系中的一种社会位置。该位置是个体进入社会之后获得的，获得途径可能是通过社会资本的继承或社会资本的获取。（2）职业是已经成为模式并与专门工作相关的人群关系和社会关系或者工作关系的组合。它是从事某种相同工作内容的职业群体。（3）职业同权力和利益相联系。例如，拥有垄断权，每种职业在社会分工中都有自身的位置和作用，使别人依赖他们，在一定程度上拥有对他人的权力，而且总要维护这种权力，保持自身的垄断领域。还拥有经济收益权，任何一职业群体凭其被他人所需要、所依赖，获得经济收入。（4）职业是国家认可和确定的。任何一种职业的产生，必然为社会所承认，为国家的职业管理部门所认可，并具有相应的职业标准。因此职业的存在具有法律效力，为国家授予和认可。

2.经济学定义

经济学的职业概念与社会学有所不同。经济学意义上的职业，同劳动的精细分工紧密相连。劳动者相对稳定地担当某项具体的社会劳动分工，或较为稳定地从事某类专门的社会工作，并从中获取收入，这种社会工作就是劳动者赖以生存的职业。总体而言，从经济学的角度来界定职业概念，主要包括四个方面(张再生，2002)：(1)职业是社会分工体系中劳动者所获得的一种劳动角色。职业根源于社会分工，职业是处于最底层、最具体、最精细的社会分工，可以称为某一种职业的分工。(2)职业是一种社会性的活动，具有社会性。职业是劳动者所进行的社会生产劳动或社会工作，均为他人所必须并为国家所认可，因此，职业是社会的职业。(3)职业是具有连续性、稳定性、专门性和具体性的社会活动。(4)劳动者从事某项社会职业，必定获得一定的报酬，并得到满足。

总之，关于职业的概念界定，从不同的角度出发有不同的理解。综合起来可以界定如下(方俐洛，凌文铨，刘大雄，2002)：职业是人们为了维持生计，承担社会分工角色，发挥个性才能的一种持续进行的社会活动。它具有时代性、差异性和层次性特征(鄢敬新，2005)。

(二)职业的功能

1.维持生计

每个人都有各种各样的需求，对金钱的需求在现代社会中是非常强烈的。在社会生活中，金钱代表着物质享受，只有通过某种职业的劳动获得收入，才能够满足日益丰富的生活需求。因此，维持生计是职业功能中必不可少的一个方面。短期、临时性的工作，例如义务劳动、勤工俭学等不能算作职业。

2.承担社会角色

职业是因社会需要而产生的，因此必须承担某种社会角色。在原始社会自给自足的状态下就没有职业存在。人们为了生存和发展，对能力和经验进行专业化分工，就是职业。

3.发挥个性

选择职业，要能最大限度地发挥自己的个性和才能，这是非常重要的。唯有如此，才能满足自己的职业需求，使自己不断成长和发展，更好地扮演所承担的社会角色，从而获得心理上的满足。

(三)职业的意义

职业不仅具有个人意义，也具有社会性意义。它是个人自我实现和社会性贡献的双重体现(王一敏，1998)。

1.个人性意义

职业没有高低之分,具有同等的社会价值。人们通过选择能够发挥自己个性的职业,对社会做出贡献,并获得心理上的满足感。按照马斯洛的需要层次理论,人们在满足了基本的生活保障之后,会越来越多地追求高层次的自我实现,使自己的能力和才能得以最充分地发挥和挖掘。

2.社会性意义

职业的第一种社会性意义在于,职业满足人的需要,保证社会的安定,为社会提供了人的生活物质和精神文化,成为社会构成必不可少的要素。第二种社会性意义是社会的连带作用。在人类的经济活动有了职业分工的同时,社会上不同职种和从事不同职种的人互相在心理上协力和依存,逐渐成为一种默契,并通过在生产过程中的合作与协力,使人与人之间产生了共同为社会做贡献的相互连体感。第三种社会性意义是职业的社会评价。职业选择,除了关心经济因素之外,人们可能更为关心所从事职业的社会评价。职业的社会评价决定着该职业的社会地位。在当代社会,职业的社会评价显示着个人的能力和社会地位。

(四)职业的分类

现代职业门类众多,职业分类极为复杂。由于经济和社会条件不同,又有不同的管理需要,因此各国分类标准也有所不同。1958 年,国际劳工组织(ILO)编制了第一部《国家标准职业分类》,它是各国编制本国职业分类的依据和进行国际交流的标准。在这个分类体系中,每种职业都有一个 5 位的职业编码,一个名称,一个定义。职业定义说明职业工作者的一般职权、主要职责和任务。2000 年,我国颁布的《中华人民共和国职业分类大典》基于国际标准将我国的职业划分为 4 个层次,包括 8 个大类、66 个中类、413 个小类、1838 个细类(职业)。每个大类的名称,以及中类、小类和细类如下表:

表 1-1　职业的类型

类别号	类别名称	中类	小类	细类(职业)
第一大类	国家机关、党群组织、企业、事业单位负责人	5	16	25
第二大类	专业技术人员	14	115	379
第三大类	办事人员和有关人员	4	12	45
第四大类	商业、服务业人员	8	43	147
第五大类	农、林、牧、渔、水利业生产人员	6	30	121
第六大类	生产、运输设备操作人员及有关人员	27	195	1119
第七大类	军人	1	1	1
第八大类	不便分类的其他从业人员	1	1	1

(资料来源:鄢敬新,职业生涯规划宝典。青岛:青岛出版社,2005)

二、职业生涯

(一)生涯的概念

“生涯”这一术语由来已久。《庄子·养生主》中有“吾生也有涯,而知也无涯”的论述,原谓生命有边际、限度,后指生命、人生。生涯的英文为“career”,在字源上来自罗马文字“via carraria”以及拉丁文字“carrus”,含义均指古代的战车。后来引申为道路,即人生发展的道路,还蕴含着竞赛的意思;后又指人或事物所经历的途径或人一生的发展过程及一生中所扮演的系列角色与职位等(沈之菲,2000;林泽炎,林春苗,2003;邱美华,董华欣,1997)。从字面上理解,“生”指活着,“涯”为边际,“生涯”就是“一生”的意思。不同学者对生涯的界定存在分歧,目前多数学者较为接受舒伯(Super,1976)对生涯的界定:生涯是生活中各种事件的演进方向和历程,它统合了个人一生中各种职业和生活角色,由此表现出个人独特的自我发展形态。生涯的发展是以人为中心的,只有个人寻求它的时候,它才存在。舒伯还认为,生涯作为一个人终其一生所扮演角色的整个过程,由三个层面构成:第一,时间,即个人的年龄或生命的历程;第二,经历,即每个人一生所扮演各种不同的角色;第三,个人所扮演的各种角色投入的程度。

从生涯的定义来看,具有下面几个特征:第一,终生性。生涯概括了一个人一生中所拥有的各种职位、角色,因此生涯不是个人在某一阶段所特有的,而是终生发展的过程。第二,独特性。每个人的生涯都有所不同,是个体依据自己的人生理想,为了实现自我而逐渐展开的独特生命历程。第三,发展性。生涯是活跃和动态的发展历程,个体在此历程中表现出主动性。虽然个体在人生的不同阶段有不同的发展任务和追求,但这些任务和追求会不断地调整、变化与发展。第四,期望性。生涯不仅需要适合个人的特质,同时也是个人所期望的。第五,工作性。个体在一生中所扮演的角色有多种,其中,工作是最重要的一个角色,因此个人的生涯以工作为中心。第六,综合性。生涯并不是某一时段个人所拥有的职位、角色,而是一生中所有的职位、角色的总和。

(二)职业生涯的概念

1.职业生涯的含义

职业生涯是一个人的终生职业经历。不仅包括一个人的过去、现在和未来可以实际观察到的连续从事的职业发展过程,还包括个人对职业生涯发展的见解和愿望。具体而言,职业生涯是一个人一生中所有与工作相联系的行为与活动,以及相关的态度、价值观、愿望等的连续性经历的过程。是以心理开发、生理开发、技能开发等人的潜能开发为基础,以工作内容的确定和变化,工作业绩的评价、工资待遇、职称、职务的变动为标志，以满足需求为目标的工作经历和内心体验的经历。职业生涯是人生中最重要的历程，是追求自我实现的重要人生阶段。职业生涯包括了个人的自我概念、家庭生活以及个人所处的环境、文化氛围的方方面面。广义地讲，职业生涯涵盖人的一生，从出生到死亡的生命全程就是职业生涯的广义体现。狭义地说，职业生涯始于人生的第一份职业，终结于个人退出职业场合。

职业生涯伴随人的大半生，甚至更长远，拥有成功的职业生涯是实现完美人生的基本保障。第一，职业生涯是满足人生需求的重要手段。作为个人生命中投入时间和精力最多的人生历程，职业生涯使我们体验到爱与被爱的幸福、受人尊敬、享受成就感的快乐等等。第二，职业生涯是促进人全面发展的重要手段。人在渴望拥有健康、知识、能力、良好人际关系的同时，也渴望事业的成功，并享有幸福和谐的家庭生活以及丰富的休闲时光。追求成功的职业生涯，最终目标是要获得个人的全面发展。

2.职业生涯的影响因素

职业生涯体现个人发展的历程。在此过程中，职业生涯会受到各种主客观因素的影响，是多方面因素相互作用的结果。

(1)教育。个体通过教育或培训，形成自己的知识结构、个性和才干，对人的职业生涯影响巨大。首先，获得不同教育程度的人在职业选择时，具有不同的优势。其次，个人所学的专业及职业种类对职业生涯有着决定性的影响。此外，个体所接受的来自不同院校的教育思想，会使受教育者形成不同的思维模式，从而采用不同的态度来对待自己，对待社会，对待职业生涯的发展。

(2)家庭。家庭是人的第一所学校。首先，个人的价值观和行为模式受到家庭的深刻影响。其次，个人学习某些职业知识或技能也受到家庭潜移默化的影响。此外，家庭会影响个人的择业以及就业之后的职业流动。因此，家庭对人的职业生涯具有很大的影响。

(3)人格。人心不同，各如其面。毫无疑问，人格是影响职业生涯的重要因素。个体择业和职业生涯的发展均受到个体人格特征的影响。例如，从事与自己性格相适合的工作，才能让人充分施展自己的才华，全身心地投入工作，取得好的绩效。人格的其他方面，例如需求、动机、价值观等都会直接影响职业生涯的发展，同样的工作对不同的人有着不同的价值，而同一个人对不同的职业也会有不同的态度与抉择。

(4)社会环境。个人所在的社会环境也是影响职业生涯的重要因素。例如，社会的政治经济形势、社会文化与风俗、职业的社会评价等，均决定着社会职业岗位的数量与结构，也决定着人们对不同职业的认定和步入职业生涯、调整职业生涯的决策。再比如，在当今的人才市场择业时，性别因素仍具有重要的影响。因此，每个个体，尤其对于女性，都必须合理地考虑自己的职业前景和期望，充分发挥自己的性别优势，使自己获得成功。

另外，其他一些因素，例如身体健康状况、个人机遇等因素也对职业生涯产生重要的影响作用。

3.职业生涯的阶段

每个人的职业生涯都会经历不同的发展阶段，每个阶段都要完成不同的核心任务。正确地认识职业生涯发展规律以及自己所处的发展阶段，对于制定有效的职业生涯规划是非常重要的。大体而言，人的职业生涯可以分为6个阶段(鄢敬新，2005)：

(1)职业准备阶段(大约14、15岁到18～22岁，或如果读研究生延续到25～28岁)。该阶段是个体在就业之前学习专业、职业知识和技能的时期，也是人素质形成的主要时期。

(2)职业选择阶段(大约17、18岁到30岁之前)。个体在该阶段从学校走上工作岗位，是人生事业发展的起点。个体需要根据自己的素质和社会需要进行职业选择。这是职业生涯的关键一步。如果选择失误会导致职业生涯的不顺利。

(3)职业适应阶段(就业后1、2年)。该阶段属于工作初期，是对刚走上工作岗位的人进行的素质检验。具备岗位的素质要求，个体就能顺利适应某个职业；素质较差则需要通过职业培训达到职业的要求；如果自身素质与职业要求差距太大，则需要重新择业。但是，如果个人素质远远超出岗位的要求，也可能面临重新择业。

(4)职业稳定阶段(大约从20～30岁开始，到45～50岁)。该阶段属于工作中期，是人的职业生涯的主体。如果个体在这个时期能够得到发展和提高，潜力得以实现，就可能抓住机会逐步取得成果，成为某一领域的行家，并得到晋升，从而获得职业生涯的成功。

(5)职业素质衰退阶段(大约从45～50岁开始，到55～60岁)。该阶段属于工作后期，人开始步入老年。由于生理条件的变化，能力缓慢减退，心理需求逐渐降低。一般来说，个体在这个阶段寻求职业上升空间的机会已经很小，因此会规划全身退休，以及退休后如何转移人生目标，享受晚年生活。但是，对一些老年人而言，随着知识、经验的积累，人生阅历的丰富，反而会出现职业的第二次高峰期，这些人往往是所在领域里的专家权威或专业方面的学术带头人。

(6)职业结束阶段。该阶段是由于年老或其他原因而结束职业生涯的过渡期，往往比较短暂。

三、职业生涯规划

(一)职业生涯规划的含义

职业生涯规划(career planning)是指个人与组织相结合，在对一个人职业生涯的主客观条件进行测定、分析及总结的基础上，对自身素质，例如兴趣、爱好、能力、特长、经历及不足等各方面进行综合分析与权衡，结合时代特点，根据自己的职业倾向，确定最佳的职业奋斗目标,并为实现这一目标做出行之有效的安排。从时间的角度划分,职业生涯规划包括短期规划(2 年以内)、中期规划(2 年~5 年)、长期规划(5 年~10 年)和人生规划四种类型。

职业生涯规划包括个人职业生涯规划和组织职业生涯规划两个方面。本书内容仅限于个人职业生涯规划。个人职业生涯规划分为择业设计和调整职业规划两个部分,两者都受各种因素,尤其是社会环境的直接影响和制约。一般来说,良好的职业生涯规划应该具备以下特征:

1.可行性

职业目标的确定要建立在主客观因素分析的基础上,不能空想、幻想。

2.时效性

职业生涯规划要可预测,对于已经确定的未来规划目标,要具备详细的步骤和完整的时间安排。

3.开放性

良好的职业生涯规划不仅需要分析个人所处的主客观环境,听取多方面的意见,也要进行多次修改和挑战,绝非一成不变。

4.持续性

良好的职业生涯规划需要确保职业生涯的每个阶段的持续发展,并做到有效地衔接。

5.个性化

由于每个人的成长环境、性格类型等主客观因素不尽相同,职业生涯规划也不可能雷同。因此个人的职业生涯规划应该是一种个性化的职业发展蓝图。

(二)职业生涯规划的要素

职业生涯规划是一种个性化的过程,不同的人在制定职业生涯规划时考虑的要素会有所不同。但是,一些内容是共同的,是必须考虑的(图 1-1)。第一,了解自己。包括年龄、性格、兴趣、局限性、生活方式等。第二,了解工作环境。包括工作要求、环境、发展机会、前景等。第三,抉择能力。选择适合自己的工作。第四,培养自己面对调整和转变的弹性(樊富珉,费俊峰,2006)。因此,择己所长、择己所爱、社会所需和受益最大是判断抉择是否正确的重要准则。

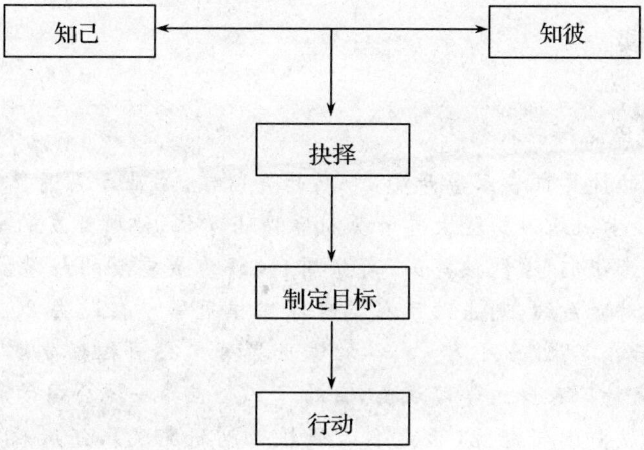

图 1-1　职业生涯规划要素图

（资料来源：樊富珉，费俊峰.青年心理健康十五讲[M].北京：北京大学出版社，2006）

（三）职业生涯规划的步骤

职业生涯规划应该包括以下几个环节：自我评估、职业环境分析、确定职业目标、实施方式和途径、反馈调整，见图 1-2。

图 1-2　职业生涯规划步骤流程图

扩展阅读

李开复的选择

世界著名的计算机专家李开复11岁赴美留学，毕业于常青藤名校之一的哥伦比亚大学，获卡内基·梅隆大学计算机系博士学位；他所开发的全球第一个“非特定人连续语音识别”系统被美国《商业周刊》评为最重要的科学发明；他开发的“奥赛罗”人机对弈系统，则击败了人类世界象棋冠军。在过去20多年的职业生涯中，他曾先后在苹果、SGI、微软、谷歌等世界著名公司担任要职，在乔布斯、比尔·盖茨、施密特等人身边学习成长，目睹了三个世界一流公司的成长与成功，并亲手创办了微软中国研究院(后更名为微软亚洲研究院)，任微软公司全球副总裁；后加入谷歌公司，任谷歌全球副总裁兼大中华区总裁。这位传奇人物在对人生各个关键阶段的回顾时，对自己在职业兴趣方面的重大抉择至今难以忘怀。“我刚进入大学时，想从事法律或政治工作。一年多后我才发现自己对它没有兴趣，学习成绩也只在中游。但我爱上了计算机，每天疯狂地编程，很快就引起了老师、同学的重视。终于，大二的一天，我做了一个重大的决定：放弃法律学习，转学计算机。若不是这一决定，今天我就不会拥有在计算机领域所取得的成就，而很可能只是在美国某个小镇上做一个既不成功又不快乐的律师。”(资料来源：樊富珉，费俊峰.青年心理健康十五讲[M].北京：北京大学出版社，2006)

复习巩固

1.简述职业的含义和功能。

2.如何理解生涯的概念？

3.简述职业生涯规划的含义和要素。

第二节　职业生涯规划的原则、意义和任务

一、职业生涯规划的原则

职业生涯规划不仅要有利于个人职业内部的良好发展，也要有利于家庭生活质量的提高以及个人的全面、整体发展。良好的职业生涯规划必须考虑以下几个原则：

(一)长期性原则

长期性原则又称为全程性原则。要把职业生涯规划的整个过程进行长期、全程性地考虑,也要把职业生涯规划作为系统工程,从一个人一生的角度去实施和调整。规划一定要从长远考虑,着眼于大方向,进行长期规划。

(二)差异性原则

人与人之间存在差异是心理学的一条基本原理。在职业生涯规划时也要充分考虑个体之间的差异性。适合他人的职业生涯规划并不一定适合自己。因此在进行职业生涯规划时要注重个性化因素和针对性特征,体现差异性原则。例如,个体之间存在性别、年龄、个性、文化背景、家庭和社会背景差异。这些均需要在职业生涯规划中有所体现。

(三)发展性原则

在人的一生中,心理和身体均在发生着变化,处在发展过程中。职业生涯规划要考虑个体的发展变化。在制定和实施职业生涯规划的具体措施时,要充分考虑变化与发展性因素,考虑自己制定的目标和措施是否能顺利实施,是否需要根据自身和社会发展的需要对职业生涯规划进行调整和完善。

(四)阶段性原则

众所周知,个体的发展具有明显的阶段性,在规划职业生涯时也需要遵循这一原则。要充分考虑个人所处的不同发展阶段,例如,大学阶段应该以专业学习为主,为以后择业奠定良好的专业基础和技能;刚刚走入社会,应该以适应工作岗位为主,尽快提升自己的职业适应性,为今后的职业发展积累经验。因此,需要有目的、有步骤、有计划地调整和安排自身各个阶段的职业生涯规划。例如,可以根据职业生涯规划的情况,进行短期计划、中期计划和长期计划。

(五)挑战性原则

心理学研究表明,目标过低或过高,都不利于获得好的结果。职业生涯规划也是如此,过于平庸的职业发展目标不仅不利于个人职业生涯的发展,也阻碍个人职业目标的实现。反之,好高骛远的职业发展目标同样不利于个人的职业发展。因此,在制定职业生涯规划时应注意考虑制定的目标是否具有挑战性。例如,目标选择是否对自己具有内在的激励作用?完成计划之后自己是否产生成就感?

二、职业生涯规划的意义

职业生涯规划是个人自我发展和自我开发的重要内容,也是人力资源管理领域的一项重要课题。为什么个人或组织必须重视职业生涯规划呢？具体而言，职业生涯规划在社会层面、组织层面和个人层面均具有重要的意义。

(一)社会层面

1.有助于适应快速变化的社会

进入21世纪以来，科学技术高速发展，社会急剧变革，人类面临的挑战愈发激烈。当前，科技发展主要呈现出三个特点。第一，科技发展速度具有超常规发展和急剧变革的特点。截止到1980年，人类社会获得的科学知识中的90%是第二次世界大战以后的30年获得的；人类的科学知识，在19世纪大约每50年增加1倍，20世纪中期每10年增加1倍，当今则是每3到5年就增加1倍。第二，科学发展呈现出高度分化又高度综合的整体化趋势，但又以高度综合为主。21世纪将是不同领域科技创造性融合的时代。第三，科学技术转化为生产力的速度越来越快，而且发展势头越来越猛。因此，对人才的合理开发和计划利用成为当今社会的重要课题。职业生涯规划将为个人提供适应社会的工具和指导，增加个人迎接社会调整的勇气和实力。

2.有助于适应终身学习的社会

1965年，联合国教科文组织在主持召开成人教育促进国际会议期间，提出了终身教育(life-long learning)的理念。半个世纪以来，关于终身教育概念的讨论在全世界受到广泛的关注。1986年，联合国教科文组织又提出了教育的四大支柱，也可以说是教育的四大目标：即学会求知(learning to know)；学会做事(learning to do)；学会合作(learning to co-operate)；学会生存与发展(learning to be)。终身教育是个主动、积极地终身接受教育的发展过程。关心未来的学习能力和发展的可能性是终身教育的重要特点。而职业生涯的发展就是要求实现未来社会所需要的人的发展目标。首先，学会求知是职业生涯规划中个体学习能力的发展目标。学习是个体为了提高生活质量，实现人的价值追求的途径。在学习过程中，既要重视书本知识的学习，也要重视现实生活能力的发展；既要重视接受性学习，更要重视健全人格的养成，以便为未来的职业生涯规划和发展奠定良好的基础。其次，学会做事要求个体要适应各种工作岗位的发展目标，要求个体在人生的各种社会经历的范围内学会做事，学会应对各种问题，并发展各种能力。再次，学会合作是职业生涯规划的重要内容，是个体合作精神的发展目标。合作可以以互相补偿的方式让个体和组织的需要、利益和兴趣得到最大满足。最后，学会生存和发展是个体学会适应和改变自己的生活、生活环境的发展目标。学会生存和发展能够把握各种利于个体发展的机会，肩负时代赋予的责任，拥有成功的人生。

(二)组织层面

1.有助于组织开发人力资源

企业发展的一个重要目标是实现组织和员工的共赢。组织必须使员工得到适时性地发展，即员工适合做什么工作就让其从事这个工作；适合朝哪个方向发展就设法帮助其往哪个方向发展。因此，职业生涯规划不仅有利于组织的发展，也有助于员工的成长，有利于组织和个体未来目标的达成，这无疑对组织开发人力资源具有重要的作用。

2.有助于减少人才流失

人才对于组织的重要性不言而喻。当前，很多企业面临人才流失的困扰，这给自身的生存和发展带来前所未有困难。因此引进人才、留住人才成为很多企业人力资源管理和人才战略的核心内容。人才流失的主要原因主要集中在：专业是否对口、报酬与待遇，以及社会角色问题（即是否担当一定的社会职务）。那么，解决上述三个问题就一定能留着人才吗？这样做固然可以满足员工的某些需要，但是势必会造成组织的匹配功能失衡，甚至会形成个人利益的恶性膨胀，对企业发展极为不利。因此，要想真正留住人才，减少人才流失，最重要的是要通过职业生涯的科学规划，对人才进行详细分析与评估，根据员工的具体情况，制定符合员工发展的职业生涯道路。只有当员工正当的发展需要得到满足，其职业生涯发展目标与组织的发展目标相一致时才能真正留住他们。

（三）个人层面

1.有助于促进个人的成功

人生的目标是多元的，人生的成功也表现出多元性，具有高低之分。生存需要的满足、安全需要保障、人生内容的丰富、家庭生活的幸福、人生理想的实现等等，均可视为人生的成功。总之，生活掌握在自己手中，机会、名誉、地位、财富等需要自己付出努力，职业生涯规划为每个人提供了有效、明确的技术和方法，对于个人的职业准备、职业选择、职业发展和成功极为重要。

2.有助于认识自己和环境

常言说，20 世纪 80 年代以前的人，职业是被家人首先规划的；20 世纪 90 年代的人，职业是被社会环境所规划的；21 世纪的人，职业将由自己规划。正如前文所述，职业生涯规划必须做到知己、知彼，才能进行正确的抉择和行动。因此，职业生涯规划对个体认识自己、认识社会环境是非常重要的过程。例如，通过各种职业测评方法认识自我，通过客观地环境分析认识职场，这样才能树立明确的发展目标，较好地完善自我，正确地选择职业。

三、职业生涯规划的任务

职业生涯规划的任务涉及内容非常广泛。广义来说，职业生涯规划对个人因素（心理特质、生理特质、学历资历、家庭背景等）、组织因素（组织状况、人力资源管理与评估、工作分析、人际关系等）和环境因素（社会环境、政治环境、经济环境、科技发展等）均有涉及。狭义而言，职业生涯规划的任务主要包括（张添洲，1994；张再生，2002）：

（一）帮助个体开展职业生涯规划与开发

高等院校或企业组织为学生或员工提供职业发展上的技术支持、工作资料分析、工作描述、经营理念的宣传以及人力资源开发的政策等，个体据此设定自我发展目标和开发计划，使个人目标与组织目标相匹配。

（二）确定组织发展目标与职业需求规划

根据组织的现状、发展趋势和规划，明确组织的发展目标，据此确定不同时期组织的职业发展规划与职位需求，并发布此类信息，告知择业者。

（三）开展与职业生涯规划相结合的绩效评估

通过绩效评估结果，配合组织发展的目标和方向，晋升优秀员工，提供职业生涯发展的路径，确认有潜力的个体，使员工公平竞争。

（四）职业生涯发展评估

帮助个体规划职业生涯目标，并进行科学评估，发现其优缺点，分析职业生涯发展的可行性，制定适合个体的职业生涯规划。

（五）工作与职业生涯的调适

根据职业生涯发展评估的结果，对个体的工作或职业生涯目标进行适当的调整，使个体的工作、生活与目标相融合。

（六）职业生涯的发展

提供各种教育与培训、工作的扩大与丰富化、责任的增加、职位的晋升、激励措施等。

扩展阅读

职业生涯的先驱者

在职业生涯指导运动中，最有影响的人物是弗兰克·帕森斯（Frank Parsons），后人称他为职业生涯指导运动之父。1909年，帕森斯出版《选择职业》（Choosing a Vocation，1909）一书，这是最早的职业指导书籍之一。帕森斯本人的生活经历使他有资格写这本书：他学过土木工程，在一家钢厂做过普通工人，又在几所大学教过书，学习过法律，竞选过波士顿市长，没有成功，最后投身于社会工作。帕森斯在书中详细叙述了系统职业指导的指导思想和技术。他概括了职业指导的三个要素：

(1)清楚地了解自己的态度、能力、兴趣、智谋、局限和其他特性;(2)提供职业的知识与信息,即成功的条件及所需知识,在不同工作岗位上所占有的优势、不足和补偿、机会和前途;(3)上述两个条件的平衡,即根据自身调节及职业信息恰当地判断职业方向。因此,解决个人选择职业的关键,就在于个人的特质和特定行业的要求条件是否匹配。这种步骤被称为特质—因素理论(trait-and-factor theory),成为大专院校中许多职业指导方案的基础。自此之后,职业指导运动得到社会的广泛认可,政府和学校也采取了积极支持的态度。1913 年,美国的全国职业指导协会(NVGA)宣告成立。(资料来源:樊富珉,费俊峰.青年心理健康十五讲[M].北京:北京大学出版社,2006)

复习巩固

1.简述职业生涯规划的原则。
2.概述职业生涯规划的意义。

本章要点小结

职业、职业生涯和职业生涯规划的概念

1.职业是人类社会发展到一定阶段的产物,也是社会劳动分工发展的必然产物。关于职业的概念界定,从不同的角度出发,对职业有不同的理解。主要有社会学定义和经济学定义两个方面。综合起来可以界定如下:职业是人们为了维持生计,承担社会分工角色,发挥个性才能的一种持续进行的社会活动。具有时代性、差异性和层次性特征。职业具有维持生计、承担社会角色和发挥个性等功能。

2.职业的分类。现代职业门类众多,职业分类极为复杂。由于经济和社会条件不同,又有不同的管理需要,因此各国分类标准也有所不同。我国颁布的《中华人民共和国职业分类大典》基于国际标准将我国的职业划分为 4 个层次,包括 8 个大类,66 个中类,413 个小类,1838 个细类(职业)。

3.职业生涯,是一个人的终生职业经历。不仅包括一个人的过去、现在和未来可以实际观察到的连续从事的职业发展过程,还包括个人对职业生涯发展的见解和愿望。具体而言,职业生涯是一个人一生中所有与工作相联系的行为与活动,以及相关的态度、价值观、愿望等的连续性经历的过程,是以心理开发、生理开发、技能开发等人的潜能开发为基础,以工作内容的确定和变化,工作业绩的评价、工资待遇、职称、职务的变动为标志,以满足需求为目标的工作经历和内心体验的经历。职业生涯的影响因素主要有:教育、家庭、人格、社会环境。职业生涯分为 6 个阶段。

4.职业生涯规划，是指个人和组织相结合，在对一个人职业生涯的主客观条件进行测定、分析及总结的基础上，对自身素质，例如兴趣、爱好、能力、特长、经历及不足等各方面进行综合分析与权衡，结合时代特点，根据自己的职业倾向，确定最佳的职业奋斗目标，并为实现这一目标而做出的行之有效的安排。职业生涯规划的要素包括知己、知彼、抉择、制定目标和行动。职业生涯规划的步骤包括自我评估、职业环境分析、确定职业目标、实施方式和途径、反馈调整。

职业生涯规划的原则、意义和任务

职业生涯规划的原则包括长期性原则、差异性原则、发展性原则、阶段性原则、挑战性原则。职业生涯规划在社会层面，组织层面和个人层面上均具有重要的意义。职业生涯规划的任务涉及内容非常广泛。具体而言，职业生涯规划的任务主要包括6个方面。

关键术语表

职业　生涯　职业生涯　职业生涯规划

本章复习题

1.职业的功能主要包括(　　)。

A.维持生计、承担社会角色和发挥个性　B.维持生活、挣钱和劳动

C.挣钱、劳动和发挥自我　D.工作、生活和挣钱

2.关于职业的分类，以下说法正确的是(　　)。

A.我国的职业划分为6个层次　B.我国的职业包括8个大类

C.我国的职业包括60个中类　D.我国的职业包括410个小类

3.下面的描述中，哪个不属于生涯的特征(　　)。

A.终生性　B.独特性　C.发展性　D.共同性

4.生涯作为一个人终其一生所扮演角色的过程，由三个层面构成，分别是(　　)。

A.时间、经历和事业　B.时间、经历和角色投入程度

C.时间、事业和角色　D.角色、时间和职业

5.良好的职业生涯规划应该具备的特征不包括(　　)。

A.可行性　B.持续性　C.个性化　D.一致性

6.联合国教科文组织提出的教育四大支柱是(　　)。

A.学会求知；学会做事；学会合作；学会生存

B.学会求知；学会技术；学会合作；学会生存

C.学会学习；学会做事；学会外语；学会合作

D.学会合作；学会做事；学会生存；学会关心

第二章 职业生涯规划的理论

提起周杰伦，很多人都对他在流行乐坛取得的成就羡慕不已。他风格灵动的音乐开拓了流行音乐新领域，在流行乐坛引领了一股“中国风”。但是在拥有这些荣誉之前，他曾经是餐厅的侍应生，也备尝父母离异、联考失败和病痛的折磨。周杰伦的成功引发了诸多思考，那么选择什么职业道路才能获得成功？哪些职业生涯规划的理论有助于我们选择适合自己的职业道路？本章将介绍职业生涯规划的相关理论，以帮助你更好地了解“我适合做什么”“我愿意做什么”“我能做什么”。职业生涯规划的相关理论是在心理学、人力资源管理学、社会学等学科理论的基础上经过不断融合发展起来的。在近百年的职业指导实践中，职业指导的理论体系经过不断完善与发展，积累了丰厚的研究成果。全面了解这些理论，有助于我们科学地认识职业生涯，为系统地掌握正确的职业规划方法奠定良好的基础，也有助于准确地定位自我，从而走向适合自己的职业发展道路。

第一节 特质因素论

特质因素理论是职业生涯管理理论中最为悠久的理论，源于19世纪的官能心理学，并由美国职业指导专家、波士顿大学教授帕森斯创立，后又经美国职业心理学家威廉姆斯发展而成。帕森斯在其《选择一个职业》一书中提出了人与职业相匹配是职业选择的焦点的观点，他认为个人都有自己独特的人格模式，每种人格模式的个体都有其相适应的职业类型。特质因素论在西方得到了最广泛的应用，在职业指导中一直处于指导地位。帕森斯还提出了职业选择的"三步范式"法。后来，随着差异心理学、心理测量技术的发展，以及职业心理资料的建立，进一步丰富和完善了特质因素论，它因此成为职业生涯管理中的奠基理论。帕森斯也由于其在职业指导方面的伟大贡献和深远影响而被尊称为"职业指导之父"。

一、基本观点

所谓"特质"是指个人的人格特征，包括能力倾向、兴趣、价值观和人格等；而"因素"是指在工作上要取得成功所必须具备的条件或资格。这些特质可以通过心理测量工具加以评估，也可以通过对工作的分析进行了解。因此，职业指导从理论分析走向了实际应用，从一般的定性分析走向了精确的定量测量。

特质因素理论的核心是人格特性与职业因素的匹配。其理论前提是每个人都有一系列独有的特性，这些特性是可以客观而有效地进行测量的；每一种职业都有其特定的因素，不同职业需要具备不同特性的人员；每个人的独特特质又与特定的职业相关联；不同的职业需要具有不同个性特质的职员，这样才能获得成功；选择一种职业是一个相当易行的过程，而且人职匹配是可能的；个人特性与工作要求之间配合得愈紧密，职业成功的可能性就愈大。

特质因素理论建立在差异心理学的基础上，认为所有的人在发展与成长方面都存在着差异。每个人都具有不同于别人的个性特点，即特性。这种特性与某种职业因素存在关联。人的特性可以运用科学手段客观地测量，职业因素也是可以分析的。职业指导就是要解决人的特性与职业因素相适应的问题，达到一种合理的匹配。这种理论通过职业指导者的测量与评价，了解被指导者的生理、心理特性以及分析职业对人的要求，帮助被指导者进行比较分析，使之在清楚地了解自己和职业因素的基础上做出明智的职业选择。

特质因素理论的基本内涵要求个体在清楚认识、了解个人的主观条件和社会职业岗位需求条件基础上，将主客观条件与社会职业岗位相对照和匹配，最后选择与个人匹配相当的职业。可以说，运用特质因素理论进行职业指导是以对人的特性的测评为基本前提的。它提出了在职业决策中进行人职匹配的思想，奠定了人员测评理论的基础，至今仍然影响着职业管理学、职业心理学的发展，并推动了人员测评在职业选拔与指导中的运用和发展。

二、职业选择的“三步范式”

帕森斯提出，在职业选择过程中涉及下面的“三步范式”：

(一)自我了解

包括了解个人的能力、天赋、能力、兴趣、志向、资源、限制条件以及其他特质。可以通过心理测量及其他测评手段，获得有关求职者的身体状况、能力倾向、兴趣爱好、气质与性格等方面的个人资料，并通过会谈、调查等方法获得求职者的家庭背景、学业成绩、工作经历等情况，并对这些资料进行评估。

(二)对工作环境和性质的了解

包括了解不同行业、各种职业成功的必备条件、优缺点、成功要素、对工作的要求、薪酬水平、发展前景和机会等。此外，个人还需要制定为准备就业而设置的教育课程计划，并了解提供这种课程的教育机构、学习年限、入学资格和费用等。

(三)整合有关自我与职业世界的知识

帕森斯认为只有经过上述三步分析，才有可能达到人职匹配，他将人职匹配分为以下两种：

一是条件匹配(活找人)。即需要有专门技术、专业知识的职业与掌握该技能和专业知识的择业者相匹配；或脏、累、苦劳动条件很差的职业，需要有吃苦耐劳、体格健壮的劳动者与之匹配。

二是特性匹配(人找活)。即某些职业需要个体具有一定特长，例如敏感、易动感情、不守常规、个性强、理想主义等人格特性，宜于从事审美性、自我情感表达的艺术创作类型的职业。

“三步范式”法被认为是职业选择和职业设计的至理名言，并得到了不断发展和完善。帕森斯的特质因素论强调，首先，在做出职业选择之前评估自己的能力，因为个人选择职业的关键在于个人的特质与特定行业的要求是否匹配。其次，进行职业调查，分析该职业对人的要求，进行工作分析，包括研究工作情形、参观工作场所、与工人和管理人员亲自交流等。最后，以个人和职业的互相匹配作为职业指导的终极目标。帕森斯认为只有这样，人才能适应工作，并使个人和社会同时获益。作为职业指导者，帕森斯还建议可以多多搜集各个职业领域中具有领袖地位的人年轻时代的传记，从而确定年轻时的个性和未来职业发展的相关性。

三、威廉姆斯对特质因素论的发展

威廉姆斯在明尼苏达大学从事学生辅导工作，他在帕森斯理论的基础上，形成了一套独特的辅导方法，被称为“明尼苏达辅导学派”。由于这套方法教导意味很重，所以威廉姆斯的观点及采用的方法又被称为“指导学派”。

由于对自己和职业缺乏了解，人们在职业选择的过程中存在很多问题，威廉姆斯将这些问题概括为四种：

(1)没有选择：求职者处在一种混混沌沌的状态中，不知道也无法表达自己要选择的职业；

(2)不确定的选择：求职者虽然能说出自己希望选择的职业名称，但不知是否适合自己；

(3)不明智的选择：求职者所选择的职业与自身的能力、人格特征等不相符合；

(4)兴趣与能力相矛盾：对某项工作兴趣高但能力低，或有能力适合某项工作但兴趣低于能力，或者兴趣与能力不在同一个工作领域。

威廉姆斯强调在职业指导过程中，对于职业选择有困难的人，必须进行仔细诊断，通过各种途径，包括心理测验、收集求职者的个人资料，如个人兴趣、职业能力、职业态度、家庭背景、教育程度、工作经验等，然后综合整理这些资料，分析求职者的个人特点，将个人的情况与职业要求相对照，分析其匹配程度，协助求职者做出职业选择。

根据人们在职业选择中容易出现的问题，威廉姆斯在心理测验的基础上提出了指导咨询的三种主要方法：

(1)直接建议，即辅导人员直接告诉个体最适当的选择或必须采取的计划与行动。

(2)说服，即辅导人员以合乎逻辑的方式向个体提供他对各项心理测验的结果所做的诊断与预测，让个体根据辅导人员的指导推断出自己应该做的抉择。

(3)解释，即辅导人员向个体说明各项资料的意义，让个体就每一项选择进行系统地分析、探讨，并依据各种心理测验的结果推测成功的可能性。

威廉姆斯认为上述三种方法中，解释是最完整且较能令人满意的方法。解释的过程是由辅导人员从兴趣测验的结果谈起，然后再将其兴趣与智力、能力倾向、成就等测验做配合分析，若还有人格测验的资料，则再与这些资料配合起来，最后提供给个体，帮助个体做出正确的职业选择。

四、综合评价

特质因素论之所以受到广泛的重视，产生深远的影响，并成为许多理论的基础，在于这种理论具有下面几个优势：

第一，为人们的职业选择提供了最基本的指导原则——人职匹配原则。这一原则清晰明了、简便易行，美国当时各种心理测量工具和出版的大量职业信息书刊也为之提供了良好支持。由于特质因素论注重科学理性，符合逻辑推理的方法，辅导方法十分具体，便于学习，因此具有很强的可操作性。

第二，特质因素论注重个人心理特质的差异，重视心理测量工具的使用，推动了心理测验工具的使用和发展。使用心理测量工具来评价个人能力、能力倾向、兴趣特点、个性倾向等特质，使用技术与理性的方法进行职业辅导的模式虽然在职业生涯辅导中不占主导地位，但仍被得到重视并广泛应用。

第三，特质因素论注重职业资料的重要性，强调个人必须对职业有正确的态度与认识，才能做出正确的职业选择，该理论对个人提供有关职业资料的服务有助于增进职业辅导的功能。

但是，首先，特质因素论将个人与工作进行匹配，其前提在于个人特质和工作性质是固定不变的，而事实上这两者都处在变化之中。因此从发展的观点看，特质因素论存在一定的缺陷。其次，特质因素论的心理测验结果，主要用来预测个人未来的职业，这将缩小个体选择职业的范围，而现代职业生涯辅导注重运用心理测验结果，扩展个体的职业生涯和选择范围，这是传统的职业生涯辅导与现代职业生涯辅导最大的不同。此外，由于特质因素论重视心理测试工具的使用，而这些工具本身就存在信效度问题，因此这可能也是特质因素论的最大局限性。

五、特质因素论在职业生涯规划中的应用

特质因素论适用于每一个人，无论是青少年、面临就业的大学生，还是想跳槽或转换职业的人，都能从中获益。具体来说，特质因素论的使用可以简化为以下三个步骤：

第一，对自己的智力、体质、能力、兴趣、气质类型和自身局限性有清晰的认识，同时结合自己的家庭背景、经济状况、学业成绩等客观地评价自己。

第二，了解职业岗位的职责、所需的知识和技能，以及其他相关的职业信息，同时为进入特定职业制定教育和培训计划。

第三，整合前两个步骤，做到人职匹配。

但是，在应用特质因素论时需要注意以下几点：首先，对个人特质和职业特点要有准确的认识，并尽可能详细地加以分析。其次，必须区分持久的与暂时的、重要的与次要的特质，重点匹配持久的和重要的特质。例如，性格比兴趣更持久，天分比能力更持久，个人行事方式比知识更关键等。这样就能最大限度地发挥特质因素理论在职业生涯规划中的作用。

生活中的心理学

个性特质与职业匹配

一位教授在大学做讲座的时候，有一个学西班牙语的李同学问道："我将来想在外企从事人力资源管理工作，但不知道该怎么做？"经过了解，他发现这位同学的性格特质比较外向，善于与人沟通和交流，喜欢帮助他人，而人力资源管理工作要求从业者必须具备良好的人际交往与沟通能力，除此之外，人力资源管理职位还需要具备系统的人力资源管理知识和一定的实践经验。

于是这位教授建议李同学对人力资源管理工作进行系统了解，想办法争取到企业的实习机会，了解自己的个性特质是否与人力资源管理岗位相匹配，如果匹配，证明自己适合从事人力资源管理工作。这就是帕森斯的特质因素论的实际运用，可以说，"人职匹配"理论和方法是大学生确立职业目标和方向的导航标，有助于大学生找到适合自己的职业方向和目标。

复习巩固

1.常见的人职匹配有哪些？
2.简述特质因素论的主要内容。
3.什么是职业选择的"三步范式"？

第二节　心理动力论

心理动力论的理论基础源于精神分析学派，精神分析学派探讨个人内在的、深层的动机与情绪。但传统的精神分析学派并不重视职业方面的问题，弗洛伊德甚至认为工作是令人不愉快却不得不承担的责任。后来兴起的新弗洛伊德学派比较重视工作的意义：对个人需要的满足以及对个人发展的冲击。真正将精神分析学派的理论用于职业生涯规划的是鲍丁，他与纳奇曼、施加等人在弗洛伊德人格心理分析理论的基础上，吸收了特质因素论和心理咨询理论的一些概念和技术，对职业团体进行了大量研究，于20世纪60年代后期提出了一种强调个人内在动力和需要等动机因素在个人职业选择过程中的重要性的职业选择和职业指导理论，并称之为"心理动力论"。

一、基本观点

心理动力论者认为职业选择是个人综合快乐原则与现实原则的结果。个人在人格与冲动的引导下，通过升华作用，选择可以满足其需要与冲动的职业。职业指导的重点强调“自我功能”的增强。若心理问题获得解决，则包括职业选择在内的日常生活问题将可顺利完成而不需再进行指导。

鲍丁等人依据传统精神分析学派的观点，探讨职业发展的过程，把工作视为一种升华作用，而影响个体职业选择的动力则源于个人早期经验所形成的适应体系、需要等人格结构。它们通过影响个人的能力、兴趣及态度的发展，从而影响其以后的职业选择与行为有效性。个人生命的前 6 年决定其未来的需要模式，而这种需要模式的发展受制于家庭环境，成年后的职业选择取决于早期形成的需要。如果缺少职业信息，职业期望可能因此受到挫折，在工作中会表现出一种婴儿期冲动的升华。若个人有自由选择的机会，则必将选择能以自我喜欢的方式寻求满足其需要而又可免于焦虑的职业。

心理动力论者认为，社会上所有职业都能归入代表心理分析需要的、分属以下范围的职业群：养育的、操作的、感觉的、探究的、流动的、抑制的、显示的、有节奏的运动等，并认为这一理论除了对那些由于文化水平和经济因素而无法自由选择的人之外，可以适用于其他所有的人。

二、八项基本要素

1963 年，鲍丁和同事纳奇曼、塞格尔提出了心理动力论的 8 项基本要素，其内容隐含了“需求”与“发展”这两个要素：

一是人类的发展是连续的过程，婴儿期最简单和最早的心理生理发展历程与成人阶段最复杂的智力和生理发展是息息相关的；

二是需求满足的本能，就复杂的成人行为与简单的婴儿行为而言，并没有两样；

三是每个人的需求类型在人生的前 6 年就已经决定，只有少部分可能在人生的后期得到修正；

四是人所寻求的职业由其需求决定，而其需求在其 6 岁前就已经发展完成；

五是心理动力论适用于所有不同年龄的人，以及不同类型和教育程度的工作，唯有两项例外：受到外界文化或经济困难限制的人，或受到这些外在因素刺激的人；在工作上得不到满足的人；

六是工作是一种婴儿期冲动得到升华作用的表征，工作就是将婴儿期的冲动升华成社会能接受的行为；

七是缺乏对职业的了解可能使个人选择的工作无法实现其心理预期。因情绪（或神经系统）而使就业机会的信息受到干扰阻隔，这种现象属于心理机制范畴，是该理论关注的一个部分；

八是每一种工作都可列入不同的职业群，而各个职业群都代表着不同心理需求的满足类型。

根据上述8个基本要素，可以发现心理动力论一方面强调人类的职业选择具有潜藏的心理动机，这些动机可以追溯到人类原始需求的满足，职业的各种活动都是为了满足需求与避免焦虑；另一方面则强调职业研究的发展特性，主张职业选择必须追溯到个体的儿童期，甚至怀孕阶段对人格成长的影响。鲍丁通过分析会计员、作家、心理学家、物理学家、工程师等职业，提出一个“需要—满足”模式。这个模式可以清楚地分辨不同职业所能满足的需要、涉及的心理机制及其操作与表现方式。例如此理论假设，一个人在6岁以前，主要的内在满足来自于咬、嚼、吞、咽等口腔的攻击活动，如果一个人一直固着于这种口腔满足，并且未随年龄增长而发生改变，那么这种固着现象会表现在其人格上，他所从事的职业可能与切割、磨、钻等活动有关。

三、综合评价

心理动力理论吸收了精神分析学派、特质因素论以及来访者中心疗法的优势，提倡从探究“过去”生活经验与动机中发现个体的职业需求点，为只关注“现在”与“未来”的职业生涯观注入了新鲜的血液。该理论对个体的需要给予了特别关注，同时还十分注重加强个体自身对职业的自我探索。此外，该理论提倡深入分析职业资料，以期从中窥视个体的心理动力，掌握个体需求获得满足的程度、如何获得满足等，从而为个体的职业决策提供详细完备的信息。

虽然心理动力论对于个人内在的动力因素（如需要、心理机制等）特别重视，可以弥补“特质因素论”忽略个人深层心理需要的缺陷，但该理论过于强调内在因素，对于可能影响职业选择的外在因素略而不谈，甚至假定“个人有自由选择职业机会”。此外，该理论在分析具体职业与需要满足的方式上，多偏向低层次需要的满足，几乎没有涉及高层次需要，这些问题构成了该理论的缺点。

复习巩固

1.简述心理动力论的主要内容。

2.心理动力论的8项基本要素是什么？

3.心理动力论的优缺点是什么？

第三节　生涯发展论

我国古代伟大的教育家孔子曾说:“吾十有五而志于学,三十而立,四十而不惑,五十而知天命,六十而耳顺,七十而从心所欲,不逾矩。”可见,在人生的不同阶段,个体面临着不同的任务。每个人在一生中要扮演多个角色,从孩子、学生、大人、妻子、丈夫、父母到公民、退休人员等等,其实每个人都是自己的最佳演员,所扮演的角色是别人无法替代的。著名职业生涯规划大师舒伯认为除了上述角色之外,个体还扮演着另一个重要的角色——职业角色,并指出职业发展是人获得成长的重要组成部分。1953 年,舒伯依照年龄将每个人生阶段与职业发展配合,把职业生涯发展阶段划分为成长、试探、建立、保持和衰退五个阶段。每个阶段都有独特的职责和角色,面临不同的发展任务。前一阶段发展任务的完成会影响下一阶段的发展。个人对发展任务的准备程度体现了个人的职业生涯成熟度。

一、职业生涯发展阶段

(一)成长阶段(0～14 岁)

该阶段的个体处于生理和心理的发展时期,属于认知阶段。儿童受到家庭和学校中关键人物的影响并加以认同,发展出自我概念。此阶段早期,需要和幻想占统治地位,随着参与社会和对现实了解的增加,兴趣和能力也变得更加重要。并认识自己是个什么样的人,建立对工作世界的正确态度,了解工作的意义。

该阶段又包含以下四个时期:

1.职业期(4 岁以前)

此时未表现出职业兴趣,也未尝试做出职业选择。

2.幻想期(4～10 岁)

此时主要考虑的是“需要”,并且关于职业的想法大多寄托于幻想。

3.兴趣期(11～12 岁)

此时主要基于个人“喜好”做出一些职业考虑,因此“喜好”成为决定个体行为与理想的首要因素。

4.能力期(13～14 岁)

此时开始在职业要求中考虑能力因素,能力的重要作用逐渐凸显。

(二)探索阶段(15～24 岁)

该阶段处于职业探索和认同阶段。作为青少年,个体在学校活动、社团活动、打工兼职等实践中初步明晰自己的能力以及未来从事的职业以及在职业中扮演的角色。面对广泛的职业选择范围,需要使自己对职业倾向的具体化并最终实现职业偏好。因此,在这个阶段,需要认真地尝试各种可能的职业选择,并在现实中对自己的能力和天资做出评价,并根据未来的职业选择做出相应的教育决策,完成自己的初步择业、就业等。

该阶段又包含以下三个时期:

1.尝试期(15～17 岁)

此时的需要、兴趣、能力以及价值观等成为做出职业选择的基础,个体会做出暂时的职业决策,并通过幻想、学习以及实践等方式进行初步尝试。

2.过渡期(18～21 岁)

此时开始进入人才市场,或者寻求进一步深造的机会,对自己的工作世界做出现实的考虑和衡量,并将之前的普遍性职业选择具体化为特定的选择。

3.试验期(22～24 岁)

此时可能会找到并尝试某种工作,并初步相信它可能是毕生从事的工作,但一旦发现不适合就可能再经历上述过程以确定自己的职业。

(三)建立阶段(25～44 岁)

经过早期的尝试与探索,个体开始相信自己已经找到合适的工作领域,所以该阶段需要整合、稳固并追求晋升。因此,个体在确定了自己在职业生涯中应有的位置之后,就开始增加作为家庭照顾者的角色,逐渐在各种挑战中稳定自己的工作,在家庭和事业之间做出平衡。

这个阶段又可以细分为两个时期:

1.承诺稳定期(25～30 岁)

这个时期的个体渴望安定,期间也可能有一到两次职业变动,但职业稳定的决心已经十分深入。甚至有一些人可能意识到工作实际上是可以由一系列无关的职业组成。

2.前进期(31～44 岁)

随着职业模式逐渐清晰,在工作上逐渐稳固,很多人处于最具创造性和成长的时期,并取得优良的业绩。

(四)维持阶段(45～65 岁)

这时的个体通常实现了所谓的"功成名就":找到了适合的领域,并取得了一定的成就。相比上一阶段,此阶段多发生的是职位、工作和单位的变化,而非职业的改变。个体要做的是在选定的职业上继续进步，保持已有成就，同时也要注意应对来自新人员的挑战。

(五)衰退阶段(65岁以上)

该阶段由于生理、心理机能的衰退，个体不得不开始退休生活。生活的重心也因此从工作转向了家庭和休闲，所以家长和休闲者的角色变得突出。不过还需注意发展新角色，致力于用不同的方式替代和满足需求，寻求精神上新的满足点。该阶段又可以细分为两个时期：

1.减速期(60～70岁)

这时的工作速度变慢，工作责任或性质亦改变，以适应逐渐衰退的体力与心理。许多人也会找份代替全职的兼职工作。

2.退休期(71岁至死亡)

有些人能很愉快地适应完全停止工作；有些人则适应困难、郁郁寡欢；有些人则老迈而死。

在这些不同的阶段，人所扮演的角色也不同，且通常要同时扮演几个角色，如子女、学生、工作者、配偶、家长等。因此，舒伯又对该理论进行了深化，认为每个人在其职业生涯各个阶段都会经历成长、探索、建立、维持和衰退，因此构成了一种螺旋上升的循环发展模式。这种大阶段、小目标的模式进一步丰富和深化了生涯发展阶段的内涵。各个阶段的详情见下表。

表2-1 循环发展任务表

生涯阶段	年龄			
	青年期 14～15岁	成年初期 25～45岁	成年中期 45～65岁	成年晚期 65岁以上
成长期	发展合适的自我概念	学习与他人建立关系	接受自身的限制	发展非职业性的角色
探索期	从许多机会中学习	寻找心仪的工作机会	确认有待处理的新问题	选择良好的养老地点
确立期	在选定的职业领域中起步	确定投入某一工作，并寻求职位上的升迁	发展新的应对技能	完成未完成的梦想
维持期	验证目前的职业	致力于维持职位的稳固	巩固自我以对抗竞争	维持生活的兴趣
衰退期	从事休闲活动的时间减少	减少体能活动的时间	集中精力于主要的活动	减少工作时间

(图表来源：石建勋.职业生涯规划与管理[M].北京：清华大学出版社，2012年版.)

例如，根据上表，作为一个大学生，在大学阶段要依次经历建立自己的人际关系的成长期，在机会中学习、在锻炼中摸索的探索期以及初步采取固定的行为模式的确立期，并用这种模式“维持”自己接下来的大学时光，在此之后可能又要开始面临新的挑战，即求职。此时，之前已经习惯的行为方式会衰退，在新任务面前又要开始新的“成长、探索、确立、维持与衰退”阶段，如此循环往复，螺旋上升。

二、生涯彩虹图

1976 到 1979 年间，舒伯在英国进行了为期四年的跨文化研究，之后他提出了一个更为广阔的新观念——生活广度、生活空间的生涯发展观（life-span，life-space career development），这个生涯发展观，除了原有的发展阶段理论之外，较为特殊的是舒伯加入了角色理论，并根据生涯发展阶段与角色彼此间交互影响的状况，描绘出一个多重角色生涯发展的综合图形。舒伯将这个生活广度、生活空间的生涯发展图形命名为“生涯彩虹图”（life-career rainbow）。该图形象地展现了生涯发展的时空关系，更好地诠释了生涯的定义。

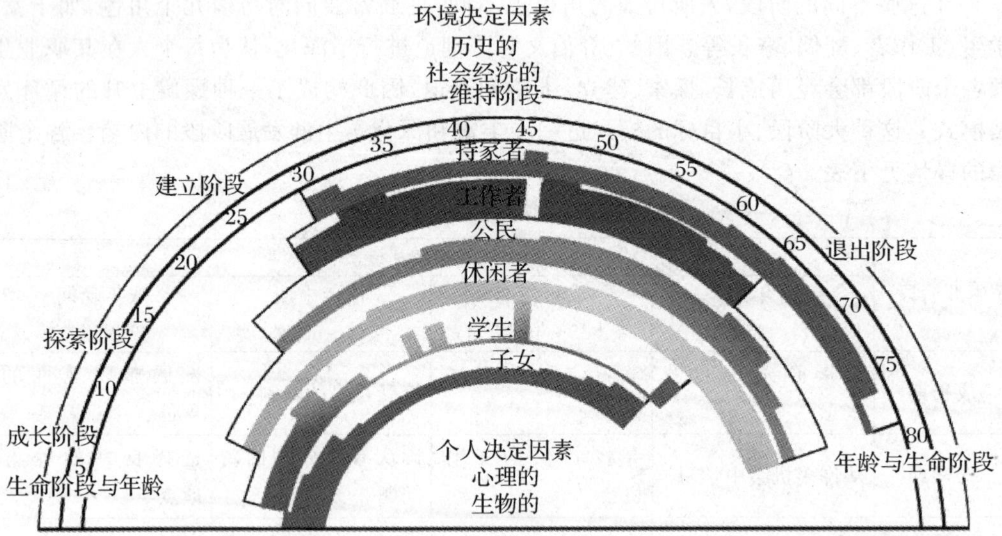

图 2-1　生涯彩虹图

(一)横贯一生的彩虹——生活广度

在生涯彩虹图中，横向层面代表横跨一生的生活广度。彩虹的外层显示人生主要的发展阶段和大致估算的年龄：成长期（约相当于儿童期）、探索期（约相当于青春期）、建立期（约相当于成人前期）、维持期（约相当于中年期）以及衰退期（约相当于老年期）。在五个主要的人生发展阶段内，各个阶段还有小的阶段，舒伯特别强调各个时期年龄划分有相当大的弹性，应依据个体不同的情况而定。

(二)纵贯上下的彩虹——生活空间

在生涯彩虹图中，纵向层面代表的是纵贯上下的生活空间，由一组职位和角色所组成。舒伯认为人在一生当中必须扮演九种主要的角色，依次是：儿童、学生、休闲者、公民、工作者、夫妻、家长、父母和退休者。各种角色之间是相互作用的，一个角色的成功，特别是早期的角色如果发展得比较好，将会为其他角色提供良好的关系基础。但是，在一个角色上投入过多的精力，而未平衡协调各角色的关系，则会导致其他角色的失败。在每一个阶段对每一个角色投入程度可以用颜色来表示，颜色面积越多表示该角色投入的程度越多，空白越多表示该角色投入的程度越少。而人的作用主要是对自身未来的各阶段进行调配，做出各种角色的计划和安排，使人成为自己的生涯设计师。

由此，可以发现舒伯把人生分为三个层面：第一是时间层面，即一个人的生命历程；第二是广度层面，即一个人终其一生所扮演的各种不同角色；第三是深度层面，即扮演每个角色时所投入的程度。这三者的结合，就是舒伯所理解的生涯。

以图 2-1 为例，第一层是子女角色，位于半圆形最中间一层。子女的角色在 5 岁以前是涂满颜色的，之后渐渐减少，8 岁时大幅度减少，一直到 45 岁时开始迅速增加。子女这个角色一直存在，这是因为早期个体享受被父母养育照顾的温暖，随着成长成熟，慢慢开始同父母平起平坐，而在父母年迈之际，则要开始多花费一些心力来陪伴、赡养父母。

第二层是学生角色。在这个图中，学生角色从四五岁开始，10 岁以后进一步增强，20 岁以后大幅减少，25 岁以后便戛然而止。但在 30 岁以后，学生角色又出现，特别是 40 岁出头时，学生角色竟然涂满了颜色，但 2 年后又完全消失，直到 65 岁以后。这是由于处于现代科技发展日新月异、知识爆炸的社会，青年在离开学校、工作一段时间之后，常会感到自身学习已不能满足工作需要，需要重回学校以进修的方式来充实自我。也有一部分人甚至等到中年，儿女长大之后，暂离开原有的工作，接受更高层次的教育，以开创生涯的“第二春”。学生角色在 35 岁、40 岁、45 岁左右凸现，正是这种现象的反映。

第三层是休闲者角色。这一角色在前期较平衡地发展，直到 60 岁以后迅速增加，也许有人会惊讶舒伯把休闲者角色列入生涯规划的考虑之中。其实，平衡工作和休闲是一项非常重要的任务，特别是在如此快节奏、高效率的社会中，正如图中的空白也构成画面一样，休闲是我们维持身心健康的一种重要手段。

第四层是公民。该角色从 20 岁开始，35 岁以后得到加强，65～70 岁达到顶峰，之后慢慢减退。公民的角色，就是承担社会责任、关心国家事务的一种责任和义务。

第五层是工作者角色。该图的工作角色从 26 岁左右开始，颜色阴影几乎填满了整个层面，可见当事人对这一角色相当认同。但在 40 多岁时，工作者的角色完全消失，对比其他角色，不难发现，这一阶段，学生角色和家长角色都有不同程度的增强。两三年后，学生角色小时，家长角色的投入程度恢复到平均水平，而工作者的角色又被颜色涂满，直至60岁以后开始减少，65岁终止工作者角色。

第六层是持家者角色，这一角色可以拆分为夫妻、父母、(外)祖父母等角色，然后分别作图。此处家长的角色从30岁开始，头几年精力投入较多，之后维持在一个适当水平，一直到退休以后才加强了这一角色。76～80岁几乎没有了持家者的角色。虽然个体的生涯过程中还可能承担其他角色，但对于大多数人来说，上述这些是最基本的角色。在使用“生涯彩虹图”时，个体可根据自身情况，在此图的基础上进行适当调整。

生活中的心理学

张艺谋的成功

如今，张艺谋已成为中国电影的一面旗帜，而他的职业发展历程正是生涯发展阶段论的体现。张艺谋在其职业生涯中，先后扮演过插队劳动的农民、工人、学生、摄影师、演员、导演等角色，也正是这一次次巨大的职业跳跃和转型才最终造就了一个成功的导演。

(1)职业成长期。特殊的历史环境，使年轻时的张艺谋插队当了农民和工人，但他始终坚持自己的梦想。终于，在1978年，张艺谋以27岁的高龄去学习自己钟爱的摄影，为自己未来的转型进行积累。

(2)职业探索和建立期。重新进入课堂学习后，他不是直接开始寻求导演之路，而是选择从摄影做起，坚持在实践中学习。

(3)职业维持期。在《黄土地》获奖后，张艺谋可以选择继续作为一个已经很成功的摄影师或者转型做导演。然而，他却出乎意料地选择做一名演员。现在看来，这实在是最明智的选择，因为只有亲身体验过做演员的感受，才能拍出更契合演员的片子。

(4)职业发展期。《红高粱》成功后，张艺谋开始将自己的注意力转向商业片。2008年北京奥运会开幕式的无形宣传，更使得张艺谋导演蜚声海内外。

张艺谋导演的成长历程给我们的启发是，要获得成功，一定要有清晰的职业规划。清晰的职业规划是成功的保障。当代大学生有着良好的学习环境，也有更好的成才条件，应该抓住机遇，合理规划职业发展，获得职业生涯的成功。

三、综合评价

舒伯是生涯辅导理论的大师，其生涯发展论综合了差异心理学、发展心理学、自我心理学以及有关职业行为发展方向的长期研究结果，建构了一套完整的生涯发展理论。其理论观点是现今生涯辅导重要的理论基础，指导了目前生涯辅导的具体实施，得到了各国生涯辅导界的普遍支持。

他用动态的“生涯发展”概念取代了静态的“职业”概念，将职业生涯概念拓展到人的一生。“生活广度与生活空间的生涯发展”，即生涯彩虹图既包含横向的发展阶段、发展任务（即生活广度的部分），也包含纵向的生涯角色的发展（即生活空间的部分），交织成一个具体的生涯发展结构，这对促进个体的自我了解、自我实现有很大裨益。

但是，职业生涯发展理论中关于中年期、老年期的角色与任务，还有待研究，理论尚不够完整。而且生涯发展论似乎较少关注经济、社会因素对生涯发展方向的影响，且学习因素与职业发展历程的关系也需进一步深入研究。

复习巩固

1.舒伯认为我们的职业生涯都包含哪些阶段？思考一下，你自己现在正处于哪个阶段？

2.职业生涯彩虹图中都有哪些角色，分别代表着什么意思？

3.怎样评价舒伯的理论？

第四节　类型论

爱因斯坦在20世纪50年代曾收到一封信，信中邀请他去当以色列的总统。出乎人们意料的是，爱因斯坦竟然拒绝了。他说：“我整个一生都在同客观物质打交道，因而既缺乏天生的才智，也缺乏经验来处理行政事务及公正地对待别人，所以，本人不适合如此高官重任。”

美国作家马克·吐温曾经经商，第一次他从事打字机的投资，因受人欺骗，赔了19万美元；第二次办出版公司，因为是外行，不懂经营，又赔了10万美元。两次共赔将近30万美元，不仅把他花费多年心血换来的稿费赔个精光，而且还欠了一屁股债。马克·吐温的妻子奥莉姬深知丈夫没有经商的才能，却有文学上的天赋，便帮助他鼓起勇气，振作精神，重新走创作之路。终于，马克·吐温很快摆脱了失败的痛苦，在文学创作上取得了辉煌的成就。

上述两个事例告诉我们，人生的诀窍就是经营自己的长处，这样才能给人生增值，经营自己的短处只会使人生贬值。正如富兰克林所说：“宝贝放错了地方便是废物。”一个人只有从事自己感兴趣的工作，才能取得非凡的成就。大凡成功者，关键都是掌握了自身的优势，并加倍强化这种优势，完全投入到自己所喜欢的项目之中，将这种富有特长的兴趣爱好发挥到极致。20世纪60年代，美国著名职业指导专家约翰·霍兰德（John

Holland)正是在这种理念的指导下，提出了关于人格类型和与之匹配的环境类型的理论，并编制了霍兰德职业个人能力测验。通过该测验，个体可以发现和确定自己的职业兴趣与能力专长，从而为自己做出职业决策提供依据。

一、主要观点

霍兰德是美国约翰·霍普金斯大学的心理学教授，是美国著名的职业指导专家。他提出了人格—职业匹配理论，又称职业人格类型理论、人业互择理论，其理论基础是弗洛伊德人格类型的划分以及人格、职业间的关系。他认为，一个人之所以选择某职业领域，基本上是受到其兴趣和人格的影响，职业生涯选择是个人在对特定职业类型进行认同后，个人人格在工作世界中的表露或延伸。自我和职业认知的比较及后续的接纳或排斥是职业生涯选择中主要的决定因素。某一类型的职业通常会吸引具有相同人格特质的人，而这种人格特质反映在职业上，就是职业兴趣。

霍兰德依据美国文化背景，提出了以下假设：

第一，大多数人属于以下六种人格类型，即现实型(realistic)、研究型(investigative)、艺术型(artistic)、社会型(social)、企业型(enterprising)和常规型(conventional)；

第二，有六种环境模式与这六种人格类型相对应，其名字、性质与人格类型的分类一致；

第三，人们寻找能够施展他们的技能，同时又能表现他们的态度、价值观和人格的职业；

第四，人们的职业行为是由其人格和环境特征的相互作用决定的。

霍兰德指出，当个体的职业兴趣类型与环境类型相容时，个体会产生较多的满意感、较多的工作投入和较少的工作转换，不相容时则相反。所以，如果知道自己的人格类型和职业类型，就能预测未来的职业选择、工作变换、职业成就。

二、人格类型

(一)现实型(R型)

该类型的人格特征表现为：坦率、正直、诚实、谦逊，是注重实际的唯物主义者，喜欢用手或工具制造或修理一些东西，相较于与人打交道的工作，他们更愿意从事实物性的工作。他们通常具备机械操作能力或一定的体力，适合与机械、工具、动植物等具体事物打交道。这种人的实践性很强，且身体强壮、粗犷、稳健，他们相适应的职业主要是熟练的手工工作和技术工作，运用手工工具或机器进行工作。其职业倾向为：机械自动化、飞行员、测量师、电气专家、工程师和军事工作等。有时候，现实型的人在用语言表达自己的情感时可能存在困难。

(二)研究型(I 型)

该类型的人格特征表现为:谨慎、严格、严肃、内向、谦虚、独立性强、具有创造性和批判性,具有数学和科学天赋等。他们通常喜欢从事与思想有关的研究活动,如数学、物理、生物和社会科学等,喜欢研究那些需要分析、思考的抽象问题。虽然这一类型的人往往隶属于某个团体,但他们却喜欢独立工作。他们大都具备从事调查、观察、评价、推理等方面活动的能力,相匹配的职业类型主要是科学研究和实验工作,研究自然界和人类社会的构成和变化,比较容易成为生物学家、化学家、物理学家、地理学家、人类学家、医学技术人员等等。

(三)艺术型(A 型)

属于艺术型的人通常内心活动比较复杂、敏感、无序、善于表达且富有想象力,却相对缺乏实际性。他们具备艺术性的、独创性的表达和直觉能力,不喜欢结构性强的活动。他们喜欢通过写作、音乐、艺术和戏剧等方面进行艺术创作,表达自我,因此他们会尽量避免那种过于死板和制度化的工作。他们富于情绪性,适合于从事艺术创作,其职业倾向为诗人、漫画家、作曲家、音乐家、舞台指导、舞蹈家、演员、作家、室内设计师等。

(四)社会型(S 型)

这种类型的人通常善良、热情、灵活而又耐心,慷慨大度,善于劝说。这类人很喜欢与人合作,关心他人的幸福,乐于向大家传递信息,愿意帮助他人解决难题。他们喜欢从事与人打交道的活动,避免过分理性地解决问题。他们理想的工作环境是那种需要与人建立关系、与团队合作以及通过与人交流从而解决困难的环境。他们通常从事社会型的职业,通过说服、教育、培训、咨询等方式来帮助人、服务人、教育人,例如教师、演说家、临床心理师、咨询顾问、护士、宗教工作者和心理咨询师等。

(五)企业型(E 型)

该类型的人通常乐于冒险,雄心勃勃,具有外向、易冲动、乐观、自信的个性特征,有一定的集权倾向,具备劝说、管理、监督、组织和领导等能力,并以此来获得政治经济和社会利益。他们喜欢领导和控制他人,不喜欢被领导、被控制。他们热爱权力和地位,渴望事业成功,他们中的大多数会在政治和经济领域取得成功。与其相匹配的职业,多是那些指派他人去做事情的各类管理者和组织领导者,以及一些影响他人的职业,如商人、运动推广商、电视节目制作、销售、高级管理人员、律师、政治运动领袖、推销商、投资商、销售经理等。

(六)常规型(C型)

常规型又称传统型,属于这一类型的人喜欢从事规范化的工作和活动。他们注重细节,讲求良心和精确性,通常体现出有序、有恒心、有效率、服从安排的个性特征,具备记录和归档能力,适合从事办公室工作和一般事务性工作。倘若将常规型的人放在领导者的位置,他们会感到不适,相反他们更乐于从事那种处于从属地位的职业。他们一般比较擅长文秘等工作,一般会在事务性的工作中取得成就。其适合的职业包括会计、金融分析师、银行家、秘书、税法专家、图书管理员、簿记员、档案文书和计算机操作员等。

三、职业环境

霍兰德还提出了6种职业环境,并用6种人格类型相同的名称命名。在霍兰德看来,一种职业环境代表一种职业氛围,而这种氛围是由具有相似人格特质的人创造出来的。因此,只有职业环境与人格类型相匹配(如一个现实型人格特质的人在现实型工作环境中工作),才会有更多的满意度,如获得成就感、提高职业忠诚度。此外,这6种类型可能全部存在于各种职业和环境中,但是其中的两三种会处于主导地位。

四、霍兰德6种类型之间的关系

下图中的每一个角代表一种职业取向。距离越近的两种职业类型,其职业类型和人格特质的相似度也越高(Holland,1997)。例如,现实型和常规型在六角模型上的距离近,意味着它们的相似性高,而常规型和艺术型则处于相对立的位置,它们的相似性最低,常规型和社会型则具有中等程度的相似性。此外,根据霍兰德的观点,如果图中的两种取向相邻,个体会很容易选定职业。相反,如果此人的职业取向是相对立的,那么他在选择职业时就会犹豫不决。人总是根据自己的人格类型选取适合的职业环境,从而锻炼自己相应的能力。例如,一个社会型人格占主导地位的人如果在一个社会型的职业环境中工作就会感到很舒服,但如果把他放在一个现实型的工作环境中,他可能会觉得格格不入。这正是霍兰德提出的"适配性",它恰好说明了一个人占据主导地位的人格特质类型为个人做出职业和工作环境选择提供了方向。

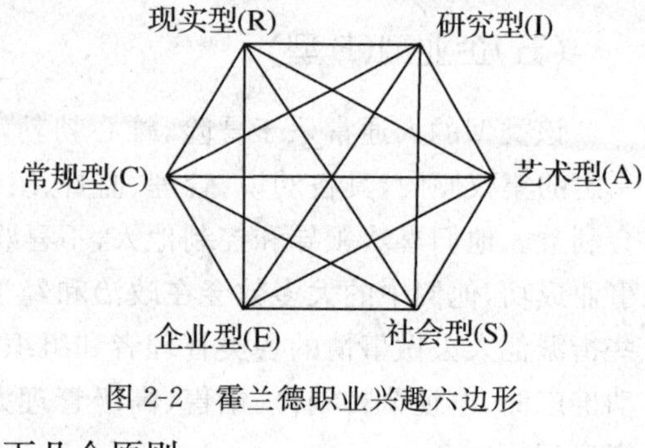

图2-2 霍兰德职业兴趣六边形

霍兰德认为,在进行职业选择时应遵循以下几个原则:

适宜原则。即每种职业人格类型的人适宜从事同种类型的职业。如S型人格类型的人从事S型职业。

相近原则。即每种职业人格类型的人选择从事与人格类型相近类型的职业，比较容易适应。如S型人格类型的人从事与其相邻E型或A型职业。

中性原则。即人们选择从事与人格类型成中性关系类型的职业，经过艰苦努力，也较容易适应。如S型人格类型的人从事与其相隔一个类型的C型或I型职业。

相斥原则。即人们如果选择与人格类型相斥关系类型的职业，则很难适应。如S型人格类型的人从事与其相对立的R型职业。

霍兰德认为个人的职业兴趣往往是多方面的，因此通常用得分最高的前3个字母的代码来标示一个人的职业兴趣。这个代码称为"霍兰德代码"(Holland Code)。三个字母之间的顺序表示不同类型兴趣强弱程度。如，SEC代码表示S型得分最高，依次是E型、C型。RES、RCE和REC是最常见的3个字母组合。1996年，霍兰德出版了美国版本的《霍兰德职业代码字典》，该书为12 000多种职业提供了代码。例如，教师这一职业的代码是SAI(最主要的类型是社会型，其次是艺术型和研究型)。根据自己在职业兴趣测评中得出的霍兰德代码，可以对照找出《职业代码字典》中可能适合自己的职业。

五、综合评价

霍兰德的人格类型理论既不乏创造性，又清晰易懂。它提倡人与职业相匹配，增加了职业选择的范围。被指导者可以根据测验结果，借助于一些明确的方向继续进行职业探索，因此有助于引导个体更加积极主动地走向探索之路。因此许多被广泛使用的测量工具都以霍兰德的类型理论为依据，例如，霍兰德本人编制的自我探索量表、斯特朗兴趣量表、库德兴趣量表、电脑生涯辅助系统"发现者"和国内的北森职业兴趣测评等。这些测评都可以作为个人进行自我探索和职业选择的有用工具。

但是，霍兰德的理论也由于带有浓厚的特质因素色彩而遭到批评。他提出的人格类型与职业环境相匹配的假设缺乏实证支持。此外，从发展的观点看，人并不是被动的环境适应者，人格会随着时间不断发展。因此，霍兰德将职业兴趣看作一种稳定人格特质的做法，忽略了个人的成长和学习对人格的影响。个人人格特征并不一定是职业选择的主导因素，也不一定是职业成功的主导因素。例如，近年来的研究发现情商也会影响一个人的成功。因此，在今后的职业指导中，不仅要考虑人格因素，还应加入对社会背景以及其他发展因素的考量。

复习巩固

1.霍兰德的人格类型有哪些？

2.霍兰德提出在进行职业选择时要遵循哪些原则？

3.你从霍兰德的职业类型论中获得了什么启发？

第五节 生涯决定论

为什么有的人终其一生只从事一种自己感兴趣的职业？为什么有的人不停地在各种职业之间来回更换？为什么在人生不同的阶段会从事不同的工作……究竟是什么因素影响人们的生涯决定，人们进行生涯选择的原因又是什么呢？美国著名的职业生涯指导大师克朗伯兹兼顾心理与社会的作用，把经典行为主义、强化理论和认知信息加工理论的社会学习理论引入职业生涯辅导之中，他认为个人的社会成熟度在很大程度上依赖于对他人行为的学习和模仿，并由此决定自己的职业导向。他在1979年出版的《社会学习理论和生涯决定》一书中，详细地阐述了自己的观点。

一、影响生涯决定的因素

(一)遗传因素和特殊能力

遗传因素包括种族、性别、外表特征、智力、动作协调能力等。个人由于遗传的一些特质，在某种程度上决定了其职业表现或影响到个人所获得的经验。个人的特殊能力包括智力、音乐能力、动作协调能力等。

(二)环境因素

通常在个人控制之外，来自于人类活动(如社会、文化、政治、经济、家庭、教育等)或自然力量(如自然资源的分布或自然灾害等)对职业决策的影响。具体包括工作机会的数量和性质、职业选择训练人员的社会政策和过程、不同职业的投资报酬率、劳动基准法和工会的规定、科技的发展、家庭的影响、洪水、干旱、台风等。

(三)学习经验

克朗伯兹认为，每个人都有独特的学习经验，这对于个人的生涯抉择具有重要的影响。他提出了两种类型的学习经验：

1.工具式学习经验

个人为了得到好的结果，在特定的环境中采取一定的行为，其后果对个人有重要的影响。克朗伯兹认为，生涯规划和职业所需的技能，可以通过工具式学习经验而获得。

2.联结式学习经验

个人通过观察真实和虚构的模型，通过对人、事之间的比较来学习对外部刺激做出反应。某些环境刺激会引起个人情绪上积极或消极的反应。如果原来属于中性的刺激与使个人产生积极或消极情绪反应的刺激同时出现，这种伴随在一起的联结关系就会使中性的刺激也具有积极或消极的情绪作用。

(四)工作取向技能

前面提到的各种因素，如遗传、特殊能力、社会上各种影响因素，以及不同的学习经验等，会以一种交互影响的方式使个人形成特有的工作取向技能。包括解决问题的能力、工作习惯、心理状态、情绪反应和认知历程等。

克朗伯兹认为，在个人发展历程中，上述四种因素相互作用，从而形成了个人对自我和世界的推论。一般的个人兴趣、价值观等实际上都是学习的结果。个人学习经验的不足或不当，可能会导致形成错误的推论、单一的比较标准、夸大式的灾难情绪等种种问题，从而有碍生涯的正常发展。因此，克朗伯兹特别强调丰富而适当的学习经验的重要性。

二、在职业选择中的应用

上述四个因素影响着个体选择职业生涯的方向，这些因素会使个人对自己做出某些评价，并应用所学的技能以行动来解决问题。由于生涯选择是一种人与职业互相选择的匹配过程，并且这个选择过程持续地存在于从出生到退休的整个人生历程中，因此职业选择绝不是一个偶然事件，而是包含前因后果的复杂事件。

克朗伯兹认为，职业选择的关键在于广义的学习，其他理论所强调的兴趣也是学习的结果。因此，为了做出更合理的职业选择，需要获得多种多样的学习经验，例如寻找参与学习电脑、进行体育锻炼、与朋友交往等各种不同性质的活动，因为所有这些技能都可能在未来的工作中派上用场，并有助于拓展个人的兴趣，培养个人适当的自我信念和世界观。

对于处于生涯发展的困境者，需要帮助他们找出以往不恰当的学习方式所造成的后果，然后鼓励他们使用新的学习经验战胜旧经验。

三、综合评价

克朗伯兹的理论强调社会影响以及学习经验对生涯选择的重要性，并从社会学习的视角解释了人类的职业选择行为，弥补了其他理论的不足，具有重要的意义。此外，它为生涯辅导工作提供了实用的方法和技术，具有较高的实用价值。例如，该理论提出的系统职业决策步骤和方法，对于辅导人员设计适当的训练计划，培养个体决策能力具有指导意义。

但是，该理论试图解释个人教育与职业爱好和技能是如何形成、并如何影响职业和工作领域的选择的，但由于其作用机制相当复杂，该理论仅为进一步研究提供了思路。

拓展阅读

克朗伯兹的求职经历

美国著名的生涯大师克朗伯兹在毕业时，美国对咨询师的需求较少，工作非常难找，他写了40封求职信，35封没有回音。有4封回信说：你从哪里得来的这个消息说我们需要咨询师？还有1封回信，是一个远在1000多公里外的中学来的，说：有机会可以顺便过来看看。后来他找了个人开车带他去了，他在面试中说服了校方，得到了这个工作。每个人都在有意无意地规划者自己的生涯。生涯规划要回答或澄清以下4个问题：

1.我是谁：探索个体的兴趣、天赋、能力、价值观以及性格类型。

2.我想去哪：探索个体的生涯目标和愿景。

3.我在哪：探索个体所处或可能涉及的社会、行业、组织环境会提供的机会和可能性。自己是否适合这样的机会与可能。

4.如何抵达想去的地方：选择生涯发展路线，采取有效的行动去实现自己的生涯目标。

复习巩固

1.克朗伯兹认为影响生涯决定的因素有哪些？

2.克朗伯兹认为影响职业选择的关键是什么？

3.简述生涯决定论的优缺点。

本章要点小结

本章介绍了帕森斯、鲍丁、舒伯、霍兰德和克朗伯兹的职业生涯理论。帕森斯的特质因素论建立在差异心理学的理论基础上，强调个人特质，如兴趣、能力和人格等会影响职业选择；鲍丁的心理动力论以精神分析理论为基础，深入分析了个人内在动机与需要等动态因素对个人职业选择的影响；舒伯的职业生涯发展论将人的生涯发展阶段划分为成长、试探、决定、保持与衰退五个阶段，并提出了职业生涯彩虹图；霍兰德的职业类型论根据人的心理素质和择业倾向，将人格类型划分为6种基本类型，相应的职业也划分为6种类型，同一类型的人格和职业相互结合，才能达到匹配状态；克朗伯兹的生涯决定论提出，个人的社会成熟度在很大程度上依赖于对他人行为的学习和模仿，并由此决定其职业导向。

关键术语表

特质因素论　三步范式　人职匹配　心理动力论　职业角色　生涯发展阶段　生涯彩虹图　生活空间　人格类型　生涯决定论

本章复习题

1.按照时间顺序，职业历程4个阶段排序正确的是(　　)。

① 职业稳定期 ② 职业适应期 ③ 职业选择期 ④ 职业衰退期

A.②→①→③→④　　B.②→③→④→①

C.③→②→①→④　　D.③→①→②→④

2.对一个医生来讲，职业历程分4个时期，其中不包括(　　)。

A.职业选择期　　B.职业适应期　　C.职业转行期　　D.职业衰退期

3.父母的家庭教育方式大致可分为四种类型，其中不包括(　　)。

A.民主性父母　　B.放任型父母　　C.溺爱型父母　　D.忽视型父母

4.艺术型的人适合(　　)的工作。

A.教师　　B.导演　　C.公务员　　D.工程师

5.实现职业理想而努力实践的时期是(　　)。

A.职业选择期　　B.职业适应期　　C.职业拼搏期　　D.职业稳定期

6.帕森斯提出职业指导由(　　)组成。

(1)求职者的生理和心理 (2)分析各种职业对人的要求(因素)，并向求职者提供有关的职业信息(3)人职匹配

A.(1)(2)　　B.(2)(3)　　C.(3)(4)　　D.(1)(2)(3)

7.生涯是一个动态的发展历程，个人在不同的生命阶段中有不同的企求，这些企求

会不断地变化，个人也就不断地成长。这体现了生涯的什么特性？（　　）

A.综合性　　B.终身性　　C.发展性　　D.独特性

8.生涯不仅局限于个人的职业角色，也包括学生、子女、父母、公民等涵盖人生整体发展的各个层面的各种角色。这是谁的观点？（　　）

A.帕森斯　　B.霍兰德　　C.鲍定　　D.舒伯

9.霍兰德提出了职业兴趣六种类型，其中愿意和事物打交道（工具、机械、设备），用手、工具、机器制造或修理东西，愿意从事实物性的工作，喜欢户外活动或操作机器，而不喜欢在办公室工作，属于何种类型（　　）。

A.企业型　　B.社会型　　C.实用型　　D.研究型

10.将人的生涯发展阶段划分为成长期、试探期、决定期、保持期和衰退期五个阶段的生涯发展学家是（　　）。

A.舒伯　　B.金斯伯格　　C.沙特尔　　D.格林豪斯

第三章　职业生涯规划的内容和方法

在校大学生可能经常遇到这样的问题:“我是否应该转换专业?”“什么专业能让我找到一份好工作?”“毕业之后会有哪些工作机会提供给我?”通过这些问题可以发现,大学生往往从“外部信息”寻找自己职业生涯规划的方向。但通常情况下,真正的职业生涯规划并非如此简单。那么,进行职业生涯规划主要关注哪些内容?可以采用哪些方法呢?本章将通过职业生涯规划内容的介绍,让大家了解职业生涯规划从哪些方面着手,同时对职业生涯目标设定进行阐述,让大家了解职业生涯规划的方法及策略。

第一节 职业生涯规划的内容

一、职业生涯规划的准备

(一)自我评估

进行职业生涯规划之前必须认识自我，通过自我评估有助于全面了解自己的年龄、性格、兴趣、价值观、能力等内容。这些内容可以使个体将注意力放在自己——决策者身上，因为每个人都要最终负责自己的职业选择。对自我的了解是个相对容易的过程，可以借助自己的经验、所经历的事件以及一些测量工具获得关于自我的信息。下面就几个重要的方面进行阐述。

1.价值观

价值观是指人对客观事物(包括人、物、事)及对自己行为结果的意义、作用、效果和重要性的总评价。例如，在生活中有这样的表达："对你很重要的或你很想要的东西。"这就是你的价值观。心理学家米尔顿·罗克奇(Milton Rokeach)一生致力于价值观的研究，他开发出的《罗克奇价值观测验》是国际上广泛使用的价值观问卷。罗克奇认为人们有两种不同类型的价值观。第一种类型称为终极性价值观(terminal values)，指个人价值和社会价值，用以表示存在的理想化终极状态和结果，是一个人希望通过一生而实现的目标。罗克奇提出了18种包含在我们概念体系中的具体价值概念(见表3-1)，如自由、平等、美丽的世界、和平的世界等。例如，"自由"即是一种终极价值观，意味着独立，自由选择；"社会赞誉"意味着受到敬重、羡慕等。你可以选择类似的词语填入下面的句子来确定一种终极价值观：

我相信，生存的最终状态是________，它是个人和社会都值得为之奋斗的。

罗克奇提出的另一种价值观称为工具性价值观(instrumental values)，指的是道德或能力，是达到理想化终极状态所采用的行为方式或手段。同样，罗克奇也用18个价值概念(见表3-1)来测量人们的工具价值观。例如：

我相信有一种行为方式，即________，对于个人和社会来说，它在任何情况下对任何事物都是可取的。

如果你将以上两个句子的空白处所填入的概念分别进行排序，则可了解你的价值观。

表 3-1 罗克奇价值观调查表

终极价值观	工具价值观
1.舒适的生活(富足、安宁)	1.有抱负(雄心勃勃、辛勤工作奋发向上)
2.兴奋的生活(刺激的、积极的)	2.心胸宽广(开放)
3.成就感(持续的贡献)	3.有才能(能力、效率)
4.世界和平(没有冲突和战争)	4.快活(轻松愉快)
5.美的世界(艺术和自然的美)	5.整洁(卫生、清洁)
6.平等(兄弟情谊、机会均等)	6.勇敢(坚持自己的信仰)
7.合家安宁(有能力照顾自己所爱的人)	7.宽恕(谅解他人)
8.自由(独立、自主的选择)	8.助人(为他人的福利而工作)
9.幸福(满足感)	9.诚实(正直、真挚)
10.内心平静(没有内心冲突)	10.富于想象(大胆、有创造力)
11.成熟的爱(性和精神上的亲密)	11.独立(自力更生、自给自足)
12.国家安全(免遭攻击)	12.有理智(有知识、善思考)
13.享乐(快乐、休闲的生活)	13.逻辑性(理性的)
14.拯救灵魂(救世的、永恒的生活)	14.钟情(博爱、温情、温柔)
15.自尊(自重)	15.服从(有责任感、尊重)
16.社会承认(他人的尊重和赞赏)	16.有教养(礼貌、性情好)
17.真正的友谊(亲密)	17.负责任(可靠的)
18.睿智(对生活有成熟的理解)	18.自控(自律、约束)

在个体孩童时代,常被问道:“你长大之后想要当什么?”或“你的理想是什么?”孩子们总会一脸认真的回答:“想当科学家!”“想要成为一名老师!”可见,人们在年龄很小的时候就能表述和模糊地确立自己的价值观,并判断它们的重要性,并且随着年龄的增长不断发展。而工作价值观是价值观的一个很重要的部分,工作价值观并不仅仅是通过对职业的了解而形成,它受到很多因素的影响和制约,例如父母的价值观、社会的价值观、民族文化传统、受教育的经历、宗教信仰、朋友同伴等。

心理学家马丁·凯茨通过大量的工作,通过对大约 250 种职业的研究确定了 10 种与工作有关的价值观。这 10 种价值观是:(1)高收入:指除了足够生活的费用之外还可以拥有随意支配的钱。(2)社会声望:指是否受到人们的尊重。(3)独立性:指可以在职业中有更多的自己做决定的自由。(4)帮助别人:愿意把助人作为职业的重要部分,帮助他人改善健康、教育与福利。(5)稳定性:在一定时间内始终有工作,不会被轻易解雇,收入稳定。(6)多样性:所从事的职业要参与不同的活动,解决不同的问题,不断变化工作场所,结识新人。(7)领导力:在工作中可以控制事情的发展,愿意影响别人,承担责任。(8)在自己感兴趣的领域中工作:坚持所从事的职业必须是自己感兴趣的领域。(9)休闲:把休闲看得很重要,不愿意让工作影响休闲。(10)尽早进入工作领域:涉及一个人是否在意进入工作领域的早晚，是否希望节省时间和不支付高等教育的费用而尽早进入工作领域。凯茨最终还发展了一套用于计算机职业指导系统的价值澄清练习，该计算机职业指导系统被称为交互指导信息系统(system for interactive guidance information, SIG)。

在凯茨练习系统中，一个重要的内容是，个体必须区分价值观的优先次序，因为在一种职业选择中不可能满足所有重要的价值观。另一个重要的问题是，在职业生涯决策中一个人每种重要的价值观之间相互协调的问题。例如，"高收入"和"稳定性"这两种价值观常常互不相融。但是，在凯茨的价值观系统中，"在你感兴趣的领域中工作"实际上是把自己在感兴趣领域中工作当作了一种价值观，从而对这两者进行协调。

如果你对自己的价值观有清晰的认识，在进行职业生涯规划时会轻松很多。如果你对自己的价值观不够清晰，可以参考拉斯、西蒙和哈明等人提出的价值观澄清法，通过价值观澄清过程来了解自己的价值观。该方法由以下三个阶段、七个步骤完成：

第一个阶段，选择(choosing)。自由选择：只有在自由的选择中，才能根据自己的价值观行事，被迫的选择是无法使这种价值整合到他的价值体系中的。从多种可能中选择：提供多种可能让学生选择，让学生对选择的利弊进行分析思考。对结果深思熟虑的选择：即对各种选择都做出理论的因果分析、反复衡量利弊后的选择，在此过程中，个人在意志、情感以及社会责任等方面都受到考验。

第二个阶段，珍视(prizing)。珍视与爱护：珍惜自己的选择，并为自己能有这种理性的选择而自豪，可以看作是自己内在能力的表现和自己生活的一部分。确认：即以充分的理由再次肯定这种选择，并乐意公开与别人分享而不会因这种选择而感到羞愧。

第三个阶段，行动(acting)。依据选择行动：鼓励学生把信奉的价值观付诸行动，指导行动，使行动反映出所选择的价值取向。反复地行动：鼓励学生反复坚定地把价值观付诸行动，使之成为某种生活方式或行为模式。

思考一下你自己重要的工作价值观，看看是否能使你的价值观得到澄清。

2.兴趣

兴趣是人们为了乐趣或享受而做事。在做自己感兴趣的事情时，人们往往精力充沛，思维活跃，做事效率极高。因此确定自己的兴趣，将其与未来的职业进行匹配是职业生涯规划的关键。它决定着个体将选择什么专业进行学习，或者大学毕业后进入哪个行业工作。不同领域人有不同的兴趣模式，例如工程师的兴趣与艺术表演者的兴趣就有所不同。因此，全面了解自己的兴趣有助于职业生涯规划。对照表 3-2 的描述，可以了解你的职业兴趣。

表 3-2 霍兰德职业兴趣分类

类型	特征	喜欢的活动	喜欢的职业
A一艺术型	属于理想主义者，具有独创的思维方式和丰富的想象力，直觉强烈，感情丰富	喜欢创造和自我表达类型的活动，如音乐、美术、写作、戏剧	喜欢“非精细管理”的创意类和创造类的工作，如：音乐家、作曲家、乐队指挥、美术家、漫画家、作家、诗人、舞蹈家、演员、戏剧导演、广告设计师、室内装潢设计师
S一社会型	洞察力强，乐于助人，善于合作，重视友谊，关心他人，有强烈的社会责任感，总是关心自己的工作能对他人及社会做多大贡献	喜欢与别人合作的活动，帮助别人解决困难	喜欢帮助、支持、教导类工作，如：牧师、心理咨询员、社会工作者、教师、辅导员、医护人员、其他各种服务性行业人员
R一实用型	个性平和稳重，看重物质，追求实际效果，喜欢实际动手进行操作实践	愿意从事事务性活动，如户外劳作或操作机器，不喜欢待在办公室里	喜欢与户外、动植物、实物、工具、机器打交道的工作内容，如：农业、林业、渔业、野外生活管理业、制造业、机械业、技术贸易业、特种工程师、军事工作
E一企业型	为人乐观，喜欢冒险，行事冲动，对自己充满自信，精力旺盛，喜好发表意见和见解	喜欢领导和影响别人，或为达到个人或组织的目的而说服别人，成就一番事业	喜欢那种需要运用领导能力、人际能力、说服能力来达成组织目标的职业，如：商业管理者、销售经理、营销人员、采购员、投资商、制片人、保险代理、政治运动领袖、公关人员、律师
I一研究型	自主独立，好奇心强，敏感、慎重，重视分析与内省，爱好抽象推理等智力活动	喜欢独立的活动，比如独自去探索、研究、理解、思考那些需要严谨分析的抽象问题，独自处理一些信息、观点及理论	喜欢以观察、学习、探索、分析、评估或解决问题为主要内容的工作，如：实验室工作人员、物理学家、化学家、生物学家、工程师、程序设计员、社会学家
C一常规型	追求秩序感，自我抑制，顺从，防卫心理强，追求实际，回避创造性活动	喜欢固定的、有秩序的活动，如组织和处理数据等。愿意在一个大的机构中处于从属地位，并希望确切知道工作的要求和标准	喜欢有清楚规范和要求的、按部就班、精打细算、追求效率的工作，如：税务专家、会计师、银行出纳、簿记、行政助理、秘书、档案文书、计算机操作员

此外，还可以借助其他兴趣量表了解自己的兴趣。如 ACT 工作世界地图（Prediger, 1976）、梅尔斯-布瑞格斯类型指标（MBTI）等。

3.能力

除了价值观和兴趣，对能力的估计和认识也是自我评估的重要内容。认识自己的能力除了通过自己的生活经验、他人评价、各种评估结果之外，也可以采用各种能力倾向测验来了解自己的一般能力和技能。具体方法可参考第六章和第七章关于自我认识的内容和方法的介绍。

但是，个体对能力的认识更多是基于自己的经验，这种判断源于对过去有意识或无意识的各种评价。对自己能力的感知称为自我效能感，例如“我能干这个工作”“我觉得自己做这件事会有困难”等诸如此类的想法或信念。自我效能与一个特定的事件有关，不需要能够胜任所有的事。因此，在选择自己的职业方向时，相关能力非常重要，自我效能感也非常重要。但是，潜在的雇主也许不会使用“自我效能感”这个概念，他们会通过其他方法（如问题情境、案例分析）了解你的自我效能感。作为求职者，对所有事情都拥有高水平的自我效能感是不现实的。在现实工作中合理地请求帮助是成熟的工作行为。

自我能力提升对职业成功来说是非常必要的，如果你是名大学生，当前最重要的任务是学业的成功。许多学生常犯的一个错误是在校学习的时候考虑如何提高自己的工作能力。工作能力的锻炼固然重要，但就业之后提升工作能力的机会有很多，而全职在校学习和掌握一门专业和技能的机会却不是常有的。因此在当下积极改变自己，提升自我能力，将有助于职业生涯目标的实现。

拓展阅读

自我评估与职业生涯决策的误区

第一，避免过度概括自己过去的经验。也许你遭遇过无法解答数学题的不良体验，或出现过人际交往的问题，你因此决定拒绝探索与数学有关的问题或避免进入需要大量跟人沟通的行业。这种过度泛化会严重限制你成功地探索那些可能让你满意的职业。当然，在一门数学课上做得相当出色也不意味着你应该进入数学统计学院学习。在有效的职业生涯决策中还有其他许多重要的信息需要考虑。

第二，避免过于依赖他人对自己的价值观、兴趣和技能的评价。尤其是当这个人有很高的声望或影响力时要更加小心，例如该人是父母、老师、导师甚至是职业咨询师时。当你感谢和珍视他人对你的技能和兴趣所给予的反馈信息时，也要特别注意对这些信息进行辨别和验证。你可能仅仅因为家里两个前辈从事某种职业（例如，你的祖父和父亲都是医生）而趋向于选择或避免这种职业。

第三，避免在自己处于某种情绪危机时制定职业生涯决策。在一些职业生涯规划咨询中，常常看到有些学生因为某门课程学习吃力而决定放弃该专业的学习，并且避免未来的就业方向与该专业相关。

(二)职业环境分析

所谓职业环境，是某种职业在社会大环境中的发展状况、技术含量、社会地位、未来发展趋势等。进行职业环境分析的要求是，通过职业环境分析弄清职业环境对职业发展的要求、影响及作用，对各种影响因素加以衡量、评估并做出反应。关注当前的热点职业有哪些？发展前景怎样？社会发展趋势对所选职业有什么影响？要求如何？总的来说，职业环境分析可以从以下几方面入手：家庭环境分析、了解职业状况、调查就业市场信息、了解劳动法律规范及政府就业政策。

人的性格品质的形成及个人的成长离不开家庭环境的影响，大学生在进行职业生涯规划时，应该考虑家庭的经济状况、家人期望、家族文化等因素对本人的影响。个人职业发展规划的确立，总是与自身的成长经历和家庭环境相关的。个人在成长过程中，在不同时期也会根据自己的成长经历和受教育的情况，不断修正、调整，并最终确立职业理想和职业计划。正确而全面地评估家庭情况才能有针对性地设计适合自己的职业生涯规划。

了解未来的职业状况，可以从以下几方面入手。首先，通过国际组织、政府主管部门和学术中介组织制定发布的职业分类标准文件和职业分层状况研究报告，了解社会总体职业分布状况，并对各种职业的内容、环境条件、资格要求、经济收入、生活方式、社会地位和发展前景等各方面信息进行全面系统的了解和把握。其次，应重点了解、分析和把握一些社会热点职业门类的发布、需求和发展状况。再次，应争取一切可以争取的机会和途径，亲身投入到实际职业情景中，现场体验和深入了解自己重点意向的职业分布状况、需求状况以及这些从业者的工作状况和生活状况。

调查就业市场信息可以从劳动力的供给、需求、供需关系分析和流动性特征等方面进行了解[可参考人力资源蓝皮书《中国人力资源开发报告(2011～2012)》，社会科学文献出版社、中国人事科学研究院编著]。

了解劳动法律规范有助于在未来的职业中更好地保障自己的权利，更顺利地实施自己的职业生涯计划。劳动法律体系是指与劳动者权益有关的一切法律制度的总称，其所调节的对象是劳动关系及与劳动关系密切相关的其他社会关系。我国现有的劳动法律体系已经相对完整，特别是 1994 年 7 月 5 日全国人大常委会八届八次会议审议通过的《中华人民共和国劳动法》颁布实施后，逐渐形成了与市场经济体制相衔接，以《劳动法》为主题的法律体系。此外，了解政府有关就业政策导向，接受政府部门和学术组织有关职业发展指导，能让自己的职业生涯规划具有明确的宏观战略方向。更多职业环境分析的内容请参考第九章。

二、职业生涯目标设定

归根结底，职业生涯管理是一种典型的目标管理。20 世纪 80 年代初，两位哈佛心理学家做过一项调查研究，对象是一些自称幸福的人。结果发现，这些“幸福的人”的共同之处不是人们通常认为的拥有金钱、成功、健康或爱情，他们只有两个共同点：拥有明确的指导自己生活的目标，感受得到自己正稳步向目标前进。因此，幸福不是结果，而是不断设定目标、追求目标的过程，按照自己的心愿自由地追逐自己的梦想就是幸福。这恰如美国心理学家罗杰斯所言：“美好生活是一个过程，而不是一种存在状态；它是一个方向，而不是一个归宿。”

（一）职业生涯目标的构成要素

人生是需要目标导向的，人生要幸福、成功，就需要确立清晰的奋斗目标，并全力以赴地为目标奋斗。对于职业生涯目标，可以从 3 个方面考虑：一是职业生涯目标的概念与操作，二是职业生涯目标的表现功能和手段功能，三是职业生涯目标的时间维度。

概念目标与行动目标。概念上的职业生涯目标只是对人们期待参与工作的一种概括，但未指明是哪种具体的工作或职位。简而言之，它只反映职业的大致倾向，是一个人的重要价值观、兴趣、才能和对生活方式的偏好。上述对“生活中的心理学”中“六个国家”的选择中，你的答案所体现的便是概念目标。行动目标是实现概念目标的一种手段，它把概念目标变成具体的工作或岗位。例如，一个人的概念目标是从事“企业型”工作，领导和影响别人，成就一番事业。具体到行动目标，就是当上某家公司的部门经理。

表现功能与手段功能。职业生涯目标的表现功能是指与目标相关的经历能使人内心产生乐趣。职业生涯目标可以适当地表现一个人的成就使其感到快乐的程度、充实的程度、令人满意的工作行为的程度以及在工作中运用自己才能的程度、体验满意生活方式的程度。职业生涯目标还具有手段性功能。这种手段性因素意味着已经实现目标的可以导致（或引出）下一个目标，之前的积累为后续目标的实现奠定了良好的根基。

短期目标与长期目标。职业生涯目标需要用时间来衡量。哈佛大学曾做过一项为期 25 年的追踪调查，发现目标期限、清晰度对职业前景有重要的影响（见图 3-1）。在调查人群中，只有 3％的人具有清晰且长期的目标，10％的人具有清晰、短期的目标，60％的人目标模糊，剩下 27％的人没有目标。25 年之后，这四个群体之间出现了更明显的“分水岭”——3％具有清晰且长期目标的人，成了社会各界的顶尖人士；10％具有短期、清晰目标的人，成了各行各业的专业人才；60％有着模糊的目标的人，处于社会的中下层面，安稳地工作和生活；而27％没有丝毫目标的人，沦陷在社会的最底层，他们唯一能做的，就是不停地抱怨这个世界。

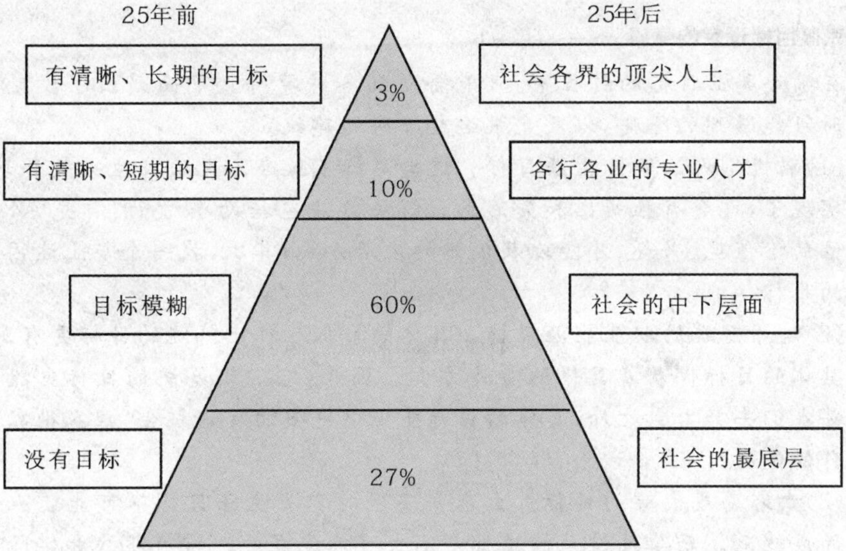

图 3-1　职业规划中目标期限、清晰度的重要性

当然，目标的短期与长期完全因人而异，人与人之间往往有较大差异。一般而言，长期目标一般是5～7年；短期目标更注重当前，一般为1～3年。

在确定职业生涯目标时，第一步是确认长期的概念目标。例如，可以问自己如下问题：自己希望在未来长时期内承担何种类型的工作，从事哪些活动，获得何种回报和承担哪些职责？然后考虑短期的概念目标，短期概念目标作为一种手段，要能支持长期目标。为了从长期目标中提炼出短期目标，需要回答以下问题：何种工作经历使自己有条件实现这个长期目标？需要开发或提高哪些才能？什么技能有助于实现下一个目标？也就是说，短期目标是分阶段的长期目标，与长期目标相一致。

概念目标确定后，需将概念目标具体化为行动目标，即什么职位（或工作或组织）才能给你提供机会，符合你的价值观、兴趣、才能和生活方式？实际上，并不存在一个公式可以指明你应该选择哪个行动目标。对于每个行动目标是否理想、是否现实，在很大程度上取决于你自己的判断（或者从别处获得的信息）。但是，你可以尝试估计能够满足概念目标主要内容的具体行动目标应该具备哪些性质。只有对一个或几个行动目标进行估计之后，才能对每个行动目标的适当性做出评价。

拓展阅读

克服目标设定的障碍

在确定职业目标的过程中，可能会遇到各种障碍。下面列出了设定有效目标时可能遇到的障碍，以及克服这些障碍的建议。

(1)取悦别人的职业生涯目标。这类目标不仅令人无法产生兴趣和动力，即便实现了，也会有挫折感和失落感。解决办法包括两个方面：首先，必须了解自己的价值观、兴趣、才能以及偏好的生活方式；其次，找一个与上述因素相一致的目标。

(2)过于笼统的职业生涯目标。具体的目标往往比笼统的目标更有意义，因为具体的目标代表着具体的奋斗方向。因此，它们比笼统的目标更能有效地指导人们去努力。此外，具体的目标能提供更多的反馈机会，让人很容易看出工作的进展情况。

(3)太容易或太难的目标。太容易实现的职业生涯目标不可能使人产生真正的成就感。而难度过大的目标是不太可能完成的。富有挑战和实际上达不到只有一线之隔，个体如果达不到所期望的目标，会产生挫折感和失败感。

(4)不灵活的职业生涯目标。人们特别害怕对职业生涯目标可能发生的变化进行彻底的重新审视。对此，要承认曾经的目标有可能会变得不再合理，需要我们不时地修订自己的职业生涯目标。

[资料来源：杰弗里·H.格林豪斯等著，王伟译.职业生涯管理(第3版).北京：清华大学出版社，2006]

(二)职业生涯规划制定的原则

1.树立并固守核心价值观

在确认职业生涯规划之前，需要回答一个基本问题："我为什么而活着?"从这个问题出发进行自我省察，会发现一个人存在的真正原因和意义，从而提炼出指导其行为的原则，即"核心价值观"。一个人的"内心欲求"只有与其所承担的"社会责任"联系起来时，才能在人生价值和生命意义上实现"自我肯定"。换句话说，核心价值观本质上并不是根据逻辑推理"论证"出来的正确结论，而是人们在实践中内省自悟出来的"主观信念"。为了确认你所信奉的准则是否为"真"，柯林斯曾建议通过回答以下几个问题来判断和确立自己的核心价值观：

●如果它一时不能给你回报，你还会信奉它吗?

●如果你有了足够的钱安享余年，你还会继续坚持它吗?

●如果它在一定时期不利于你短期生存目标的实现，你仍不会抛弃它吗？

●如果你是一个身价数亿的大富豪，你还会固守它吗？

●一百年之后，你还会像今天一样遵循它吗？

●你会发自内心、不由自主、热情洋溢、津津乐道地宣扬它吗？

如果回答是肯定的，那么你所说的核心价值观很可能就是“真的”。

关于职业生涯目标定位，也可以借助柯林斯的“刺猬理念三环图”来进行检验（见图 3-2）。

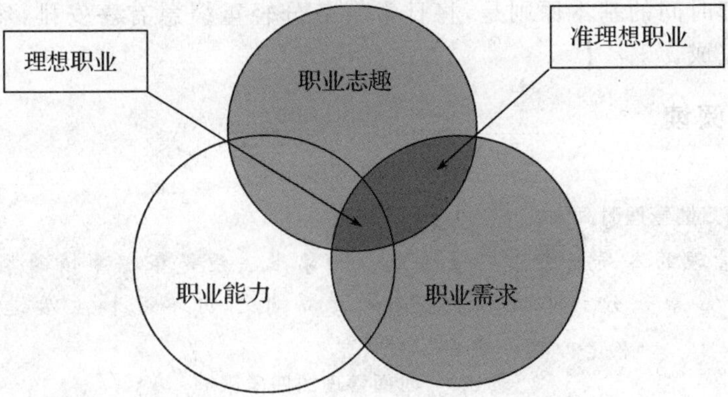

图 3-2　刺猬理念三环图

柯林斯所说的“三环”实际上就是一个人实现职业成功所要具备的三个基本因素，即：

●职业志趣：我对什么充满激情？

●职业需求：是什么驱动我的经济引擎？

●职业能力：我在什么领域能成为最优秀的？

在职业目标定位上，兴趣是点燃激情的火种，如果所从事的工作是一个人发自内心热爱的，那么每天清晨醒来他会有一种迫不及待想要投入工作的感觉和激情。但是，要将它当作你的“正业”来干，还需要一个现实条件，即你所从事的职业或工作能够为自己提供优裕的生活条件，是自己幸福生活、终身依托的基本保障。这就意味着你所从事的事业正是社会所需要的，具有广泛而重要的市场价值。除此之外，这个工作最好是你擅长的，能够发挥你的天赋条件、专业技术和潜能。

三个重叠的核心就是你最理想的职业。在实际生活中，职业目标定位往往难以“三全其美”，能够“两全其美”也是不错的，即可以围绕核心价值观同时兼顾某两种职业要素，然后根据实际情况进行适当地策略性调整，最后确定一个或数个“准理想”或“次优”的选择方向和目标。

2.勤勉有效的执行力

战略规划的最终目的和落脚点是“将一切都转化为行动”。人生设计再美好，职业生涯规划再周密，不采取行动一切都等于乌有。

首先，要有高效执行力，必须树立积极主动、自信勇敢的人生和工作态度。乐观地面对生活，把握一切机会，积极尝试一切值得尝试的事情，勇敢地推销和展示自己。其次，有效的执行力还需要智慧。成功者的职业生涯肯定是"智慧人生"，他们善于用"脑子"干工作、干事业。因此，学习、进修、培训等就成为提升职业生涯发展水平的基本途径和手段。最后，要想获得有效的职业生涯，还要善于管理时间。生命是由时间组成的，拥有高效的执行力，就意味着节约了时间，积累了雄厚的资本和财富。管理时间的基本原则是，将日常事务分轻重缓急有序安排，然后设定期限有条不紊地完成。

拓展阅读

如何有效地管理时间？

时间管理的本质是分清轻重缓急。四象限法便是根据事情的紧急和重要程度，将日常事务分为四个象限，并依此对自己的学习和生活进行管理的方法。

表 3-3　时间管理的四象限

1.重要又急迫 诸如即将开始的会议、周一要交的总结报告等等。	2.重要但不紧急 该象限主要与生活品质有关，包括长期的人生规划、人际交往、锻炼身体等等。
3.紧急但不重要 表面上类似第一象限，会让我们产生"这件事很重要"的错觉。例如，手机铃声、不速之客。	4.不紧急也不重要 例如娱乐、网络游戏、客套的闲谈等。

我们往往在一、三象限来回奔走，忙得焦头烂额，不得不到第四象限去疗养一番再出发。但休闲活动也存在有无价值之分，无价值的休息不但不利于走更长的路，反而是对身心的毁损。不妨回顾一下自己上周的生活与学习，在哪个象限花的时间最多？在哪一方面持续优异的表现，会对个人生活或工作产生积极的意义？这些问题的答案可归类如下：

1.改善人际关系。2.事先准备工作。3.更周详地规划与组织。4.善待自己。5.抓住机会。6.充实自我。7.增进能力。

仔细看一下，这 7 项都属于第二象限，因此也都是重要的事。因此，在时间管理上，除了快速有效，也要为长足的进步而筹谋。

3.日常的反馈和调整

完善的职业生涯规划，不仅要有明确的目标、周密的计划和强大的执行力，还需要灵活的反馈和调整机制。组织行为学家赫斯特认为，人类社会的任何组织，包括现代企业的形成和发展，都是一种自然历史过程。在这个过程里，“战略上多属偶然，经济上每出意外，政治上源于灾难”；管理上，“应急行为”“理性行为”和“被迫行为”因环境变动而交替出现。同理，一个人的职业生涯制定更是如此。职业生涯实质上是一种自觉追寻、自发形成、自然演进的“学习曲线”，本质上是一种随机应变的处世哲学和待人艺术。

新精英生涯的总裁古典也在《拆掉思维里的墙》中谈到，最好的职业选择是“年轻的时候你可以一见钟情，但是到了年纪你就该两情相悦一段，然后选择和一个人白头偕老。”年轻的时候，可以根据自我和周边环境的反馈对自己的职业生涯目标进行适当地调整，随着时间的推移，最终确定一个适合自己的、愿意为之奋斗终生的职业规划，切忌不要选择糟糕的规划方式——“年轻的时候遇见谁都想白头偕老，年老的时候，看到谁都一见钟情。”

复习巩固

1.简述如何进行职业环境分析。
2.简述职业生涯规划的原则。

第二节　职业生涯规划的方法

一、个体职业生涯规划的方法

个人出生与成长的各种社会环境影响着职业生涯的选择和发展。所谓环境，主要包括文化与社会环境、父母亲的状况、学校教育、同伴影响、职业本身与职业单位的影响等。同时，伴着年龄增长，一个人的兴趣、观念、价值观也会发生变化，并对职业生涯规划产生影响。受上述总体环境和个体差异的影响，在个人职业生涯规划方法上，难以找到一种“放之四海而皆准”的通用范式。本节提供了一些常用的个人职业生涯规划方法，供读者参考和借鉴。

(一)自行设计法

即进行自我测定、自我评价，明确职业兴趣、能力及行为倾向、价值观等，从而把握职业方向。常用的测评工具包括：

性格自我测试。性格是个性中具有核心意义的成分，几乎涉及人的心理过程及个性特征的各个方面，对职业选择和职业生涯发展有一定的影响。对具体职业而言，能力不足可以培训，但如果性格与职业要求不匹配，则难以获得好的工作业绩。例如，让一个性格内向的人去做推销员，大概就难以获得成功。

能力自测。主要包括分析能力自测、行动能力自测、管理能力自测、经营能力自测和其他特殊能力自测等。其结果可以为职业选择提供基本的参考依据。

职业素质自测。主要有工作动机、职业适宜性、职业选择、职业方向等。其结果旨在了解自己的优势，为从事相应的工作提供依据。

国内大学中，职业生涯规划中常用的工具及方法包括：

霍兰德职业倾向测验。霍兰德职业倾向测验，由美国著名职业指导专家霍兰德编制。他将职业分为六种类型，即现实型、研究型、艺术型、社会型、企业型、常规型。霍兰德认为一个人的职业是否成功、稳定，在很大程度上取决于其个性类型和工作条件之间的匹配情况。霍兰德职业倾向测验通过对个体在活动兴趣、职业爱好、职业特长以及职业能力等方面的测验，确定上述六种类型的组合情况，并根据个性类型寻找适合的职业。

SWOT 分析。SWOT 分析方法是一种根据企业或个人的既定内在条件进行分析，找出优势和劣势，并制定具有核心竞争力的战略方法。其中，“S”和“W”是内部影响因素——“S”代表优势（strength），“W”代表弱势（weakness）；“O”和“T”代表外部影响因素——“O”代表机会（opportunity），“T”代表威胁（threat）。SWOT 分析是检查个人技能、能力、职业、喜好和职业机会的有用工具。通过细致的 SWOT 分析，可以使人清楚地了解自己的优点和弱点，并评估职业道路的机会和威胁。

表 3-4　个人 SWOT 分析举例

	对达成目标有帮助的	对达成目标有害的
	优势（strengths）	劣势（weaknesses）
内部	高学历 人际关系良好 正确价值观 能独立自主 有专业知识	过于理想化 主观意识过强
	机会（opportunities）	威胁（threats）
外部	就业市场愈来愈倾向高学历者 现今高科技就业市场蓬勃发展，高级人才却不足	无法屈就低职位、低薪水 所学科系和热门产业不符 热门产业竞争者众多

“5W”思考模式。5 个“W”的思考模式是职业咨询和职业规划中常采用的一种方法，回答以下五个问题，找到它们的最高共同点，可以为自己的职业生涯规划提

供有效的参考信息。“5W”的5个问题是：

Who are you? 你是谁？

What you want? 你想干什么？

What can you do? 你能干什么？

What can support you? 环境支持或允许你干什么？

What you can be in the end? 最终的职业目标是什么？

第一个问题“我是谁？”是对自己进行一次深刻反思，将优点和缺点一一列出来。第二个问题“我想干什么？”是对职业发展心理趋向的检查，每个人在不同阶段的兴趣和目标并不完全一致，有时甚至是完全对立的，但随着年龄和经历的增长会逐渐固定下来。第三个问题“我能干什么？”是对自己能力与潜力的全面总结，一个人的职业定位最终还要归结于能力，而职业发展空间的大小则取决于自己的潜力。第四个问题“环境支持或允许我干什么？”环境支持在客观方面包括经济发展、人事政策、企业制度、职业空间等；主观方面包括同事关系、领导态度、亲戚关系等。明晰了前面四个问题，会从各个问题中找到对实现有关职业目标有利和不利的条件，列出不利条件最少的、自己想做且又能够做的职业目标，那么第五个问题“自己最终的职业目标是什么”自然就有了清楚明了的框架。

米字图。“米”字图一般是以年度为单位进行设计。米字图呈圆形分为八个板块，分别包括金钱、事业、家庭、婚姻、健康、消费、娱乐、旅游、学习 、能力、子女等方面，个人可结合自身年度的发展规划和远景进行选择和设计。以“财务总监”为例，其个人职业生涯规划如下图：

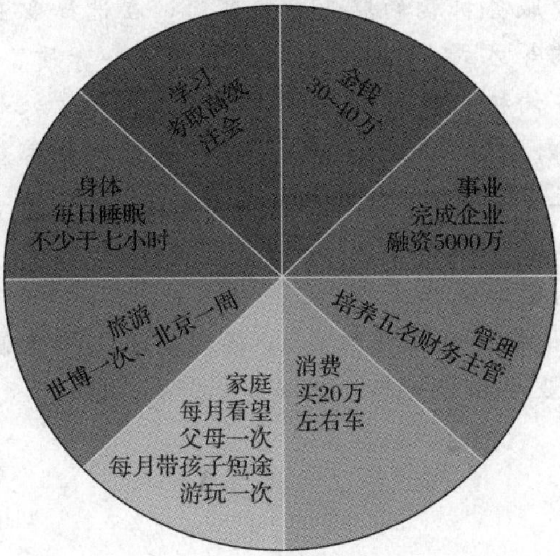

图 3-3　米字图举例

通过以上方法的运用，可以对自己未来的职业发展建立较清晰的认识，从而制定自己的职业生涯规划。当你仅通过这些工具依旧不能有效地确立自己的职业目标时，可以选择向专业机构求助。

（二）职业咨询法

职业咨询（career counseling）是包括求职、就业、创业指导、人才素质测评、职业生涯规划、职业心理咨询等一系列相关业务的人力资源开发咨询服务。职业咨询已经成为大中城市白领职业定位的重要标准，他们把自己关于职业蓝图方向不明的种种困惑交给职业咨询专业人士，由职业咨询专家运用心理学、社会学等多种学科知识，为自己提供寻找职业以及发展过程中遇到的有关问题的建议、信息和帮助。

在国内大中专学校中也常设有专门为大学生服务的职业生涯规划中心，这样的机构通常设在学校的就业辅导中心或心理辅导中心。但也有一些学生或在职人士为了能更好地规划自己的职业生涯，选择一些社会上的专门机构进行职业咨询预测。

拓展阅读

如何选择职业咨询机构

在选择职业咨询机构时需要注意以下问题。

一、了解咨询机构的背景和资质

目前国内的职业咨询机构基本分为四类：第一类，政府公益性的职业指导服务部门。第二类，营利性的专业服务机构。第三类，高校就业指导部门。第四类，一些人力资源服务机构的职业咨询部门。在选择职业咨询机构时，可以通过上网、电话咨询等方式，了解机构的背景和服务资质。

二、了解职业咨询机构的专业声誉和口碑

职业咨询在国内是新兴行业，咨询机构的服务质量参差不齐，个别公司在利益的驱动下，往往急功近利，对客户的困惑夸大其词，对个人资料的保密也极不周全。因此，在选择职业咨询机构时，了解其专业声誉和口碑很重要。

三、明确服务内容和流程

通过电话与咨询机构初次接触时，要详细询问咨询的服务内容和流程，因为这是体现机构专业度和服务品质的关键。

四、考察咨询师的专业资质

咨询师的专业度是职业咨询成功与否的关键。一个合格的咨询师在知识结构、从业经验、综合素质以及职业道德四个方面均有要求。

五、衡量收费是否合理

在联系职业咨询之前，需要通过各种渠道获得相关服务的价格范围。对一些机构收费特别低，收费随意性大，或收费奇高且没有实在服务内容的机构，要特别警惕。

六、随意承诺不可信

由于行业门槛较低，有些公司打出"咨询＋就业"一条龙服务旗号，很多人以为咨询能帮助解决工作，就像抓到了救命稻草，欣然前往。可经过面谈后才发现，帮助找工作要花费几千元钱，且要一次性付清，至于承诺的结果，则是"要看双方的配合程度，以及市场的行情"。

（资料来源：http://baike.baidu.com/view/977018.htm）

（三）生活计划（生命计划）

这是职业生涯规划中更长期、更完整的计划。对于有充分职业经验的人来说，进一步制定职业生涯规划，部署长期发展计划，可以采用"职业行动计划模型"的方法。具体包括以下 7 个步骤：

一是明确自己的终身计划与职业意识；

二是进行职业生涯选择的分析与决策；

三是进行自我评价和成功风险分析；

四是为新的抉择做准备，了解成功的途径；

五是为实现新职业而努力，提高能力素质；

六是职业发展的行动战略，自己谋得预定职业并探究和掌握在该职业生存的秘诀，遵从该职业的规范，努力获得成功；

七是跟踪和再评价。

重新审视和思索职业计划或重新制定终身计划。当重新制定终身计划时，实际上返回到了第一步。这七个步骤相互联系成为一个闭合的链条，人的职业生涯规划就在这一循环中不断发展，不断提高。

二、职业生涯规划策略

(一)技能评估策略

技能是指在一项工作或任务中具有或学到的具体特质、才艺和个人品质。正如肌肉、骨骼塑造着身体外形，技能塑造着我们的职业生涯。如果被问及技能，你会列出怎样的技能清单呢？这份清单可能很短。这并不是因为你不具备多种技能，而是因为你从来未被问及，不习惯去思考和讨论这个问题。

关于技能评估，可以借助表3-5。在表中各项你乐于运用(尽管你在这方面并不擅长)的项目上画“×”，在那些你特别擅长的技能上画“√”，在那些从未使用过的技能上画“—”，在想要开发磨炼的技能上画“○”。在个人品质一项中用符号标出任何符合你情况的条目。

当你完成上面步骤后，计算同时画有“×”和“√”的技能。这些是你的自发性技能，代表你的强项，而且很可能是同时给你带来满足感的领域。如果在工作中尽可能地运用这些技能，并且不断发现新的方法来使用它们，你将能从工作中体会到快乐和满足感。

回顾这张练习表，选出5个让你最感兴趣和想要发展的技能。思考发展这些技能的方法，例如参加某些课程、训练班，或工作培训，参加一项义务工作或向朋友、熟人、同事、导师求教。

表3-5　技能评估表

“×”你乐于运用尚不擅长的技能，“√”你极擅长的技能，“○”你想要发展和获得的技能，“—”你从未使用的技能

文员技能

检查______　评估______　档案______　开发______　改进______　记录______

校对______　计算______　建议______　跟踪事件______　记账______　打字______

抄写______　检索______　安排______　系统化______　制表______　复印______

合作______　分类______　恢复______　组织______　购买______　接待______

解决问题______

技术性技能

财务______　评估______　计算______　调整______　校准______　观察______

核证______　制图______　设计______　准备说明书______　检验______　解决问题______

创造______　细节______　重建______　文件审读______　修改______　合成______

构造______　解决______　提炼加工______　理解说明书______

公共关系技能

计划______ 指挥______ 通知______ 咨询______ 写作______ 研究______
代表______ 谈判______ 合作______ 沟通______ 推广______ 说明______
主持______ 接待______ 调解______ 表演______ 赞助______ 招聘______
演示______ 创造______ 解决问题______

销售技能

接触联系______ 说服______ 文件审读______ 检查______ 通知______ 推广______
定位______ 影响______ 证明______ 比对______ 区分______ 说明演示______
询问______ 签约______ 成本核算______ 谈判______ 沟通______ 计算______
提供咨询建议______ 起草合同______ 推荐______ 解决问题______

管理技能

计划______ 组织______ 日程安排______ 分配工作______ 指派______ 指示______
聘用______ 测评______ 行政管理______ 指挥______ 控制______ 协调______
指导______ 授权______ 创意______ 制度化、规范化______ 监管______
谈判______ 决策______ 团队建设______ 概括______ 解决问题______

沟通技能

说理______ 组织______ 定义______ 写作______ 倾听______ 解释______
说明______ 阅读______ 讲演______ 编辑______ 指导______ 面试______
合作______ 演示______ 程序化______ 起草建议______ 组合______ 融合______
连接______ 概括______ 表达______ 翻译______ 解决问题______

研究技能

发现和识别______ 面试______ 询问______ 合成______ 写作______ 诊断______
综合______ 审读、回顾______ 设计______ 理论概况______ 试验______ 评估______
建议运用公式______ 调查______ 概括______ 沟通______ 合作______
演示______ 分析______ 仔细推敲琢磨______ 解决问题______

财务技能

计算______ 预测______ 财务计划______ 发现和确认______ 会计______
按流程处置______ 计算机______ 互相关联______ 成本核算______ 预算______
比较______ 归纳______ 检查______ 核实______ 解决问题______

手工技能

操作______ 监控______ 控制______ 准备______ 驾驶______ 切割______
组装______ 草图______ 绘图______ 检查______ 程序______ 列表______
建筑______ 创造______ 修理______ 解决问题______

服务技能

咨询顾问______ 导引______ 引领______ 倾听______ 协调______ 教授______
答复______ 合作______ 推动促进______ 监控______ 融合______ 激励______
说服______ 评估______ 总结______ 计划______ 修改______ 调解______
鼓励______ 签合同______ 演示______ 解决问题______

个人品质

适应性______ 冒险精神______ 进取性______ 反应敏捷______ 雄心______
果决______ 镇静______ 能干______ 自信______ 明智______ 创造性______
合作______ 直率______ 可依赖______ 坚定______ 圆通______ 谨慎______
主导______ 高效______ 精力旺盛______ 热情______ 灵活______ 有力量______
坦白______ 理想主义______ 首创______ 创新______ 逻辑______ 忠诚______
客观______ 做事讲究方法______ 乐观______ 有条理______ 耐心______ 执着______
实用______ 精细______ 平静______ 现实______ 足智多谋______ 敢于担风险______
自强自立______ 敏感______ 严谨______ 真诚______ 成熟老练______ 顽强______
多才多艺______

(二)职业信息整合策略

有时对职业生涯做抉择最困难的地方在于，不知道存在哪些职业。职场变化非常迅速，可能很难把握最新的可供选择的职业动态。对于初次就业者，这更是一个复杂的问题。因此，职业信息的搜集和整合就变得尤为重要。在决策之前，需要尽可能地对不同的职业进行全面的思考，为职业生涯决策提供所需的信息。职业信息的搜集和整合可以遵循以下步骤。

(1)决定对哪些职业进行研究。通过头脑风暴，参考自己的价值观、技能、兴趣和个性，列出可能的职业选择清单。首先，这个清单只求数量不求质量，列出一个长长的职业选择清单，以供比较和筛选。其次，对清单进行回顾和排序，可以按行业或功能分成小组，例如“沟通类职业”或“管理类职业”。必须逐步地进行筛选和简化，把准备进行研究的职业或职业领域数量压缩到一个可操作的范围之内。

(2)研究行业和功能范围。在确定研究目标之后，下一步可以对感兴趣的职业领域进行广泛探索。可以了解职业的发展轨迹，了解职业内部的一般性组织分工等。

(3)了解感兴趣的职业的最新动态。杂志、报纸、相关求职网站，特别是工商类刊物，是目前行业发展的趋势、最新技术的进步、重要的公司和组织以及工作需求的增长等信息的集中来源。

(4)找出有关的职业或专业协会信息。大多数行业都有专业组织，就是把某一行业内的专业人士聚集在一起进行交流和开展继续教育的行业协会。这些组织的任务之一是向公众传播该行业的信息，出版和发行相关刊物、通讯，介绍本行业的热点问题。

(5)在网上搜索有用的网址。互联网可以快速地提供不同行业、专业协会和雇主的广泛信息。只需在某个搜索引擎上键入行业的关键词，就可以找到若干提供最新信息的网站。

(6)发现关键的雇主。最后一步时开列一份雇主清单，注明雇主的类型(如政府、企业或学校)和准确名称。

在信息搜集和整合过程中，需要对以下问题进行思考：

●该职业的工作内容和责任是什么？

●需要什么样的申请资格，如大学学位、技能或工作经验？

●该领域典型的职业轨迹是什么样的？

●该行业的就业前景如何？

●该行业的平均起始工资是多少？最高工资是多少？

●该行业最典型的雇主是谁？

●该行业的专业协会有哪些？

●该行业的工作环境如何？是否要求经常出差？

●是否要求到外地工作？

完成上述步骤之后，你的职业清单上已经删去大部分对你不具有吸引力、与你不相匹配的工作，只剩下了为数不多的几个选择。

(三)决策策略

职业生涯决策主要取决于个人和环境两个方面，如下图所示：

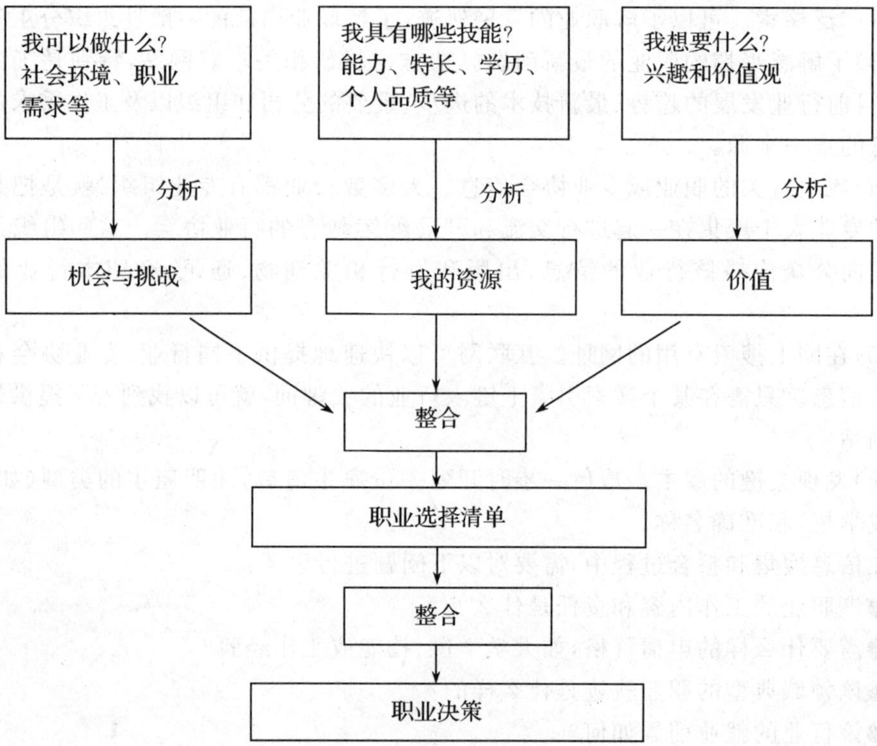

图 3-4　职业决策模式

影响职业生涯决策的因素有很多，主要包括以下几个方面：一是心理特性，包括职业价值观、职业兴趣、职业能力、气质、人格类型等方面；二是职业机会，即从业、就业的可能性；三是社会家庭因素，即父母亲的职业态度、家庭的社会经济状况、接受培训和教育的可能性等。上述因素有时可能存在冲突，例如心理特性与家庭经济状况的冲突：许多有潜力的学生，由于家庭经济状况的制约，不能选择理想的职业；有些学生的职业理想和价值观与父母有严重的冲突，父母看重就业，子女看重实现自我价值。只有将上述各个方面很好地协调，才可能做出理想的决策。

职业决策有很多种方法，比如经验法、直觉法、比较法。

经验法。经验法是运用较多的方法，通常是寻求有经验的人提供支持。比如教师指导过很多学生填报志愿，成年人在经历了职业生涯道路后往往也拥有很多经验，可以借助这些经验来辅助决策。这种方法一般主观性强、精确性差。

直觉法。直觉法主要借助个人的内在感情和感觉，运用想象力，辅之以过去的知识和背景来做决策。该方法简单、迅速，但是主观、武断，缺乏科学依据，较感性。

比较法。比较法是运用推理、比较和数据资料，综合考虑多方面的利弊得失，找出正面预期多、负面影响少的方案。这种方法比较科学，但比较复杂，需要的技术和资源较多，决策过程漫长。

三、个体职业生涯规划的特点和评价

(一)特点

个人职业生涯规划,是个人按照主客观、内外部因素设计自己的职业生涯,规划如何度过职业工作的生命期。它有以下几个特点:

第一,职业生涯设计是个体通过对自己能力、兴趣和可供选择的职业机会的评估,而确立的个人职业生涯的发展目标及职业活动。

第二,个人制定的职业生涯目标必须和组织的职业生涯计划目标协调一致,在多数情况下,个人职业目标是为了实现组织的奋斗目标,离开了组织目标,个人的职业生涯发展是难以获得成功的。

第三,作为个体主动的职业行为和活动,必须依靠组织提供的工作岗位和就业机会。

第四,个人职业生涯规划极具灵活性、选择性、自主性和可变可调性。

第五,个人必须对自己制定的职业生涯计划、职业发展和职业选择负全部责任。

(二)评价

职业生涯评价是指人们获得和利用与职业生涯相关的信息反馈的过程。在评价过程中,人们可以获知自己到底做得如何。职业评价过程如图 3-5 所示。

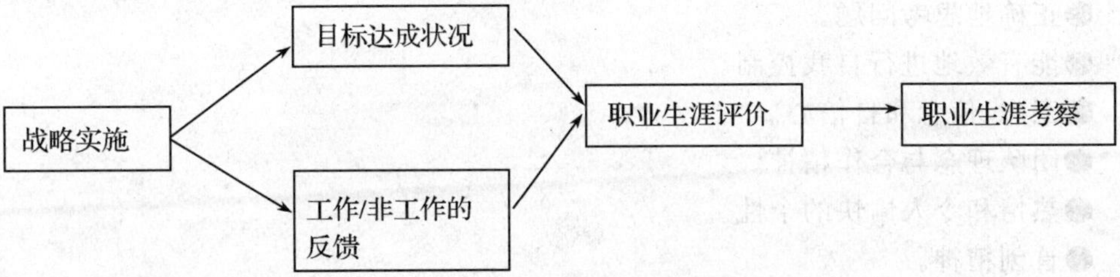

图 3-5　职业生涯评价过程

职业生涯评价具有两方面的作用,一是通过建设性的信息反馈使人判断其目标和战略是否仍有意义,二是通过不同的评价标准查看职业生涯的成功程度。

职业生涯评价发挥着适应性反馈的功能,使人反思自己的职业生涯目标,监督自己的职业生涯进程。反馈来自于多个方面,职业生涯战略的实施本身就提供了关于工作或工作以外的生活反馈,这些信息能使人进一步修订或强化自己的目标。另外,职业生涯评价还能影响战略行为。例如,在评价过程中,如果发现目标合适,但方法不可行,在这种情况下,目标不会发生改变,但战略却需要进行调整。只要人们具有自我监督的能力和调整职业生涯战略的能力,其职业生涯就更有活力。总之,职业生涯评价给人提供了一种反馈机制，使职业考察和整个职业生涯管理的循环得以不断持续下去。

个人制定职业生涯计划，其目的是要获得职业生涯的成功，这体现了职业生涯评价的第二个功能。那么，职业生涯成功的标志是什么呢？不同的人认为职业生涯规划成功的标准是不同的，例如社会地位和声望，丰厚的薪酬，金钱财富，稳定、轻松、自由的工作……价值取向的差异，造成了评价标准的不同。尽管如此，要评价个体职业生涯成功与否，大体有以下普遍认同的标准：

●个体的价值取向、能力、知识、个性及人格与其所选择的职业是否相适应；

●个体的职业目标不受职业的转移、调整、流动、挫折等干扰而最终获得成功；

●工作兢兢业业、任劳任怨、尽职尽责或尽心尽力，有突出成绩或得到组织嘉奖，在领导、同事们的心中有一定的威信；

●本人在职业工作中能否体会到一种自我成就感和自我满足感；

●具有创新性，常选择、追求富有挑战性的工作，善于另辟蹊径，并不断体验到新的乐趣；

●本人的职业对家庭有积极促进作用。

有关专家从几百位名人的职业生涯成功经验中提炼出 14 种与职业生涯成功密切相关的指标：

●有积极的心态。

●有明确的目的。

●多走些路。

●正确地思考问题。

●能有效地进行自我控制。

●意志、信念和自信心。

●团队理念与合作精神。

●热情和令人愉快的个性。

●首创精神。

●有良好的注意力。

●善于总结经验和教训。

●敏锐的观察能力和预见、判断能力。

●广博的知识和深厚的专业功底。

●保持良好的身心健康。

拓展阅读

什么是好的职业规划？

一个好的职业规划应该为：

第一，应该有一个20年的梦想，尽可能地大一些，尽可能抽象一点。因为20年是很长的时间，可以发生任何事情，这个计划主要以你的梦想为主。

第二，给自己一个不超过10年的理想，这个计划主要以培养和发展核心竞争力为主。

第三，瞄准一个5年内能达到的目标，细分成为3年的职业计划。详细了解你和这个职位的差距。这个计划以务必达成的执行为主，同时给自己一个Plan B。

第四，把你的规划保留下来，每隔一个月看一看，让自己保持进度。

第五，每隔半年停下来回顾你的计划。

第六，对新的机会和趋势永远保持警醒。

（资料来源：古典.拆掉思维里的墙[M].北京：中国书店，2010）

复习巩固

1.简述常见职业生涯规划方法。

2.简述职业生涯规划的策略。

3.举例说明职业生涯规划中常见的三种自行设计方法。

本章要点小结

职业生涯规划的内容包括职业生涯规划的准备（自我评估和职业环境分析）和职业目标设定（职业生涯目标要素和职业生涯规划制定的原则）两个方面。个体职业生涯规划的方法包括自行设计法、职业咨询法、生活计划（生命计划）；职业生涯规划策略可以通过技能评估策略、职业信息整合策略和决策策略进行。

关键术语表

生涯的信息加工金字塔模型　自我评估　终极性价值观　工具性价值观　自我效能感　自我提升　职业环境分析　核心价值观　SWOT分析　经验法　直觉法　比较法　职业生涯评价

本章复习题

1.个人测评分析中包括(　　)。

A.专业知识　　B.能力　　C.个人特质　　D.以上都包括

2.柯林斯的刺猬理念三环图不包括以下哪个要素?(　　)

A.职业志趣　　B.职业认识　　C.职业能力　　D.职业需求

3.关于个人职业生涯,下面说法中错误的是(　　)。

A.考虑横向发展　　B.审慎考虑第一职务

C.有机会就跳槽　　D.有长远的职业眼光

4.职业生涯规划最主要的目的在于(　　)。

A.帮助你最终能实现自己的美好理想

B.帮助你扬长避短地发展自己

C.帮助你目标明确地发展自己

D.帮助你不用太努力就可发展自己

5.在职业生涯分析中,自己的优劣分析主要包括(　　)。

A.价值　　B.能力　　C.经济环境　　D.理想

6.在职业生涯规划与管理中,个人应该做的是(　　)。

A.积极进行培训　　B.提供及时的考核

C.提供职业发展信息　　D.提供多种职业选择

7.相对于目标而言,空想的特征是(　　)。

A.秉承原则　　B.循序渐进

C.不具备现实性　　D.一步一个脚印

8.职业生涯规划说明中,行动计划包括(　　)。

A.工作岗位发展路线　　B.教育培训

C.具体计划　　D.以上都包括

9.SWOT 分析方法中"S"指的是什么?(　　)

A.优势　　B.劣势　　C.机会　　D.威胁

10.在成功所必须具备的条件中,主观上已经具备的条件是(　　)。

A.机会　　B.素养　　C.背景　　D.人际关系

第四章　职业生涯规划的模式

规划好未来才能找到奋斗的目标，实现人生的价值。有人提出立信、立志、立言、立行、立德的“五立职业生涯规划模式”。立信，即人生信条的确立。与个人信仰、价值观等紧密相关，是开启职业生涯的根本问题。立志，即职业志向的确立。与个人理想、职业目标等紧密相连，是职业规划中的战略范畴。立言，即职业言谈的规划。规划个人言语与文字风格，为职业生涯的发展蓄积力量。立行，即职业行为的规划。规划个人行为风格，使其循着职业生涯的目标，使今天的行动在明天具有清晰的意义。立德，即成就职业高度和职业品牌。确立个人品牌的个性、内涵以推动个人职业生涯攀越高峰，具备社会意义。但在具体规划时需要怎么做呢？本章重点介绍几种具体的职业生涯规划模式。

第一节 “5W”模式

一、“5W”模式概述

职业生涯规划是一个发展过程,不同的年龄和发展阶段特征与职业生涯选择和发展是一种相互依赖、相互作用的关系。职业规划指导时常采用一种称为五个“what”的归零思考模式,具体来说就是要解决职业生涯规划中的五个具体问题(详见本书第三章第二节)。

弗兰克·帕森斯在《选择一份职业》中界定了职业生涯规划的三个步骤:一是对自身的兴趣、技能、价值观、目标、背景和资源进行认真的自我评估;二是针对学校、业余培训、就业和各种职业,考虑所有可选的机会;三是鉴于前两个阶段所发掘的信息,仔细推断何为最佳选择。按照这样的逻辑,可以将职业生涯规划的“5W”模式进一步细化为:第一步,分析自身的需求;第二步,对自身进行简单的SWOT分析;第三步,在分析的基础上制定个人职业发展的长期目标,并将其分解成可行的短期或阶段性目标;第四步,充分考虑发展过程中可能存在的阻碍,并制定提升计划;第五步,分析个人扮演的角色,并制定明确的实施计划。

职业生涯规划是贯穿在整个大学阶段的教育理念,而大学生的学业规划是职业生涯规划在大学阶段的阶段性体现,学业生涯规划不仅可以提高大学生活的效率,也可以增强大学生的主动性,让大学真正发挥培养人才的平台作用。

二、“5W”归零思考模式操作方法

从问“我是谁”开始,如果能真实回答自己的提问,等到回答完毕,职业生涯规划就有了大体的轮廓。具体做法如下:取出五张白纸、一支铅笔、一块橡皮。在每张纸的最上边分别写出五个“what”问题。然后,静下心来,排除干扰,按照顺序,独立地仔细思考每一个问题。

(一)“我是谁?”

面对自己,真实写出每一个想到的答案。反省自己究竟是一个什么样的人?是一个什么性格的人?有什么禀赋?有什么兴趣?有多大能耐,有什么优势、劣势?有什么擅长和不擅长等等。写完了再想想有没有遗漏,认为确实没有了,按最重要、最优先的进行排序,比如①②③……

（二）“我想做什么？”

可将思绪回溯到孩童时代，从人生初次萌生第一个想干什么的念头开始，然后随着年龄的增长，回忆自己真心向往过、想干的事，并一一地记录下来，写完后再想想有无遗漏，按照最想做的进行排序，比如①②③……

（三）“我能干什么？”

把确实能证明自己能力和尚可开发的潜能一一列出来，按照最拿手的能力进行排序，比如①②③……这是对自己能力和潜能的全面总结，一个人的职业最根本要归结于其能力，而发展空间大小主要取决于其潜力。对潜力的了解可以从自身知识结构、学习能力、兴趣、沟通能力等方面进行重点认识。

（四）“环境支持或允许我干什么？”

思考一下，本企业、本单位、本市、本省、本国和其他国家，自小向大，只要认为自己有可能借助的环境，都考虑在内，特别是对自己所在行业、企业的发展趋势一定要了解清楚。在这些环境中，认真考虑自己最可能获得什么支持，一一写下来，按照支持力度大小、获得的容易程度进行排序，比如①②③……

（五）“我的职业与生活规划是什么？”

如果能够成功回答“我的职业与生活规划是什么？”，你就有了最后的答案。

做法是：把前四张纸和第五张纸一字排开，然后认真比较第一至第四张纸上的答案，将内容相同或相近的答案用一条横线连起来，你会得到几条连线，而不与连线相交又处于最上面的线，就是你最应该去做的事情，你的职业生涯应该以此为方向。你要在此方向上以三年为周期，提出近期、中期与远期的目标，然后在近期目标中提出今年的目标，将今年的目标分解为每季度目标、每月目标、每周目标、每天目标。这样，你每天睡前就可以对照自己的目标进行反省，总结当天成就与失误、经验与教训，修正明天的目标与方法。这样日积月累，就没有不能实现的规划。

最理想的情况是把四张纸排序中的①②③④分别连起来，这四条线平行并列，互不交叉。当然，标号为①的这条线路就是你最理想的职业生涯路线。

拓展阅读

Tony的“5W”模式职业生涯规划

1999年，Tony27岁，弟弟在美国为他办好了某名校的MBA入学通知书，他在“出国与留下”的犹豫中，使用以上方法对自己进行了职业生涯规划。

1.我是谁?

一家管理咨询公司经理(任职一年多,同事关系不错,业绩和收入让人满意);做经理前做了一年多业务员(开发了多项业务,曾连续6个月业绩名列第一);来这家公司以前曾在一家保险公司做过一年多的人寿保险顾问,赚了些钱,但觉得在保险业做得太容易,受到误会和蔑视,有点受不了。遇到管理咨询公司招聘就跳槽了;愿做一个富裕、正派的人;我很爱我的父亲(退休的公务员)和母亲(普通退休干部),很担心他们患有慢性病的身体,每年几乎都回老家看望他们;不要求很多钱,但需要体面而丰富的生活。过去不太注意储蓄,现在了只存了10多万元,不知先买车还是先买房;弟弟去年大学毕业就直接出国留学了,我有点羡慕他;我很爱我的女朋友,我们准备结婚,但时机尚未成熟;大学毕业五年,身体健康,心理较正常;性格较外向,情绪较乐观;好奇心较强,学习能力不错;喜欢唱歌,有时会幻想。

2.我想干什么?

做职业经理人;管理咨询顾问;先去国外读MBA,再回国来干管理咨询,甚至开自己的咨询公司;和妻子共同住在属于自己的舒适的住房里,每天开自己的车去上班;在父母有生之年能够多尽一点孝心,可能的话把他们接到家里来住;有时想与人合伙开咨询公司,自己负责业务开发,别人负责咨询专案,但现在的老板如果能吸收我做股东,并提供更大的事业空间似乎更好;爱好唱歌,大学期间获得过全校歌咏比赛多次男子冠军,做过当明星的梦。

3.我能干什么?

可管理公司更多的业务,并能协调公司各部门的关系;是推广公司咨询业务的能手和指导下属开发客户的老师;会讲业务开发的课程和一些较容易的管理课程;会开汽车;唱卡拉OK很好;相信还可以学会很多东西。

4.环境支持我干什么?

现在公司要给我升职,有可能获得一定的股份(公司计划明年扩大为集团,投资多个专业管理咨询与管理软件公司);市内有多家同类公司想挖我去当业务总监或副总,薪酬比现在高一二倍(现在我一年大约收入8万元),有的还说不用我投资就送我股份,他们能否兑现承诺是个问题,有的实业公司老板也拉我去做营销部门的负责人,许以高薪,股权等,但我觉得在其他行业得到的尊重不如咨询业;可以去大学深造;也可以读在职MBA,只要有好的课程与教师;弟弟可以帮助我联系国外的大学去读书,但以后可能还要回来从头开始;去练唱歌,甚至去酒吧唱,但专业成就很渺茫。

5.我的职业与生活规划是什么？

继续在现在的公司好好干，不远的将来能被晋升，并获得合伙创业的机会；同时进修在职MBA；买房、结婚、买汽车；经常去看父母，以后接他们来往；有时去唱歌玩玩；去其他公司做合伙创业者；出国读书。

Tony对自己提出的3年内的目标是：任所在公司的副总经理；攻读在职MBA；年收入10万元；成为公司的正式股东；拥有自己的住房与汽车、结婚并将父母接来。不到3年，除其父母不久前来住一段时间，嫌城市节奏太快、熟人太少，采不习惯而返回故里之外，他的其他愿望都已经实现了。

复习巩固

简述大学生职业生涯规划中的“5W”模式。

第二节 职业锚模式

一、职业锚的含义

职业锚的概念是由美国埃德加·施恩教授提出的，他认为职业规划实际上是一个持续不断的探索过程。在这一过程中，每个人都会根据自己的天资、能力、动机、需要、态度和价值观等慢慢地形成较为明晰的与职业有关的自我概念。施恩还说，随着一个人对自己越来越了解，就会越来越明显地形成一个占主要地位的职业锚。所谓职业锚是指当一个人不得不做出选择的时候，他或她无论如何都不会放弃的职业中那种至关重要的东西或价值观。正如“职业锚”这一术语中“锚”的含义一样，职业锚实际上就是人们选择和发展自己的职业时所围绕的中心。一个人对自己的天资和能力、动机和需要以及态度和价值观有了清楚的了解之后，就会意识到自己的职业锚到底是什么。施恩根据自己在麻省理工学院的研究指出，要想对职业锚提前进行预测是很困难的，这是因为一个人的职业锚是在不断发生着变化的，它实际上是一个在不断探索过程中产生的动态结果。

有些人也许一直都不知道自己的职业锚是什么，直到他们不得不做出某种重大选择的时候，比如到底是接受公司将自己晋升到总部的决定，还是辞去现职，转而开办和经营自己的公司。正是在这一关口，个人过去的所有工作经历、兴趣、资质、性向等等才会集合成一个富有意义的模式(或职业锚),这个模式(或职业锚)会告诉此人,对他或她个人来说,到底什么东西是最重要的。

二、职业锚的发展及类型

职业锚以员工习得的工作经验为基础,产生于早期职业生涯。员工的工作经验进一步丰富发展了职业锚。1978年,美国埃德加·施恩教授提出的职业锚理论包括五种类型:自主型职业锚、创业型职业锚、管理能力型职业锚、技术职能型职业锚、安全型职业锚。

随着职业锚研究价值的逐步发现,越来越多的人加入了研究的行列。在20世纪90年代,又发现了三种类型的职业锚:安全稳定型职业锚、生活型职业锚、服务型职业锚。施恩将职业锚增加到八种类型,并推出了职业锚测试量表。

技术/职能型(technical functional competence):技术/职能型的人,追求在技术/职能领域的成长和技能的不断提高以及应用这种技术/职能的机会。他们对自己的认可来自自己的专业水平,他们喜欢面对来自专业领域的挑战。他们不喜欢从事一般的管理工作,因为这意味着他们放弃在技术/职能领域的成就。

管理型(general managerial competence):管理型的人追求并致力于工作晋升,倾心于全面管理,独自负责一个部分,可以跨部门整合其他人的努力成果,他们想去承担整个部分的责任,并将公司的成功与否看成自己的工作。具体的技术/功能工作仅仅被看作是通向更高、更全面管理层的必经之路。

自主/独立型(autonomy independence):自主/独立型的人希望随心所欲地安排自己的工作方式、工作习惯和生活方式。追求能施展个人能力的工作环境,最大限度地摆脱组织的限制和制约。他们宁愿放弃提升或工作扩展的机会,也不愿意放弃自由与独立。

安全/稳定型(security stability):安全/稳定型的人追求工作中的安全与稳定感。他们可以预测将来的成功从而感到放松。他们关心财务安全,例如:退休金和退休计划。稳定感包括诚言、忠诚以及完成老板交代的工作。尽管有时他们可以达到一个高的职位,但他们并不关心具体的职位和具体的工作内容。

创造型(entrepreneurial creativity):创业型的人希望使用自己的能力去创建属于自己的公司或创建完全属于自己的产品(或服务),而且愿意去冒风险,并克服面临的障碍。他们想向世界证明公司是他们靠自己的努力创建的。他们可能正在别人的公司工作,但同时他们也在学习并评估将来的机会。一旦他们感觉时机到了,他们便会自己走出去创建自己的事业。

服务型(service dedication to a cause):服务型的人指那些一直追求他们认可的核心价值,例如,帮助他人,改善人们的安全,通过新的产品消除疾病。他们一直追寻这种机会,即使这意味着变换公司,他们也不会接受不允许他们实现这种价值的工作变换或工作提升。

挑战型(pure challenge):挑战型的人喜欢解决看上去无法解决的问题,战胜强硬的对手,克服无法克服的困难障碍等。对他们而言,参加工作或职业的原因是工作允许他们去战胜各种不可能。新奇、变化和困难是他们的终极目标。如果事情非常容易,它马上变得非常令人厌烦。

生活型(lifestyle):生活型的人喜欢允许他们平衡并结合个人、家庭和职业需要的工作环境。他们希望将生活的各个主要方面整合为一个整体。正因为如此,他们需要一个能够提供足够的弹性让他们实现这一目标的职业环境,甚至可以牺牲职业的一些方面,如:提升带来的职业转换,他们将成功定义得比职业成功更广泛。他们认为自己在如何去生活,在哪里居住,如何处理家庭的事情及在组织中的发展道路是与众不同的。

复习巩固

1.简述职业锚的八种类型。

2.职业锚对大学毕业生职业规划的启示有哪些?

第三节　胜任特征模式

美国职业指导专家霍兰德在《职业决策》一书中提出了人职匹配理论,强调兴趣与职业之间的关系。目前,作为职业选择的首选工具,霍兰德职业兴趣量表被国内外几乎所有的职业机构应用。在职业兴趣研究中影响较大的是霍兰德的职业兴趣理论。它源于人格心理学的概念和大量职业咨询的实践与研究,霍兰德从整个人格的角度来考察职业选择问题。因此,他的职业兴趣理论超越了心理学和非心理学的理论框架。

霍兰德提出了四个假设:(1)大多数人的人格可以分为现实型(R)、研究型(I)、艺术型(A)、社会型(S)、企业型(E)和常规型(C)这六种类型,这些是在个人与环境的相互作用中形成的。每一种特定人格类型的人会对相应的职业类型中的活动感兴趣。(2)人们所生活的职业环境也同样可以划分为上述六种类型。各种职业环境大致由同一种人格类型的人占据。(3)人们寻求的是能够充分施展自己的能力,充分表现、发展自己价值的职业环境。(4)个人的行为是由个人的人格和其所处的环境相互作用决定的。

在上述假设之下,霍兰德提出人格类型模式和职业类型模式应互相配合,否则,人们难以在职业活动中获得自己需要的机会和奖励。大学生在进行职业生涯规划的前期需要对自己进行测试,分析自己的人格类型,一般来说会得出以一种人格类型为主、两种人格类型为辅的结论，然后通过专门的职业表格查到与结论相对应的职业，该职业就是和自己人格相匹配的职业，也是自己将来比较容易取得成就的职业。

在职业生涯规划实践中，经常会发现有些学生在“职业定位”环节上出现误差，在进行霍兰德职业性向测验之后，根据测验结果找到相对应的职业，却发现这个职业是其不喜欢、甚至反感的职业。比如某会计专科班的女生经过测验发现自己的人格类型是AER，所对应的职业是“新闻摄影师、电视摄像师、艺术指导、录音指导、丑角演员、魔术师、木偶戏演员、骑士、跳水员”，但是她本人却喜欢会计这个专业，对测验得出的职业不感兴趣。通过该学生的信息反馈，发现测验过程没有错误，结论也正确，但是所对应的职业却不是学生本人认可的职业，这说明完全采用人格匹配职业的方法有可能出现误差，造成此结果的原因可能有多种，比如家庭因素、社会舆论因素、专业技能因素等等。为了解决这样的误差，可以尝试使用人力资源管理中的胜任特征理论来处理。

一、胜任特征的基本内容

胜任特征的内容包括以下几个层面：知识——某一职业领域所需要的信息（如人力资源管理专业知识）；技能——掌握和运用专门技术的能力（如英语读写能力、计算机操作能力）；社会角色——个体对社会规范的认知与理解（如想成为工作团队中的领导）；自我认知——对自己身份的知觉和评价（如认为自己是某一领域的权威）；特质——某人所具有的特征或典型的行为方式（如喜欢冒险）；动机——决定外显行为的内在的稳定想法或念头（如想获得权利、喜欢追求名誉）。

个体的胜任特征有很多，但企业所需要的特征不一定是员工所具有的胜任特征，企业会根据岗位的要求以及组织的环境，确保员工胜任该岗位工作、确保其发挥最大潜能的胜任特征，并以此为标准挑选员工。这需要运用胜任特征模型分析法提炼出能够对员工的工作有较强预测性的胜任特征，即员工最佳胜任特征能力。

A.个人胜任特质：指个人能做什么和为什么这么做；

B.岗位任职要求：指个人在工作中被期望做什么；

C.组织内外部环境：指个人在组织管理中可以做什么。

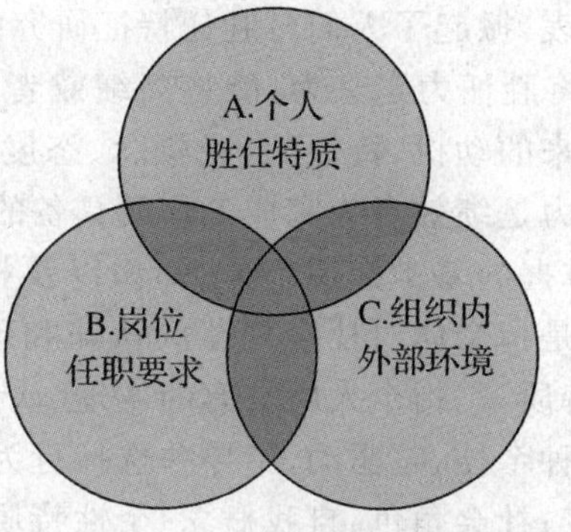

图 4-1　胜任特征的内容

交集部分是员工最有效的工作行为或潜能发挥的最佳领域。当个人的胜任能力大于或等于这三个圆的交集时，员工才有可能胜任该岗位的工作。企业人力资源管理所要发掘的胜任能力就是个人胜任能力与另外两个圆的交集部分，即能够保证员工有效完成工作的胜任特征。

胜任特征模型构建的基本原理是辨别优秀员工与一般员工在知识、技能、社会角色、自我认知、特质、动机等方面的差异，通过收集和分析数据，对数据进行科学整合，可以建立某岗位工作胜任特征模型，并产生相应的具有可操作性的人力资源管理体系。

二、用胜任特征评价法完善职业定位

胜任特征评价法(competency assessment methods)是一种新型的人力资源评价分析技术，兴起于 20 世纪 60 年代末 20 世纪 70 年代初。胜任特征是指企业成员的动机、特质、自我形象、态度或价值观、某领域知识、认知或行为技能以及任何可以被测量或计算、并能显著区分出优劣的特征。胜任特征评价法是指通过对员工进行系统全面的研究，对其外显特征及内隐特征进行综合评价，从而寻找符合某一职位的理想人选。胜任特征评价法是一种胜任特征出现频次不受被访谈者经验影响的方法，其操作性、规范性较强。

1973 年，哈佛大学的著名心理学家 Mc.Clelland 发表了题为《测量胜任特征而不是智力》的文章，对以往的智力和能力倾向测验进行了批评，他指出，“学校成绩不能预测职业成功，智力和能力倾向测验不能预测职业成功或生活中的其他重要成就”，应该用胜任特征测试代替智力和能力倾向测试，同时他还提出进行基于胜任特征的有效测验的六个原则：最好的测验是效标取样；测验应能反映个体学习后的变化；应该公开并让被测试者知道要测试的特征；测验应该评价与实际的绩效相关的胜任特征；测验应该包括应答性行为和操作性行为两个方面；应该测试操作性思维模式，以最大限度地概括各种行为。该文的发表，掀起了人们对胜任特征研究的热潮。

1994 年 Mc.Clelland 将胜任力定义为：能将高绩效者与一般绩效者区分开来的、可通过可信的方式度量出来的动机、特性、自我概念、态度、价值观、知识、可识别的行为技能和个人特质。胜任力是绩效者为完成工作所具备的素质和能力。主要包括：知识，是指岗位任职者所需掌握的基本知识、专业知识以及相关信息；技能，是指完成特定任务的能力；社会角色，是指个体对社会规范的认知和理解；自我概念，是指个体如何看待与认识自己；个性特质，是指个人所具有的生理、认识与心理特点；动机，是指人们内心深处反复出现的一种牵挂，它驱动、指导并选择行为。知识、技能属于表层胜任特征，可以通过培训来改变；社会角色、自我概念、个性特质和动机属于深层胜任特征，是决定人们行为及表现的关键因素。

以上述某会计专业女生为例，当利用霍兰德职业性向测验发现误差之后，可以尝试用胜任特征理论来解决。经过详细了解该女生的情况，发现该女生性格比较外向，其人格特征确实偏向 A 艺术型，该女生在平时较渴望表现自己以实现自身的价值，具有一定的艺术才能，善于表达，喜爱交友。这些特征比较符合 AER 类型的职业，但是由于该女生的家长都从事会计专业，对会计行业比较熟悉，长期受家庭氛围的熏陶和家庭社会背景的影响，该女生在高中期间就立下将来也从事会计行业的志向，所以在大学的专业是会计电算化。虽然该女生性格特征具有艺术型倾向，但是由于受家庭氛围的影响导致该女生对艺术类职业不是很感兴趣。在这种情况下，是坚持霍兰德职业兴趣测验的结果还是依照该女生家长的意愿呢？可以用胜任特征评价法来具体分析。

根据胜任特征评价法，可以从六个方面来分析，即技能、知识、社会角色、自我概念、动机、特质。技能是指较好地完成公司所安排的任务的能力，该女生经过多年的专业学习和实习实践，初步具备从事会计行业的能力，而不具备从事艺术类职业的能力；知识是指组织和运用与本职业工作相关的信息的能力，该女生具备会计的专业知识，而不具备艺术类的知识；社会角色是指意欲在他人面前展现的如企业领导、主人等形象，该女生因长期受家庭影响，社会角色以会计为主；自我概念是指对自己身份的认知或知觉，该女生自身认可会计这个角色；动机是指决定个人外在行为的内在思想，该女生虽然性格外向，但其个人思想还是适合会计；特质是指身体特征及典型的行为方式，如善于倾听别人、谨慎、做事持之以恒等，该女生的行为方式表现为艺术类职业的特征。经过胜任特征评价法的初步评价，在六个方面中有五个都适合会计这个职业，因此建议该女生将自己的职业定位为会计。

三、用胜任特征评价法完善职业定位的步骤

(一)根据自身条件选择合适的绩效标准

虽然绩效标准的确定要由优秀的企业领导者、人力资源管理层和研究人员组成专

家小组，就某一特定岗位的任务、责任和绩效标准以及期望优秀表现的胜任特征行为和特点展开讨论，最终得出的一致的结论。但是这种客观绩效指标学生不容易获得，所以可以根据自身条件来选择一个合适的绩效标准。也可以通过去职业单位进行访问，由该岗位的上级领导直接给出工作绩效标准。这种做法在某种程度上较为主观，但是如果管理层比较优秀，却是一种简便可行的方法。

(二)通过访问调查抽取并分析效标样本

学生可以对自己所期望的职业和测验得出的职业进行具体的访问调查，根据两种岗位的不同要求，可在从事该岗位绩效普通和绩效优秀的员工中随机抽取一定数量的员工进行调查，得到效标样本。

(三)获取效标样本有关胜任特征的数据资料，进行行为事件访谈

行为事件访谈法是要求被访谈者列出他们在管理工作中发生的关键事例，并要求详尽地描述整个事件的起因、过程、结果、时间、相关人物、涉及的范围以及影响层面等，同时要求被访者描述自己当时的感受和想法，因此是一种开放式的行为回顾式的调查技术。通常在行为事件访谈结束时，最好让被访谈者总结事件成功与否的原因。

在进行行为事件访谈时，通常将问卷和面谈两种方式结合起来进行。访谈者首先制定访谈提纲，以便在面谈时能把握谈话方向与节奏。为避免先入为主造成的误差，访谈者应事先不知道访谈对象。访谈时间一般需要 3～4 个小时，在访谈过程中，访谈者应尽量让被访者详尽地描述成功或失败的经历，如他们是如何做的、感想如何等。访谈者还可以在征得被访者同意后使用录音设备把内容记录下来，以便整理出详尽而又格式统一的访谈报告。

(四)组建合适的胜任特征模型

模型的建立以行为访谈报告所提炼出的胜任特征为依据。具体做法是：分析行为事件访谈报告的内容，记录下各种胜任特征在报告中出现的频率，然后对普通组和优秀组的要素指标发生频率和相关的程度统计指标进行比较，找出共性与差异特征，最后根据不同的主题进行特征归类，并根据频率的集中程度，估计各类特征组的大致权重。

(五)检验和证实胜任特征模型

验证胜任特征模型可以采用回归法来验证，其具体做法是：采用一般的相关标准或数据和已有的优秀标准相比较进行检验，其中最关键的是选取什么绩效标准来做验证。通过最终的检验，可以得出结论，明确自己的最终职业之路如何选择。

基于胜任特征模型的职业指导案例分析

(一)一般资料

王某,男,19岁。某高职院校三年制三年级化工专业学生,身材中等,健硕有力,衣着整洁。成绩中等偏上,学习、生活的自我管理能力较强,沉稳寡言。在同宿舍男生中有一定的威信,但不主动与其他同学交流。

(二)职业指导过程

1.初次指导。

(1)主动寻求指导。自大二下学期开始,王某就一直很忧虑。尤其是在本班级中有8名同学首批被某企业选中编入校企合作班后,提出了问题:我能找到工作吗?企业会选择我吗?我能找到好工作吗?我会工作愉快吗?我会有所成就吗?

(2)诊断及实施指导。来访者就业求职心理消极、自卑,急需进行求职心理调适指导。

心理调适从以下几个方面展开:

①客观、准确地自我认识。认识自己的长处和不足,认清自己在相比较的人群中所处的位置,了解自己的优势所在,了解自己能力的大小,并保证在今后的工作中做到扬长避短,取得较大的成就。

②培养自信心。一要相信自己的能力,每个人都有自己的优势,都有可能在求职竞争中占据主动地位;二要积累自信的资本,具备了真才实学,自然能胜任企业交付的工作。

③在求职中提高承受挫折的能力。求职受挫后,应该理智对待,视挫折为鞭策,以积极的心态认真总结,吸取经验与教训,调整期望值,改变行为,要大胆地表现自己。

④面试技巧辅导。修改简历,完善自我介绍,并对着装、仪态等细节提出一定的建议。

(3)调适效果。在第三次面试中,成功地被无锡某化工企业录用,并提前上岗实习。

(三)案例分析

大学生职业指导不仅仅是求职技巧的训练、求职心理的调适,大学生职业指导还应围绕大学生就业素质展开,清晰地认识到大学生就业素质包括知识、技能等智力因素,更含有人格、态度、情感、价值观、动机等非智力因素组成的多层次结构。

大学生的智力因素与职业的匹配可通过教学、实践达到初步的适配,而非智力因素适配,则不易完成,困扰真实存在,操作上难度大、标准高,科学化程度高。可基于大学生就业理论模型,即胜任特征模型进行职业指导实践。

拓展阅读

十四个很准的心理暗示

1.当你对某件事情抱着百分之一万的相信，它最后就会变成事实。

2.期望定律：期望定律告诉我们，当我们怀着对某件事情非常强烈的期望的时候，所期望的事物就会出现。

3.情绪定律：情绪定律告诉我们，人百分之百是情绪化的。即使有人说某人很理性，其实当这个人很有"理性"地思考问题的时候，也受到他当时情绪状态的影响，"理性地思考"本身也是一种情绪状态。所以人百分之百是情绪化的动物，而且任何时候的决定都是情绪化的决定。

4.因果定律：任何事情的发生，都有其必然的原因。有因才有果。换句话说，当你看到任何现象的时候，你不用觉得不可理解或者奇怪，因为任何事情的发生都必有其原因。你今天的现状是你过去种下的因导致的结果。

5.吸引定律：当你的思想专注某一领域的时候，跟这个领域相关的人、事、物就会被你吸引而来。

6.重复定律：任何行为和思维，只要你不断地重复就会得到不断的加强。在你的潜意识当中，只要你能够不断地重复一些人、事、物，它们都会在潜意识里变成事实。

7.累积定律：很多年轻人都曾梦想做一番大事业，其实天下并没有什么大事可做，有的只是小事。一件一件小事累积起来就形成了大事。任何大成就或者大灾难都是累积的结果。

8.辐射定律：当你做一件事情的时候，影响的并不只是这件事情本身，它还会辐射到其他相关领域。任何事情都有辐射作用。

9.相关定律：相关定律告诉我们：这个世界上的每一件事情之间都有一定的联系，没有一件事情是完全独立的。要解决某个难题最好从其他相关的某个地方入手，而不只是专注在一个困难点上。

10.专精定律：专精定律告诉我们，只有专精在一个领域，这个领域才能有所发展。所以无论你做任何的行业都要以做该行业的最顶尖为目标，只有当你能够专精的时候，才能在该领域出类拔萃。

11.替换定律：替换定律就是说，当我们有一项不想要的记忆或是负面的习惯，我们无法完全去除掉，只能用一种新的记忆或新的习惯去替换它。

12.惯性定律：任何事情只要你能够持续不断去加强它，它终究会变成一种习惯。

13.显现定律：显现定律就是说，当我们持续寻找、追问答案的时候，它们最终都必将显现。

14.需求定律：任何人做任何事情都带有一种需求。尊重并满足对方的需求，别人才会尊重我们的需求。

复习巩固

1.简述用胜任特征评价法完善职业定位的基本步骤。

2.简述霍兰德职业兴趣理论。

本章要点小结

职业生涯规划的模式主要包括:"5W"归零思考模式、职业锚模式和胜任特征模式。"5W"模式就是解决职业生涯规划中的五个具体问题:Who are you? What do you want? What can you do? What can support you? What you can be in the end? 职业锚模式的类型主要有:自主独立型职业锚、创造型职业锚、管理型职业锚、技术/职能型职业锚、安全/稳定职业锚、挑战型职业锚、生活型职业锚、服务型职业锚。胜任特征模式主要基于美国职业指导专家霍兰德的人格-职业匹配理论,强调兴趣与职业之间的关系。

关键术语表

职业生涯规划　"5W"模式　职业锚模式　胜任特征模式　职业定位

本章复习题

1.施恩在20世纪90年代发现了三种新的职业锚类型,分别是(　　)。

A.安全/稳定型、生活型、服务型职业锚

B.自主独立型、生活型、服务型职业锚

C.管理型、技术型、安全/稳定型职业锚

D.安全/稳定型、生活型、技术/职能型职业锚

2.美国职业指导专家霍兰德针对职业兴趣提出了四个假设,它们是(　　)。

A.大多数人的人格可以分为现实型(R)、研究型(I)、艺术型(A)、社会型(S)、企业型(E)和常规型(C)等六种类型。

B.人们所生活的职业环境也同样可以划分为上述六种类型。各种职业环境大致由同一种人格类型的人占据。

C.人们寻求的是能够充分施展自己的能力,充分表现、发展自己价值的职业环境。

D.个人的行为是由个人的人格和其所处的环境相互作用决定的。

3. 胜任特征的内容包括以下几个层面,它们是(　　)。

A.知识——某一职业领域所需要的信息

B.技能——掌握和运用专门技术的能力

C.社会角色——个体对社会规范的认知与理解
D.自我认知——对自己身份的知觉和评价
E.特质——某人所具有的特征或典型的行为方式
F.动机——决定外显行为的内在的稳定想法或念头

第五章　职业生涯规划设计

成功的人生需要正确地规划。职业生涯规划设计不是社会或学校强加于个人的实施方案，而是当事人在内心动力的驱使下，结合社会职业的要求和社会发展趋势，依据现实条件和机会所制定的个性化实施方案。首先，职业生涯规划设计有助于个人准确地认识自身的优劣势，确立人生方向，找准职业定位，并评估个人目标和现状的差距。其次，职业生涯规划设计是实现个人和企业双赢的重要工具。企业借助职业生涯规划设计能够深入了解员工的发展愿望和职业兴趣，为设计适合企业的组织结构进行人才盘点，使个人感到受重视，从而提升员工满意度和忠诚度，降低人力资源使用成本，稳定队伍。

第一节　职业生涯规划设计的步骤

一、正确的自我评估

自我评估是做好职业生涯规划设计的第一步。成功的职业生涯规划的前提是充分地认识自我,包括自己的兴趣、性格、气质、能力、职业观等。设定合适的目标首先要正确地自我评估。对自己做全面的分析,认识自我、了解自我,知道自己的兴趣、爱好以及特长等方面,清楚自己想干什么、能干什么、应该干什么、在众多的职业面前会选择什么。要通过科学的认知方法和手段,如借助职业兴趣测验和性格测验以及周围人的评价等,对自己的职业兴趣、气质、性格、能力进行全面地认识,清楚自己的优势与特长、劣势与不足。评估自我时要客观、冷静,既要看到自己的优点,又要面对自己的缺点。只有这样,才能正确客观地评估自我。

在职业生涯规划设计中,自我评估主要指个人性格、兴趣、能力和价值观的认识与探索。大学生目前对外在自我评估具有较清晰的认识,对社会自我有一定的认识,而对心理自我认识最弱,但是每种职业都对心理自我有具体要求,比如会计要求心思缜密、教师要求耐心细致、销售要求灵活多变等。自我评估的这四个维度可以通过不断地训练,逐步提高和完善。比如,兴趣可能随着年龄的增长逐步变化,从小时候梦想成为军人到成为一名优秀教师,兴趣也有可能是根据时代的需要而有意识地培养的,在职业生涯规划设计中会更关注长期偏好。个人能力随着高等教育的持续培养,会不断提升,而学生在总结个人能力时,经常会夸大或缩小个人能力,不能正确地分析个人的真实情况,这需要用生活事件或经历来印证,进行正面反馈,增强学生信心。性格和价值观除了受遗传因素影响之外,后天成长也是关键。对于自我的认识,大学阶段既是提升阶段,也是逐渐清晰成形的阶段。

在自我评估过程中,职业测评可以帮助学生更好地了解自我,职业测评是以心理测量为基础,对测评者的性格、兴趣、能力、价值观及动力等进行测评并与职业进行匹配。在国外,职业测评已经相当成熟,是职业指导中必备的指导方法。目前,在职业测评中,国外应用较为广泛的有三种。

(一)MBTI(梅尔斯-布瑞格斯类型指标测量)

MBTI 是以荣格有关人格中知觉、判断和态度的观点提出来的,其四个维度是内倾和外倾、感觉和知觉、思维和情感、判断和知觉,体现了对人、职业和生活的态度和取向,是组成一个人意识层面的重要部分。MBTI 通过 8 种态度和功能形成的 4 个维度为：

外倾—内倾维度，外倾的意思是指注意力和能力主要指向外部的人和事，内倾则是将自己的注意力和能量集中于内部的世界。按照荣格的观点，这种特点的差异形成了一种人格能力的张力。

感觉—直觉维度，感觉和直觉是感知世界、获取信息的两种方式，感觉型的人倾向于通过自己的五官来获取有关环境的事实和现实。直觉型的人则习惯于通过想象、无意识等超感官知识的方式来获取信息。

思维—情感维度，思维和情感是关于如何对获取的信息做决定并得到结果的两种方式。思维型的人习惯于通过分析数据、权衡事实来做出符合逻辑的、客观的结论和选择，而情感型的人则习惯于通过自己的价值判断来做决定，通常会对信息做出个人的、主观的评价。

判断—知觉维度，判断—知觉维度是关于如何对待所做出的决策以及面对外部环境时如何行动的两种态度。判断型的人会通过思维和情感去组织、计划和调控自己的生活。知觉型的人倾向于用感觉和知觉的方式对事物做决定。

职业测量量表的主要目的是提供具体的可供探索的职业，而 MBTI 的优点在于，它可以揭示我们为何对某些特定的职业比对其他职业的兴趣更强。职业测量量表见附录，更详细内容见第七章。

（二）霍兰德职业兴趣量表

在职业生涯理论研究中，更多地关注职业兴趣。其中应用最广泛的是美国职业指导专家霍兰德的人格类型和职业类别匹配理论。霍兰德认为：某一类型的职业通常会吸引具有相同人格特质的人，而具有相同人格特质的人对许多生活事件的反应模式也是相似的，他们创造了具有某一特色的生活环境，也包括工作环境。在同等条件下，人和环境的适配性或一致性将增加个人的工作满意度、职业稳定性和职业成就感。霍兰德生涯理论将大多数人格特质归纳为六种类型，同时还提出 6 种职业环境模型，并给予 6 种人格类型相同的命名，即现实型、研究型、艺术型、社会型、企业型和传统型。他认为，人格类型与职业环境适配，可增加职业满意度、带来职业成就感，并提高职业稳定性等令人满意的结果。

（三）施恩的“职业锚”概念

职业锚是美国职业指导专家施恩教授提出的。他认为职业生涯发展实际上是一个持续不断的探索过程，在这一过程中，每个人都在根据自己的天资、能力、动机、需要、态度和价值观等慢慢地形成较为明晰的与职业有关的自我概念。

职业锚是指当一个人不得不做出选择的时候，他无论如何都不会放弃的职业中的那种至关重要的东西或价值观。职业锚实际上是人们选择和发展自己的职业时所围绕的中心。经过近30年的发展，职业锚已经成为职业发展、职业设计的必选工具。国外许多大公司将职业锚作为员工职业发展的主要参考点。目前，职业锚拓展为八种：技术/职能型、管理型、自主/独立型、安全/稳定型、创业型、服务型、挑战型、生活型。

“职业锚”是价值观各种理论中一种有效的职业决策工具。运用职业锚理论进行职业生涯规划设计具有重要意义。在评估性格中使用MBTI（梅尔斯-布瑞格斯类型指标测量），在评估兴趣中使用霍兰德兴趣量表，在评估价值观中使用施恩提出的“职业锚”概念。这种多渠道的自我评估，使学生对自身评估更接近客观事实。自我测评的关键在于将自我和职业联系起来，个人兴趣、能力、性格和价值观分别对应不同的职业，经过分析和比较得到个人的职业理想，同时，可以清晰地看到自身素质和职业理想的差距，找到自身发展潜能，在职业实践中不断提升能力。

二、职业环境评估

职业环境评估包括社会环境、行业环境、组织环境的分析与评估。社会就业环境会对学生职业生涯规划产生重大的影响。就业环境分析要考虑近年来毕业生数量持续增长的情况，经济增长所带来的就业需求情况，当前的就业制度和就业政策情况等。行业环境分析要考虑到行业优势和问题以及发展预测，行业需求与变化，自己与行业环境的关系，以及行业环境对自己的有利条件和不利因素等。组织环境分析要考虑到组织文化、组织制度、领导人的素质和价值观、组织实力等。通过对自身整体环境的分析可以对自己今后的职业进行初步定位。不断调整自己来适应职业环境的变化和需求，明确在什么样的职业环境下能做什么。

毫无疑问，职业环境因素对个人职业生涯发展的影响是巨大的，作为社会生活的个体只有顺应职业环境的需要，审时度势，趋利避害，最大限度地发挥个人优势，才能实现个人目标。

三、职业目标定位及目标分解

职业定位就是要为职业目标与自己的潜能以及主客观条件谋求最佳匹配。职业目标是个人看得见的射击靶，成功之路的里程碑。职业发展应有明确的目标，坚定的目标可以成为追求成功的驱动力。通过自我评估、环境评估和个人分析之后，个人应当制定出符合自身实际的职业生涯目标。大学生实现个人职业生涯目标，需要一个漫长的过程。所以要按照人力资源管理理论中对职业生涯的划分标准将职业目标进行分解。具体来说，大学生可将个人职业生涯目标划分为：在校规划期、尝试期、积累期、攀登期及成熟期。在划分好的各个阶段内再制定切实可行的子目标。

职业定位过程中要考虑性格与职业的匹配、兴趣与职业的匹配、特长与职业的匹配、专业与职业的匹配等。在职业定位时应该注意以下几个方面：一是依据客观现实，考虑个人与社会及个人与单位的关系；二是比较鉴别职业的条件、要求、性质与自身条件是否相匹配；三是选择条件更合适、更符合自己特长、更感兴趣、经过努力能很快胜任并且有发展前途的职业；四是扬长避短，看主要方面，不要追求十全十美的职业；五是审时度势，及时调整，要根据情况的变化及时调整择业目标，不能固执己见，一成不变。现代职业具有区域性、行业性、岗位性等特征。职业生涯规划设计时要考虑到职业区域的具体特点，比如该地区的特殊政策以及环境特征；职业角色的发展与职业所在行业发展的密切关系。职业生涯规划时，不能仅看重单位的大小、名气，要对该职业所在的行业现状和发展前景都有比较深入的了解。比如人才供给情况、平均工资状况、行业的非正式团体规范等等。不同的职业岗位对求职者的自身素质和能力有着不同的要求，在职业生涯规划时，要了解所需要的职业素质要求和非职业素质要求及所需要的一般能力和特殊职业能力。个体职业发展通道如图 5-1 所示。

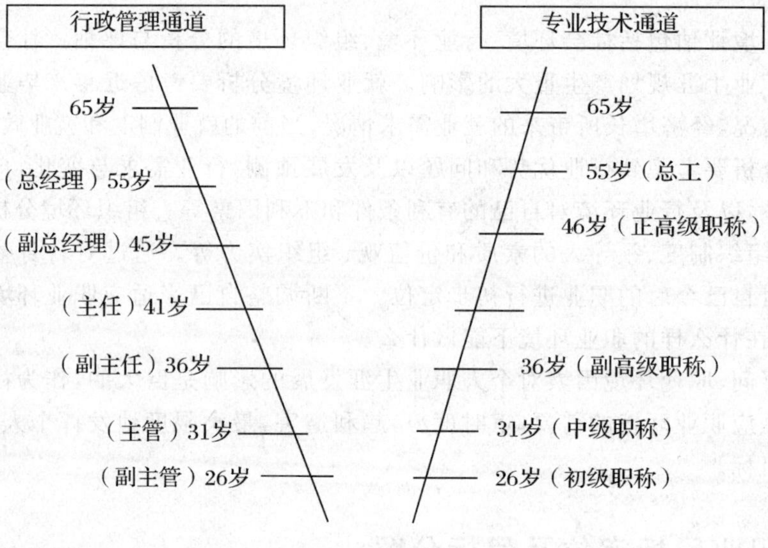

图 5-1　职业发展通道 V 型示意图

四、行动计划的制定与实施

职业生涯目标确定后，应制定相应的行动计划并付诸实施。这是实现目标的重要保证。需要对职业生涯目标分解后的各个阶段逐个制定并实施计划。在制定实施计划时，需结合之前对自身的评估情况，做到制定计划有的放矢。同时各阶段的实施计划需有一定的连贯性，以便按照各阶段计划实施之后使个人的综合素质能得到逐渐提高。

大学生职业生涯设计的四个时期

大学生职业生涯设计应贯穿于在校四年的学习过程中，并制订合理的成长计划。

初探期：大一时要初步了解职业，特别是自己未来想从事的职业或专业对口的职业，提高人际沟通能力，增加接触社会的机会。多和师哥师姐交流，询问就业情况。由于此阶段学习任务不重，可多参加学校活动，增加交流技巧，学习计算机知识，争取通过计算机和网络辅助自己学习。还需考虑是否要获得双学位、考研等。

定向期：大二时应考虑未来是深造还是就业，提高自身的基本素质，通过参加学生会或社团等组织锻炼自己的各种能力，同时检验自己的知识技能；尝试兼职、社会实践活动，并要具有坚持性，最好能在课余时间长时间从事与自己未来职业或本专业有关的工作，提高自己的责任感、主动性和受挫能力；增强英语口语能力；增强计算机应用能力，通过英语和计算机的相关考试，有选择地辅修其他专业的知识充实自己。

强化期：大三临近毕业，目标应锁定在提高求职技能、搜集公司信息、并确定自己是否要考研上。参加和专业有关的暑期工作，和同学交流求职工作心得体会，学习写简历、求职信，了解搜集工作信息的渠道，并积极尝试，加入校友网络，多和已毕业的校友联系，了解往年的求职情况；希望出国留学的学生，可多接触留学顾问，参与留学系列活动，准备 TOEFL、GRE 考试，注意留学考试资讯，向相关教育部门索取简章参考。

分化期：大四要确定找工作、考研或出国，不能再犹豫不决，大部分学生的目标应该锁定在找工作或成功就业上。这时，可先对前三年的准备进行总结：首先，检验自己已确立的职业目标是否明确，前三年的准备是否已充分；然后，开始寻找工作，积极参加招聘活动，在实践中检验自己的积累和准备；最后，预习或模拟面试。积极利用学校提供的条件，了解就业指导中心和院系提供的用人公司资料信息、强化求职技巧、进行模拟面试等训练，尽可能地在有较为充分准备的情况下进行演练。

大学生的综合能力和知识面是用人单位选择大学生的重要依据。用人单位不仅要考核其专业知识和技能，还要考核其综合运用知识的能力、对环境的适应能力、对文化的整合能力、实际操作能力以及应变能力等。大学生进行职业生涯设计，除了要构建合理的知识结构外，还要具备从事本行业岗位的综合能力。从某种意义上说，能力比知识更重要，只有将合理的知识结构和适应社会需要的各种能力统一起来，才能立于不败之地。一般来说，大学生应重点培养满足社会需要的决策能力、创造能力、社交能力、实际操作能力、组织管理能力、自我发展的终身学习能力、心理调适能力、随机应变能力等。

多参加相关的职业能力实践。在确立了职业目标后，行动就成了关键环节。没有行动，目标无从实现。学校组织大学生参与的暑期"三下乡"社会实践活动、大学生"青年志愿者"活动、大学生社会实践基地、大学生就业与职业发展协会、大学生校园创业活动等都是职业训练很好的形式。除此之外，大学生还应该多参与学校的经验交流活动。比如学校邀请毕业后就业、创业成功的校友回校与大学生座谈，邀请校外知名人士来校与大学生交流，鼓励有条件的大学生利用假期到父母或亲戚单位实习，组织学生开展模拟性的职业实践活动，开展职业意向测评，开展职业兴趣分析测评等。大学生应主动积极地参加这些有益的职业训练，更早更多地了解职业，掌握职业技能，正确地引导自己的职业设计。

五、反馈与调整

要使职业生涯规划设计行之有效就需要不断地对其进行评估与修订，及时纠正最终目标与分阶段目标的偏差。对于大学生来说，反馈调整的主要内容包括职业方向的重新选择、各阶段目标的修正、实施与计划的变更等等。其实反馈调整就是一个再认识再发现的过程。根据社会发展、自身发展的变化而进行的调整，更是重新审定自我职业价值观的一个过程。因此，大学生应该时刻关注环境的变化，不断对职业生涯规划进行评估与修订，并调整自己的前进步伐。反馈调整就是一个再认识、再发现的过程。

影响生涯设计的因素很多。有的因素是可以预测的，而有的因素难以预测。大一学生的兴趣、爱好、能力、知识水平、理想等通过四年的学习会发生不同程度的改变，特别是社会环境、就业环境等客观因素的变化，都会对最初的职业生涯规划设计产生影响。在此状况下，要使生涯规划设计行之有效，就须不断对生涯规划进行评估与修订。修订的内容包括：职业的重新选择；生涯路线的选择；人生目标的修正；实施措施与计划的变更等等。

成功的职业生涯设计需要时时审视内外环境的变化，并且调整自己的前进步伐。目标的存在只是为自己的前进指导方向，可以在不同时间不同环境下做出调整，让它符合自己的理想。今天，工作方式不断推陈出新，除了学习新的技能知识外还得时时审视自己的生涯资本，并意识到其不足之处，不断地修正自己的目标，才能立于不败之地。

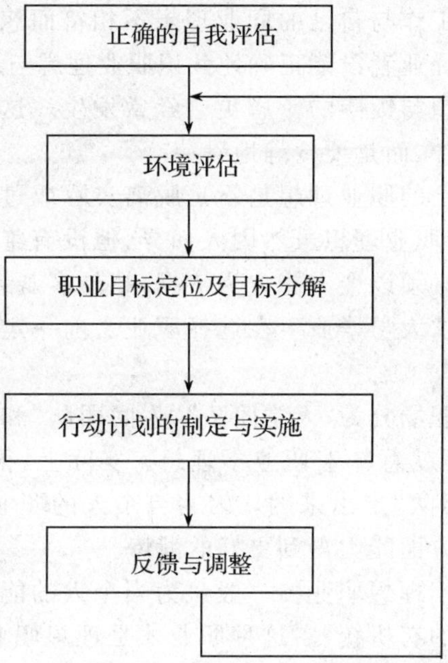

图 5-2　职业生涯规划设计步骤流程图

复习巩固

1.什么是职业生涯规划设计？
2.职业生涯规划设计的步骤有哪些？

第二节　职业生涯规划设计的注意事项

一、树立正确的职业理想

所谓职业理想，是指人们对未来的专业、工作部门、工作种类以及事业成就大小的向往和追求。它建立在个人的专业知识与能力、兴趣和职业激情的基础上。有人说，现在找工作赚钱就行，尤其是在就业形势非常严峻的情况下，没有必要谈职业理想，这种看法是片面的。实际上，在任何情况下，一个人都应该有长远而又切实的职业理想。

在实际生活中，现实往往与职业理想发生矛盾。很多人不能按照自己的理想标准找到合适的职业，于是有人索性不就业，坐等理想职业的出现；有人随便谋个有收入的职业混日子；也有人因为工作与自己的职业理想不相符而怨天尤人，无所作为。这些现象发生的根源，皆在于择业者没能正确地认识职业理想与现实的关系。对于即将毕业的大学生来说，职业理想与饭碗的矛盾更会经常发生。这种现象一旦发生，既不要怨天尤人，也不要心灰意冷，而是要冷静地看待。

第一，要认真分析自己的职业理想是不是脱离实际或过高；自己的职业素质符不符合所选择的职业要求。职业理想虽然因人而异，但没有绝对的标准。但是，有一点必须指出的是，理想职业必须以个人能力为依据，超越客观条件去追求自己的所谓理想，是不现实的。这就要求大学毕业生在选择职业之前一定正确估价自己，给自己一个合理的定位。

第二，可以形象地把职场分为"天堂团队""人间团队"和"地狱团队"，很多人以为如果不能进入"天堂团队"就意味着职业不理想。实际上，很多真正有能力的人是从"人间团队"，甚至"地狱团队"走出来的。因为当个人的职业生涯并非一帆风顺的时候，反而可以使个人的多方面能力得到更好的锻炼。

第三，职业理想不等于理想职业。一般认为当个人的能力、职业理想与职业岗位最佳匹配时，即达到三者的有机统一，这种职业才是理想职业。只要职业理想符合社会需要，而自己又确实具备从事该职业的职业素质，并且愿意不断地付出努力，迟早会实现自己的职业理想；而理想职业却带有很大的幻想成分。

第四，如果所选择的职业岗位已无空缺，而你又需要立即就业，可以先降低一点自己的就业要求。因为如果没有工作，即意味着没有实现职业理想的可能。而就业以后，可以通过自己的努力逐渐向自己的职业理想靠近，例如，对自己的职业兴趣、爱好等进行一定的调整。

二、确定短期、中期和长期职业生涯规划

职业生涯规划的过程，就是通过价值观、个人兴趣、个人风格的自我评估，以及对家庭和环境等社会背景的助力或阻力的分析，再根据在职业实践和考察中树立起来的榜样，逐渐发展对自己职业生涯的认同，最终建立起自己的职业生涯目标。在大学生职业生涯规划设计过程中，职业指导者只是帮助大学生进行自我认识，帮助他们分析个人的优势和劣势，分析社会环境中存在的机遇与挑战，最终制定个人的职业生涯规划并按照制定的职业生涯规划付诸行动。在此过程中，职业指导者可以给予帮助，但绝不是替他们做决定，这是因为，职业生涯规划与其他规划不同，职业生涯规划与一个人的未来职业发展相关，如果替其做决定，一旦决定不够准确，会出现误导，对学生的前途会产生不良影响。而且，只有当个人在心理上认同所选择的职业，才容易付诸行动，如果认同度较低，将很难行动。

大学生是心理独立性较强的群体，他们较为反感多年来家长为他们做出的种种安排。在关乎其个人前途命运的职业选择上，如果由他人通过几个小时的讨论就为其做

出决定可能会使他们产生疑虑，也会影响其职业生涯规划的实施。在给予足够参考资料的情况下，大学生完全有能力做出比较正确的选择，有能力为自己确立恰当的职业目标，能够为实现目标制定长期、中期和短期的职业生涯规划。

三、科学的自我评价

个体心理健康的一个重要指标是对自我的接受和认可。也就是说对自己应有科学的自我评价，不可过高也不可过低，才不会出现自负和自卑心理。只有这样才能为自己制定合理的追求目标，以达到成功的彼岸。一个人如果不能正确、科学地评价自己，可能会产生心理障碍，表现出对自我的不满和排斥，从而出现现实自我和理想自我的差距。因此必须学会正确地了解自我、评价自我。

著名的“斯芬克斯之谜”：年时需要四条腿走路，中年时两条腿走路，而到老年时三条腿走路……谜语的答案就是人本身，但很多人在第一次听说这个谜语时都无法猜出正确的答案。这个故事很好地反映了一个非常重要的问题：许多人其实并不能全面、客观地认识自己。“全面”是指要正确地认识自己的综合素质，包括形象气质、性格特点、兴趣爱好、专业技能、知识水平等各个方面的内容；“客观”是指要恰当地评价自己，作为一名职场人士，更为重要的是评价自己在职场中的地位，与其他职场人士相比自己的优势在哪里？职场中哪个位置更适合自己的发展？微软、盖洛普等国际知名企业对待“选对人重要”还是“培养人重要”这两个问题的答案都是前者，因此正确地认识自己非常重要。

第一，以人为镜，从比较中认识自己。大学生可以通过处世方法、感情交流方式等方面与同伴进行比较，找准自己的位置。这种比较虽然带有主观色彩，但却是认识自己的常用方法。但是，在比较时要寻找环境和心理条件相近的人比较，这样才较符合自己的实际水平和自己在群体中的位置。

第二，从别人的评价中认识自己。人人都会通过他人对自己的评价来认识自己，而且关注别人怎样看待和评价自己。他人评价比自我评价具有更大的客观性，如果自我评价与周围人的评价有较大的相似性，表明自我认识能力较好、较成熟，如果客观评价与自己的评价相差过大，则表明在自我认知上有偏差，需要调整。然而对待他人的评价，不可以根据自己的心理需要而只注意某一方面的评价，应全面听取、综合分析，恰如其分地对自己做出评价和调整。

第三，通过生活经历了解自己。成功和挫折最能反映个人性格或能力的特点，因此，大学生可以通过成功或失败的经验教训发现个人的特点，在自我反思和自我检查中重新认识自我，认识自己的长处和短处，把握自己的人生方向。如果无法肯定自己是否具有某方面的性格、才能和优势，不妨寻找机会表现一番，从中得到验证。为了把握自己，为了未来的职业选择和发展，为了将来回忆往事不留下更多的遗憾，应尽早认识自己，正确评价自我。

四、认清职场，把握正确的求职方向

任何事物都有两面性，个人发展同样如此。在正确认识自己以后，是否就可以更好地实现个人的职业发展了呢？可以，但还远远不够。当就业者选择用人单位的同时，用人单位也在挑选就业者，因此正确地识别职场中的人力资源供求状况对于个人的职业发展非常重要。这些问题包括（但不限于）：哪个行业更适合我？该行业在整个经济环境中的发展前景如何？哪类企业更适合我？这类企业在行业中的竞争力和发展前景如何？哪类岗位更适合我？该岗位在企业中的地位如何？我更认同什么样的企业文化，使我工作时更加愉快？什么样的上级更适合我，而我又倾向于什么样的下级？

在个人职业生涯规划时需要提前考虑很多因素，树立个人职业发展目标时一定要看到自己职业的长期发展方向，以保障在一定时间内实现自己的发展需求和维持工作激情，只有实现这两者才是理想的个人职业发展目标。另外，还要主动寻找自我与职场的最佳结合点，只有找到自我与职场发展的结合点，才能使自己真正融入某个行业和企业，才能在个人职业发展的方向上把握自我，进而把握行业规则，既能够做到展现自我，达到个人价值的最大实现，又能够有效地规避行业风险，克服企业内部的发展障碍。

复习巩固

1.大学生职业生涯规划的方法是什么？

2.职业生涯规划怎么样分期，具体内容包括什么？

3.怎样正确地认识自己？

拓展阅读

周杰伦的职业生涯规划

一、职业培育期：周杰伦小时候学习不尽如人意，但对音乐就有着独特的敏感。高中联考时，周杰伦考上了淡江中学音乐班。在高中时代选择读音乐班，是周杰伦一个很重要的职业生涯规划。在音乐班的氛围里，让他的音乐天赋很顺利地从个人兴趣发展成社会技能。

二、职业适应期：由于偏科严重，周杰伦没有考上大学。周杰伦选择了在餐厅做侍应生。一次，周杰伦偷偷地试了试大堂的钢琴，他的琴声震惊了所有人，于是周杰伦慢慢有了公众演奏的机会。

三、职业发展期：1997 年 9 月，周杰伦的表妹瞒着他，偷偷给他报名参加了吴宗宪主持的娱乐节目《超猛新人王》，周杰伦的演出惨不忍睹。但吴宗宪发现周杰伦会谱非常复杂的谱子！于是请周杰伦任唱片公司的音乐制作助理。吴宗宪有意给他一些打击，当面告诉他写的歌曲很烂，并把乐谱揉成一团。然而，吴宗宪每天仍能惊奇地看到周杰伦把工整认真的新谱子放在桌上。他被这个认真踏实，沉默木讷的年轻人打动了，于是就有了周杰伦一举成名的专辑《JAY》。

本章要点小结

职业生涯规划设计的步骤主要包括：正确的自我评估；职业环境评估；职业目标定位及目标分解；行动计划的指定与实施；反馈与调整。在进行职业生涯规划设计时应该注意：树立正确的职业理想；确定短期、中期、长期职业生涯规划；科学的自我评价；认清职场，把握正确的求职方向。

关键术语表

职业生涯规划设计　自我评估　职业目标　短期、中期、长期职业生涯规划　反馈与调整

本章复习题

1.什么是大学生涯规划，下列表述错误的是(　　)。

A.大学生涯规划是职业生涯规划的基础

B.大学生涯规划是帮助大学生科学经营大学生活

C.大学生涯规划可以帮助大学生管理时间和精力，合理安排大学学习与生活

D.大学生涯规划是从生涯规划中阶段化而来的为职业生涯规划做准备

2.调整职业生涯规划的关键是(　　)。

A."我为什么干?"

B."我干得怎么样?"

C.放弃原有规划

D.选择更适合自己的发展方向和发展目标

3.要对职业生涯某个阶段是否成功进行全面评价，必须综合考虑(　　)因素。

A.个人、家庭因素

B.企业评价和社会评价

C.自我评价、家庭评价

D.个人、家庭、企业、社会等各方面

4.著名生涯学家沙特尔认为，职业生涯是一个人在工作生活中所经历的职业或(　　)的总称。

A.职位　　B.角色　　C.过程　　D.体验

5.职业生涯规划的影响要素有(　　)。

A.国家、区域的政治、经济、文化环境

B.目标行业前景和企业组织环境

C.个人的职业兴趣、职业能力和职业价值观

D.以上均是

6.每个人都希望自己有一个成功的职业生涯，下面属于职业生涯特点的是(　　)。

A.发展性，每个人的职业生涯都在不断发展变化

B.阶段性，人的职业生涯分为不同阶段

C.独特性，每个人的职业生涯都有不同的地方

D.终生性，职业生涯会影响人的一生

7.在个人的职业生涯规划中，处于主体地位的是(　　)。

A.家庭成员　　B.老师　　C.自己　　D.同学或朋友

8.职业生涯规划第一步是(　　)。

A.自我分析　　B.确立目标　　C.可行性分析　　D.设计方案

9.在媒体工作的王先生对他带教的实习生 Sissy 有点无可奈何，对方曾在校电视台当过记者，所以自我感觉很好。常常发表高谈阔论，甚至还看不起非名校毕业的王先生。对他的改稿建议嗤之以鼻，爱理不理，几乎整个办公室的记者、编辑看到这个小姑娘都只能摇头。

从材料上看，Sissy 同学在实习过程中犯了什么错误(　　)。

A.作为实习生，在工作中遇到困难应及时向别人求助，摆脱自尊的羁绊，多和同事交流沟通，才能在实习中迅速提高自己的工作能力。

B.实习生要对自我进行正确定位，并且增强对周边环境的适应能力，毕竟在真实的职场中到处充满竞争。

C.实习生要摆正自己的实习动机，不应把实习经验只看作是简历上的重要一笔，而忽略实习真正的目的是为了锻炼自身能力、帮助自己更好地适应工作。

D.在工作中，没有人会主动把知识塞给你。作为实习生，就算实在没有事做，可以观察其他实习生或者老师如何处理具体问题，也会有许多收获，并主动争取工作经验，这个过程也是对自身自信与胆量的考验。

第六章　自我认知的内容

“我是谁?”是哲学的三大命题之一。“我适合做什么工作?”是个体职业定位的重要依据。职业生涯规划首先要对个体自我进行了解和认识,这是职业发展的起点。个体对自己的认识越深入、越清楚,就越能够了解自己的所需所能,从而在纷繁的职业环境中找到适合自己的职业发展之路。本章将介绍自我认知的内容,主要包括职业心理特征认知、职业心理倾向认知和职业人格认知三个部分。通过本章的内容,可以清晰地认识自身性格、能力、兴趣以及价值观等方面的特点,以便能系统地了解行事风格,并有助于认识不同个体之间的差异,以增进与他人的相互理解。此外,还可以帮助个体拓展职业生涯发展视角,激励个体对自身职业发展的探索和尝试。

第一节　职业心理特征认知

所谓心理特征，就是个体在社会活动中表现出来的比较稳定的成分，包括能力、气质和性格。心理特征具有相对稳定性，例如说一个人脾气暴躁、性格外向，是通过一段时间的了解、看到这个人的一些行为表现，才产生这样的评价。下面分别从气质、性格和能力三方面对职业心理特征进行分析。

一、气质与职业

现代心理学中所讲的气质概念与日常生活中常说的气质有所不同。在心理学中，气质（temperament）是表现在心理活动的强度、速度、灵活性与指向性等方面的一种稳定的心理特征。人的气质差异是先天形成的，受神经系统活动过程的特性制约。孩子刚一落生时，最先表现出来的差异就是气质差异，有的孩子爱哭好动，有的孩子平稳安静。

气质是人的天性，无好坏之分。它只给人们的言行涂上某种色彩，但不能决定人的社会价值，也不直接具有社会道德评价含义。一个人活泼或稳重不能决定他的职业发展成功与否，任何一种气质类型的人都可以在某一领域做出突出贡献。例如，俄国著名文学家普希金、赫尔岑、克雷洛夫、果戈理分别属于胆汁质、多血质、黏液质、抑郁质的气质类型，但他们都在文学领域取得了杰出成就。而且，同一气质类型的人也可能在差别很大的领域中取得成功。气质不能决定一个人的成就，任何气质的人只要经过自己的努力都可能在不同的实践领域中取得成就，也可能成为平庸无为的人。

虽然如此，不同的气质类型在工作性质和工作效率等方面又体现出不同的影响。譬如大多职业领域都要求“人—机”匹配、“人—岗”匹配，即要求机器操作人员和管理人员具备特定的心理特征，如灵活性、胆量、忍耐力、沉稳、责任心等，从而提高生产及工作效率。因此，在职业生涯规划中充分考虑个体的气质类型，有助于显著提高个体对职业的适应性。

（一）气质类型与特征

如前所述，不同的气质类型对个体的职业适应性存在较大影响，因此，有必要了解不同气质类型及其特征。只有这样，才能够把气质类型特征作为人从事职业活动的有利条件。

早在古希腊时代，希波克拉底就指出，人体内有四种液体：黏液汁（生于脑）、黄疸汁（生于肝）、黑胆汁（生于胃）、血液（生于心脏）。这四种液体在不同的人身上占有不同的比例，根据体液在人体内占优势的程度不同，把人的气质分为四种类型。血液占优势的人属于多血质，黏液汁占优势的人属于黏液质，黄胆汁占优势的人属于胆汁质，黑胆汁占优势的人属于抑郁质。

1.黏液质

黏液质个体属于缄默而安静的类型。神经活动过程平衡且灵活性低，反应迟缓，情绪稳定，因而在大多数环境中能够保持基本的心理平衡。思维、语言、动作迟缓，在人际交往中较为适度，少外露，自制力较强。感受性较低，耐受性较高，能够较高质量地完成那些要求坚忍不拔、埋头苦干、长时间集中注意力、有条不紊的工作。不善随机应变，常有墨守成规的表现。如《红楼梦》中的王夫人、花袭人，《三国演义》中的刘备、司马懿，即是黏液质的代表。

2.胆汁质

胆汁质个体属于兴奋而热烈的类型。神经活动过程不平衡，感受性低，耐受性高；言语体态较为热情、直爽，善于交往；喜欢指挥、控制别人，间接独立，喜欢具有挑战性的工作或活动，能以极大的热情投身于一项工作，一旦认准目标，就希望尽快实现；但不持久，一旦遇到挫折或筋疲力尽，情绪易转为沮丧或心灰意冷。胆汁质类型的人工作容易带有明显的周期性，适合具有较大危险和难度、需要随时应变的工作，不适合稳定、细致的工作。具有代表性的如《三国演义》中的张飞，《红楼梦》中的史湘云、晴雯。

3.抑郁质

抑郁质个体属于呆板而羞涩的类型。譬如《红楼梦》中的林黛玉。神经活动过程易紧张，感受性高，耐受性低；情绪体验丰富，容易因为微不足道的小事引起情绪波动；极少表露自己的感情，但在内心的体验却相当深刻；人际交往拘束，喜欢独处，性格较为孤僻，但在友爱的团队中，能成为一个很受欢迎和容易相处的人；不愿承担过多的责任和压力，不常参加具有挑战性的工作。适合从事需要踏实、耐心和细心的工作，不适合做需要当机立断、调整变化的工作。

4.多血质

多血质个体属于敏捷而多动的类型。神经活动过程平衡且灵活性强；感受性低，耐受性高；情绪易兴奋外露，开朗热情，善于交际，在群体中表现活跃愉快，常能机智地解除窘境；反应敏捷迅速，对外界事物有广泛的兴趣，喜欢变化多样的活动和工作，有较高的效率；不安于循规蹈矩，情绪不稳定。《三国演义》中的关羽就是这种类型的典型代表。多血质个体极易适应环境变化，但不适合做需要细心和持久的工作。

需要指出，现实生活中的个体完全属于某一种气质类型的人很少，且典型的多血质、胆汁质、黏液质和抑郁质的人也不多见，大多数的人都属于同时拥有几种较为接近的气质类型特征的混合型。

2.气质类型与职业的匹配

尽管气质没有好坏之分,但气质却能影响一个人的工作效率。特别是在一些需要经受高度身心紧张的职业中,气质不仅关系到工作的效率,还关系到事业的成败。

胆汁质的人精力旺盛,激动暴躁,神经活动具有很高的兴奋性。他们能以极大的热情去工作,主动克服工作中的困难;但如果对工作失去信心,情绪就马上会低沉下来。他们更适合做导游、推销员、节目主持人、勘探工作者、演员、公关人员等工作。

多血质的人感受性低而耐受性高,不随意的反应性强,具有较大的可塑性和外倾性。他们反应迅速而灵活,工作能力较强,情绪丰富易兴奋,并且表现明显。他们极易适应环境,但注意力不稳定,兴趣易转移。他们不适宜从事单调机械的工作和要求细致的工作。而管理、导游、外交、公安、军官等职业更适合他们。

黏液质的人具有较强的自我克制能力,能埋头苦干、态度持重不易分心,由于灵活性相对较差,他们可能有因循守旧的倾向。黏液质的人适宜的工作有会计、法官、调解人员、管理人员、外科医生等。

抑郁质的人感受性高而耐受性低,不随意反应性低,严重内倾,情绪兴奋性高,而且体验深刻,反应速度慢,相对刻板而不灵活。他们情感细腻,做事谨慎小心,观察力敏锐,善于觉察别人不易察觉的细小事物,但工作的耐受性差,容易感到疲劳,并且容易产生惊慌失措的情绪。他们适宜承担的工作与胆汁质的人正好相反,诸如打字员、校对员、检查员、化验员、数据登记人员、文字排版人员、机要秘书等适合他们。

通常,要求做出迅速、灵活反应的工作,多血质的人则往往难以适应;相反,要求细腻的工作,黏液质、抑郁质的人较为合适,而多血质、胆汁质的人却不是最佳人选。

瑞士心理学家荣格对气质做过更深入的研究。他把人的心态分为内倾型与外倾型两种,它们分别与四种心理功能(思维、情感、感觉和直觉)结合起来,构成了各种不同的气质类型。外倾型的人,心理能量流向客观的外部世界的表象之中,容易把自己投入到对客观对象、人与物、周围环境条件的知觉、思维和情感之中;内倾的人喜欢探索和分析自己的内心世界,较为内向,一般来说略为孤僻,容易过分地全神贯注于自己的内心体验。在别人看来,他可能显得冷漠寡言,不喜欢社交。而外倾型的人,则把注意力集中在与他人交往之中,总是显得活跃和开朗,对周围的一切都很感兴趣。

气质类型对职业生活的影响是重大的。荣格认为,一个内倾型的人想要成为一名汽车推销员或者一个外倾型的人想要成为一名会计,都是很难办到的。感觉型的人可以成为一名很好的警察、消防员,然而却只能成为一名拙劣的教师。直觉型的人可以成为很好的修理工、故障检修员,却不能成为固定生产线上反复做同一种工作的工人。情感型的人应该避免从事要求具备抽象思维能力的工作,思维型的人则应该避免从事需要丰富情感的职业。

气质是人们的个性中最稳定的因素,在选择职业时,一定要注意自己的气质类型。在一些特殊职业中,例如政府机要人员、公关人员、飞行员等,气质类型也是录用员工的重要标准之一。

3.职业气质类型

职业气质，是指反映在职业生活中人的典型的、稳定的心理特征。即从业者在从事特定职业行为时会表现出来的特征总和。根据职业分类规范，我们可以将职业气质分为12种类型，见下表。

表6-1 气质类型与典型职业

气质类型	主要特征	典型职业
变化型	1.在户外活动或新的工作情境中感到愉快 2.喜欢经常变化的工作内容 3.在有压力的情况下工作出色 4.善于将注意力从一件事转移到另一件事上 5.追求多样化的工作和生活	记者、演员、推销员、消防员
复杂型	1.适合连续不停地从事同样工作 2.喜欢按照一个机械的程序和计划进度办事 3.爱好重复的、有规划的、有标准的工作	纺织工、印刷工、装配工、电影放映员、机床工、各种流水线上的工作
服从型	1.不愿独立做出决策，喜欢按别人的指示办事 2.喜欢让他人对自己的工作负责任	秘书、办公室职员、翻译人员
独立型	1.喜欢计划自己的活动和指导别人的生活 2.在独立和负有职责的工作中感到愉快 3.喜欢对未来发生的事情做出决定	管理人员、律师、警察、侦察人员
协作型	1.在与人协同工作时感到愉快 2.善于让别人按自己的意愿办事 3.希望得到同事的喜欢	社会工作者、各类咨询人员、街道调解员
孤独型	1.喜欢单独工作 2.不愿意与人交往	校对员、排版员、雕刻艺术家
劝服型	1.设法让别人同意自己的观点 2.对别人的反应有较强的判断力 3.善于对他人施加影响	政治辅导员、党政领导、宣传工作者、作家、教师
机智型	1.在紧张和危险的状况下能自我控制，保持镇定 2.在户外情境中工作出色 3.出了差错不易慌张	驾驶员、飞行员、公安人员、消防员、救生员、潜水员、指挥员
经验决策型	1.喜欢根据自己的经验做出判断 2.当别人犹豫不定时，能当机立断做出决定 3.喜欢处理那些直接经历或知觉到的事情，并用经验来解决问题	组织管理者、采购人员、供应商、批发商、推销人员、个体经营者、农民

续表

气质类型	主要特征	典型职业
实施决策型	1.喜欢根据事实做出决策 2.要求根据充分的证据来下结论 3.喜欢运用调查、测验、统计数据来说明问题	化验员、检验员、自然及社会科学研究者
自我表现型	1.喜欢能够表现自己爱好和个性的工作情景 2.根据自己的感情做出选择 3.喜欢通过自己的工作表达自己的注意	演员、诗人、音乐家、画家
严谨型	1.注重细节的精确 2.按一套规则和步骤将工作做到尽可能完美	会计、出纳、统计、档案管理员

二、性格与职业

性格一词直接来自日语，为日语对英语 character 的译名，它的希腊文原为雕刻，后转意为印刻、标记、特性。性格是人对现实的态度和行为方式中比较稳定的心理特征的总和，它体现在个体对现实的稳定态度以及与之相适应的习惯化了的行为方式中。性格在人的个性中起核心作用。有关性格特征的词语：诚实、谦虚、勇敢、忠诚、自信、开朗、刚毅、胆怯、粗暴、冷静、攻击、爽直、执拗、神经质、忘乎所以、垂头丧气、优雅稳重、消沉、畏缩、豪放、犹豫、优柔寡断、惊慌失措、见异思迁、恒心、果断、沉着镇定、谨慎、顺应、能言善辩、圆滑、正直、热忱、谦虚，狡猾、懒惰、粗心、傲慢等等。每个人都有自己独特的个性，也就是说每个人的心理特征不同，看问题、处理事情的风格、方式也不同。有的人热情爽朗；有的人沉稳持重；有的人风风火火；有的人谨慎多疑。但“金无足赤，人无完人”，一个人在某方面有所不足，其他方面必有过人之处，说不定就是你制胜的法宝。

(一)气质与性格之间的关系

气质与性格都在人的生活实践中形成，二者互相渗透、彼此制约。就气质与性格各自形成的特点来讲，气质更多地受到遗传素质的影响，而性格是在人自身的素质同环境的相互作用中形成的，比气质更具有可塑性。

气质与性格的联系十分紧密。一方面，人的气质特征直接影响一个人的性格，同样是勤劳的人，具有多血质气质的人在劳动中容易表现为情绪饱满、精力充沛，而有黏液质气质的人则可能表现为踏实肯干、操作精细。另一方面，性格也会在一定程度上掩盖、改造气质，使其服从于实践要求的行为方式。如长期从事需要精细操作、耐心坚持的性格特征的工作，有可能逐步地改变胆汁质的冲动与多血质的注意力容易转移等特性。

(二)性格类型及特征

美国心理学家和职业指导专家霍兰德经过十几年跨国研究，提出了职业人格理论。他认为人的性格大致可以划分为六种类型，这六种类型分别与六类职业相对应，如果一个人具有某一种性格类型，便易于对这一类职业发生兴趣，从而也适合于从事这种职业。这六种性格分别是：

1.现实型

现实型的人喜欢有规则的具体劳动和需要基本技能的工作。这类职业一般是指熟练的手工业行业和技术工作，通常要运用手工工具或机器进行劳动。这类人往往缺乏社交能力。现实型的人适于做工匠、农民、技师、工程师、机械师、鱼类和野生动物专家、车工、钳工、电工、报务员、火车司机、机械制图员、电器师、机器修理工、长途公共汽车司机。

2.研究型

研究型的人喜欢智力的、抽象的、分析的、推理的、独立的任务。这类职业主要指科学研究和实验方面的工作。这类人往往缺乏领导能力。

3.艺术型

艺术型的人喜欢通过艺术作品来达到自我表现，爱想象，感情丰富，不顺从，有创造性，能反省。艺术型的人缺乏办事员的能力，适于做室内装饰专家、摄影家、作家、音乐教师、演员、记者、作曲家、诗人、编剧、雕刻家、漫画家。

4.社会型

社会型的人喜欢社会交往，常出席社交场所，关心社会问题，愿为别人服务，对教育活动感兴趣。这类人往往缺乏机械能力。社会型的人适于做导游、福利机构工作者、社会学者、咨询人员、社会工作者、学校教师、精神卫生工作者、公共保健护士。

5.企业型

企业型的人性格外倾，爱冒险活动，喜欢担任领导角色，具有支配、劝说和言语技能。这类人往往缺乏科学研究能力。企业型的人适于作推销员、商品批发员、进货员、福利机构工作者、旅馆经理、广告宣传员、律师、政治家、零售商等。

6.常规型

传统型的人喜欢系统的有条理的工作任务，具有实际、自控、友善、保守的特点。这类人往往缺乏艺术能力。传统型的人适于做记账员、银行出纳、成本估算员、核对员、打字员、办公室职员、统计员、计算机操作员、秘书、法庭速记员等。

3.性格与职业的匹配

职业性格是一个人对职业的稳定态度和在职业活动中习惯化了的行为方式所表

现出来的个性心理特征，对个人的职业生涯规划有重要意义。性格对职业生涯规划有重要的影响，基于以下原因：

第一，性格是个体人格中具有核心意义的部分，几乎涉及一个人的心理过程及个性特征的各个方面，与职业息息相关。性格使一个人更加偏爱某一种而不是另一种环境，由于性格的不同，每个人在对不同环境的认知过程中，也表现出不同的个性化风格。从事与自己的性格不匹配的工作，个人的才能就会受到阻碍，会让你觉得整个工作状态都很“不对劲”。因此在职业选择中，我们应尽可能地充分考虑自己的个性特征与职业要求是否相适应，这样在工作中就能够满足你的独特欲望，能够发挥你特有的能力，还能利用你的个人资本，体验到更多的快乐和愉悦。

第二，在职业发展上，性格比能力优先考虑。用人单位在选人上逐渐认识到性格比能力重要。这种认识在国外已经相当普及。其原因是，如果一个人能力不足，可通过培训提高，一年不行，两年；两年不行，三年，总可以开发出来。但一个人的性格与职业或岗位不吻合，要改变起来，可就困难了。所以，公司在招聘新人时，将性格的测验放在首位，当性格与职业或岗位吻合了，才对其能力进行测验考察。如果性格与职业或岗位不吻合，再高的学历，再高的能力，也不予录用。

第三，性格无所谓好坏，关键看是否放对了地方，每一类性格都有与之相适应的职业范围。职业心理学的研究表明，不同的职业需要不同性格的从业者，某一类职业工作能够体现出某一类共同的职业性格。

例如，敏感型的人，精神饱满，好动不好静，办事喜欢速战速决，但行为常有盲目性，有时情绪不稳定。这类人的职业范围包括运动员、行政人员及一般性职业。情感型的人，感情丰富，喜怒哀乐溢于言表，不喜欢单调生活，爱刺激，爱感情用事，对新事物很有兴趣。这类人合适的职业范围包括演员、导游、活动家、护理人员等。思考型的人，善于思考，逻辑思维发达，有比较成熟的观点，生活、工作有规律，时间观念强，重视调查研究的精确性，但有时思想僵化，缺乏灵活性。这类人合适的职业范围包括工程师、教师、财务人员和数据处理人员等。想象型的人想象力丰富，憧憬未来，喜欢思考问题，有时行为刻板，不易合群。这类人合适的职业范围包括科学工作者、技术研究人员、艺术工作者和作家等。

性格对职业生涯规划和发展的影响，充分体现在其态度成分和意志成分中：

第一，性格中对劳动、对工作态度的成分，直接影响到职业的选择和职业的发展。有的人以劳动为荣，把劳动当作自己的需要；有的人则以劳动为耻，把劳动和工作看成自己的负担。有的人积极、主动、肯干；有的人消极、怠慢；有的人对工作认真负责，一丝不苟；有的人则马虎大意，敷衍塞责。

第二，性格中反映对他人、对自己和对集体态度的成分，也往往影响到职业的规划发展。自私、傲慢、孤僻、暴躁，对公益事业漠不关心，轻视社会行为规范的人，就不适于从事与人打交道的职业，如教师、服务员、公关人员、外交人员、机关干部等。

第三，性格中的意志成分也同职业的规划有密切关系。缺乏坚韧性的人不适宜从事诸如外科医生、科学研究人员、资料管理人员、运动员等要求耐力很强的工作；动摇、怯懦、散漫的人，不适宜选择诸如思想政治工作、服务员、教师等职业。

三、能力与职业

能力是指成功完成某件事情或工作的潜能。通常被称为智力，是先天就具有或通过学习获得的。技能是指经过学习和练习发展起来的的能力。而能力倾向是指学习能力，是个体的潜能，区别于已经发展起来的知识技能。社会中的任何一种职业，都需要具备基本的能力、技能和能力倾向才能够胜任。因此，我们可以把能力看作职业生涯发展的最基本条件之一。

能力一部分来源于先天遗传，同时环境也能塑造个体的能力。一个天生具有雕塑才能的人，如果生活在没有雕塑的环境中，则不可能发展出相应的雕塑能力。同时，在个体所处的文化环境中，如果某项能力被认为是有价值的，个体就会努力去发展这种能力；但如果大的文化环境并不认为这种能力是重要的，则很难得到发掘。

(一)能力的类型及特征

1.功能性技能、内容性技能和适应性技能

辛迪尼·梵和理查德·鲍尔斯根据能力的本质，将技能分为三个基本的类别：功能性(可迁移性)技能、内容性(知识性)技能和适应性(自我管理)技能。

功能性技能包含了写作、组织、计算、操作、设计和思考等技能，通常用动词表达。该技能通常在生活的方方面面得到发展，同时又可以被迁移运用到各种工作之中。

内容性技能指所学习到的具体的知识或技能内容，通常用名词表达。它较难得到迁移，常常需要有意识的培训，并通过记忆掌握特殊的词汇、程序和学科。

适应性技能指个体在特定环境中与人交流、适应时具有的某些特征。通常与个体的个人品质或人格特征相似。

2.一般能力和特殊能力

一般能力是在不同种类的基本活动中表现出来的共同能力，包括观察、想象、语言能力、思维能力、创造能力等。这些能力是有效地掌握知识和顺利地完成活动所必不可少的心理条件。通常所谓的智力，就是指一般能力。

特殊能力是指从事某种专业活动所必需的能力。任何一种专业活动都要求有与该专业内容相符合的能力。如画家的色彩鉴别力、形象记忆力、空间想象力，就属于特殊能力。

一般能力和特殊能力既相互区分又相互联系。特殊能力总是建立在一般能力的基础上。任何特殊能力都是经过一般能力的专业性训练发展起来的。例如，在机械工业中的技术工作，要区别机器结构的细节，认识机器的工作原理，这些有着特殊专业需要的能力就是在一般观察力的基础上发展起来的。同时，特殊能力的发展，又会促进一般能力的提升。

3.流体能力和晶体能力

卡特尔将智力分为流体智力和晶体智力。

流体智力指在信息加工和问题解决中表现出来的能力，与基本心理过程有关。如知觉、记忆、运算速度、推理能力等。流体智力一般在20岁后达到顶峰，30岁后随年龄的老化而减退。流体智力很少受到文化知识的影响，而取决于个体的禀赋。许多智力测验为了文化公平，测的就是流体智力，如瑞文推理测验。

晶体智力指通过掌握社会文化经验而获得的智力。如词汇概念、言语理解、常识等记忆储存信息为能力，它一直保持相对稳定，并不随年龄的老化而减退，在人的一生中一直在发展，只是到了25岁之后，发展的速度才渐趋平缓。

晶体智力和流体智力之间存在密切联系。晶体智力的发展依赖于流体智力。但是一个具有较强流体能力的人如果生活在贫乏的智力环境中，其晶体智力的发展也会较为缓慢或一般。

(二)能力与职业的匹配

职业发展和高度能力之间，具有不容置疑的直接关系。高度能力，不是抽象的素质，它通过职业角色得以表现:交响乐团的指挥，其能力显然和一名出色的科技人员、一名出色的飞机驾驶员不同。

能力，是一个人能否进入职业的先决条件，是能否胜任职业工作的主观条件。无论从事什么职业总要有一定的能力做保障。没有任何能力，根本谈不上进入职业工作，对个人来讲也就无所谓职业生涯规划可言。能力是指完成一定活动的本领。人在其一生之中，要从事各种各样的社会生活和社会生产活动，必须具备多种能力与之相适应。我们这里所言的能力，是指劳动者从事社会生产活动的能力，亦即职业工作能力。

如前所述，一般能力是人们顺利完成各项任务都必须具备的一些基本能力。特殊能力是指从事各项专业活动的能力，也可称特长，如计算能力、音乐能力、动作协调能力、语言表达能力、空间判断能力等。由此可见，能力是一个人完成任务的前提条件，是影响工作效果的基本因素。因此，了解自己的能力倾向及不同职业的能力要求对合理地进行职业选择具有重要意义。能力的不同，对职业选择就有差异。从能力差异的角度来看，在职业选择时应遵循以下原则:

首先，注意能力类型与职业相吻合。人的能力类型是有差异的，即人的能力发展方向存在差异。对职业研究表明，职业也是可以根据工作的性质、内容和环境而划分为不同的类型的，并且对人的能力也有不同的要求，因而应注意能力类型与职业类型的吻合。能力水平要与职业层次一致或基本一致。对一种职业或职业类型来说，由于所承担的责任不同，又可分为不同层次，不同的层次对人的能力有不同的要求。因而，在根据能力类型确定了职业类型后，还应根据自己所达到或可能达到的能力水平确定相吻合的职业层次。只有这样，才能使能力与职业的吻合具体化。

在职业发展中，应充分发挥优势能力的作用。每个人都具有一个多种能力组成的能力系统，每个人在这个能力系统中，各方面能力的发展是不平衡的，常常是某方面的能力占优势，而另一些能力则不太突出，对职业选择和职业指导而言，应主要考虑其最佳能力，选择最能运用其优势能力的职业。同样，在人事安排中，如能注重一个人的优势能力并分配相应的工作，会更好地发挥一个人的作用。

其次，注意一般能力与职业相吻合。一般能力包括注意力、观察力、记忆力、思维能力和想象力等。不同的职业对人的一般能力的要求不同，有些职业对从业者的智力水平有绝对的要求，如律师、工程师、科研人员、大学教师等都要求有很高的智商。智力在相当大的程度上决定着其所从事的职业类型。

此外，注意特殊能力与职业相吻合。特殊能力是指从事某项专业活动的能力，也可称特长，如计算能力、音乐能力、动作协调能力、语言表达能力、事务能力、空间判断能力、形态知觉能力、手指灵活度与灵巧度等。要顺利完成某项工作，除要具有一般能力外，又要具有该项工作所要求的特殊能力，如：从事教育工作需要有阅读能力和表达能力；从事数学研究需要具有计算能力、空间想象能力和逻辑思维能力；法官就应具有很强的逻辑推理能力，却不一定要很强的动手能力；建筑工应有一定的空间判断能力，却不需要良好的语言表达能力。

复习巩固

1.希波克拉底的气质类型分别有什么特点，能够与哪些职业匹配？
2.气质和性格之间的关系如何？
3.能力有哪些分类？

第二节　职业心理倾向认知

心理倾向性是人进行活动的动力系统，是个性结构中最活跃的因素，决定着人对周围世界的认识和态度的选择和趋向，决定着个体追求什么，什么对他来说是最有价值的。职业倾向是指人们在职业评价的基础上形成的一种稳定的行为动力倾向。包括职业价值观、职业兴趣、职业动机等。

一、职业价值观

能力发展潜力决定了个体能否进入特定的职业领域，而非能力因素(如职业价值观、职业兴趣和职业性格等)也非常重要，若二者不能统一，就会出现冲突。对个体职业价值观的研究也是职业生涯规划的基础之一。如果人们在职业生活中找到了自己的价值，工作就会变得有意义、有目的，工作就会成为一种乐趣，而非负担；如果工作没有使人得到满足，则生活本身就会变得乏味、单调。

(一)职业价值观的含义

价值观是指人们在认识和评价客观事物、环境时对自身或社会的重要性所持的内部标准。价值观代表了个体最基本的信念，个体对自身价值观所指向事物的评价要显著高于其他事物，因而使得个体的行为带有一定的倾向性。正如亚当·斯密所言，价值观就像一只看不见的手，在不知不觉中就决定了我们选择什么样的方式度过一生。

价值观在职业中的体现就是职业价值观，是人们对待职业的一种信念和态度，是人们在职业生活中表现出来的一种价值取向。例如，在选择职业的过程中，有人喜欢工作环境轻松愉快、有人追求丰厚的收入、有人希望奋斗到较高的社会地位等等。

工作价值观通常与某种具体职业相联系。例如，创造性如果对个体来说是一项重要的工作价值，那么建筑师、设计师、广告创意人员、工程师和艺术家就是最好的选择；而独立、变化、时效性强、有影响力则被认为是记者这一行业的工作价值。表 6-2 是一种职业指导和规划软件 SIGI PLUS 所列出的 8 项工作价值观以及 8 项职业价值观。

表 6-2　工作价值观与职业价值观

与工作相关的价值观	与职业相关的价值观
1.晋升 希望按照预期得到提升；避开没有发展前途的工作 2.机遇 希望用自身能力解决问题，较有难度的工作会带来成就感 3.交通便利 希望工作离家近，有便捷的交通 4.灵活机动的时间 希望工作时间灵活，可以自主安排、调整 5.福利 除报酬之外，还有医疗保险、学费补助、儿童保育服务等福利	1.对社会的贡献 希望自己的工作能够有助于提高社会整体的健康、教育和福利水平 2.高薪 希望自己从事的职业平均收入比其他职业高 3.独立 希望自己做老板，自己决策，没有压力，不必一丝不苟的听从指令 4.领导能力 希望能够领导别人；当事情出错时，自己愿意承担责任 5.休闲 希望工作时间短或者休假时间长，在业余时间得到充分满足，工作不会对休闲产生影响

续表

与工作相关的价值观	与职业相关的价值观
6.在职学习 在工作过程中能够学习新的技能和思想，得到学习的乐趣，能够从事更高层次的工作 7.愉快的工作伙伴 与同事相处是令人愉快的，有相近的兴趣和观点 8.固定的工作地点 希望工作地点稳定	6.声望 希望被人尊重 7.保障 从事的职业不会因经济衰退、技术革新、政府开支以及社会趣味等方面的变化而受到影响 8.多样性 希望参与到不同的活动中，解决不同的问题，和不同的人交流，而不是一成不变地工作

（二）树立良好的职业价值观

职业价值观因人而异。不同个体因在不同的生活环境、教育背景中成长，最看重的方面也会不同。有人看重地位，在做职业生涯规划时会优先考虑升迁以及发展空间；有人看重收入，则偏向高薪工作；有人看重生活环境以及工作环境，则会选择相对安稳舒适的工作。不同的人会因为自己的职业价值观偏好做出不同的职业选择。

职业价值观因时而异。虽然个体成年后的职业价值观基本稳定，但随着时间的变化以及经历的增多，也会出现一些调整。比如，在职业选择初期，年轻个体往往希望能够获得更多的经济利益，以满足当前的生活需要，但随着初级目标的满足，个体最看重的部分就会有所偏移，譬如，更多追求成就感的获得，或者生活的舒适度。

从另一种角度来讲，不同的职业价值观之间的差别，正体现了个体在成功与幸福之间的博弈。有研究指出，那些“最成功”的人士，并不是幸福感最高的人，而恰恰是中间阶层的个体幸福指数最高。而且“全球幸福指数”的调查显示，国民幸福感最高的地区并不是发达国家，而是拉丁美洲、亚洲以及加勒比海地区的一些中等发达国家。因此，个体应随着自身职业的发展，不断调整自己的需求和目标指向，发展较为适宜的职业价值观体系。

二、职业兴趣

（一）什么是职业兴趣

兴趣是指建立在需要的基础上，带有积极情绪色彩的认知和活动倾向，是个人对其环境中的人、事、物所产生的喜爱程度，是个人力求认识、掌握某事物，并经常参与该种活动的心理倾向。当个人对某事物有兴趣时，会对它产生特别的注意力，对该事物感知敏锐、记忆牢固、思维活跃、情感浓厚、意志坚强。兴趣是人们活动的重要动力之一，是活动成功的重要条件。

职业兴趣是指人们对某种职业活动具有的比较稳定而持久的心理倾向。它是一个人探究某种职业或从事某种职业活动所表现出来的特殊个性倾向，它使个人对某种职业给予优先的注意，并具有向往的情感。由于兴趣爱好不同，人的职业兴趣也有很大的差异。有人喜欢具体的工作，例如，室内装饰、园林、美容、机械维修等；有人喜欢抽象和创造性的工作，例如，经济分析、新产品开发、社会调查和科学研究等。职业兴趣对职业选择和职业发展都有一定的影响。

兴趣的发展一般经历有趣、乐趣、志趣三阶段。对于职业活动，往往从有趣的选择，逐渐产生工作乐趣，进而与奋斗目标和工作志向相结合，发展成为志趣，表现出方向性和意志性的特点，使人坚定地追求某种职业，并为之尽心尽力。

（二）职业兴趣的影响因素

职业兴趣是以一定的素质为前提，在职业生涯实践过程中逐渐发生和发展起来的。它的形成与个人的个性、自身能力、实践活动、客观环境和所处的历史条件有着密切的关系。因此，职业生涯规划对兴趣的探讨不能孤立地进行，应当结合个人的、家庭的、社会的因素来考虑。了解这些因素，有利于深入认识自己，进行职业生涯规划。

1.个人需要和个性

不管人的兴趣是什么，都是以需要为前提和基础的，人们需要什么就会对什么产生兴趣。由于人们的需要包括生理需要、社会需要、物质需要和精神需要，因此人的兴趣也同样表现在这几个方面。人的生理需要或物质需要一般来说是暂时的，容易满足。例如，人对某一种食物、衣服感兴趣，吃饱了、穿上了也就满足了；而人的社会需要或精神需要却是持久的、稳定的、不断增长的，例如人际交往、对文学和艺术的兴趣、对社会生活的参与是长期的、终生的，并且不断追求的。兴趣是在需要的基础上产生的，也是在需要的基础上发展的。

2.个人认识和情感

兴趣是与个人的认识和情感密切联系着的。如果一个人对某项事物没有认识，也就不会产生情感，因而也就不会对它发生兴趣。同样，如果一个人缺乏某种职业知识，或者根本不了解这种职业，就不可能对这种职业感兴趣，在进行职业生涯规划时就不会想到这种职业。相反，认识越深刻，情感越丰富，兴趣也就越深厚。例如，有的人对集邮很入迷，认为集邮既有收藏价值，又有观赏价值，既能丰富知识，又能陶冶情操，而且收藏的越多、越丰富，就越投入、越专注、越有兴趣，于是就会发展成为一种爱好，并有可能成为职业。

3.家庭环境

家庭作为最基本的社会单元，对每个人的心理发展都产生重要的影响，因此个人职业心理发展具有很强的社会化特征，家庭环境的熏陶对其职业兴趣的形成具有十分明显的导向作用。大多数人从幼年起就在家庭环境中感受父母的职业活动，随着年龄的增长，逐步形成自己对职业价值的认识，使得个体在选择职业时不可避免地带有家庭教育的印迹。家庭因素对职业取向的影响，主要体现在择业趋同性与协商性等方面。

4.受教育程度

个人自身接受教育的程度是影响其职业兴趣的重要因素。任何一种社会职业从客观上对从业人员都有知识与技能等方面的要求，而个人的知识与技能水平的高低在很大程度上取决于其受教育的程度。一般意义上，个人学历层次越高，接受职业培训的范围越广，其职业取向领域就越宽。

5.社会因素

一方面，社会舆论对个人职业兴趣的影响主要体现在政府政策导向、传统文化、社会时尚等方面。政府就业政策的宣传是主导的影响因素，传统的就业观念和就业模式也往往制约个人的职业选择，而社会时尚职业则始终是个人特别是青年人追求的目标。例如，当前计算机技术和旅游业都得到较大发展，对这两种职业感兴趣的人也增加得很快。另一方面，兴趣和爱好是受社会性制约的，不同的环境、不同的职业、不同的文化层次的人，兴趣和爱好都不一样。

6.职业需求

职业需求是一定时期内用人单位可提供的不同职业岗位对从业人员的总需求量，它是影响个人职业兴趣的客观因素。职业需求越多、类别越广，个人选择职业的余地就越大。职业需求对个人的职业兴趣具有一定的导向性，在一定条件下，可强化个人的职业选择，或抑制个人不切实际的职业取向，也可引导个人产生新的职业取向。

最后，年龄和时代的变化也会对人的兴趣产生直接影响。就年龄方面来说，少儿时期往往对图画、歌舞感兴趣，青年时期对文学、艺术感兴趣，成年时期往往对某种职业、某种工作感兴趣。它反映了一个人兴趣的中心随着年龄的增长、知识的积累在转移。就时代来讲，不同的时代、不同的物质和文化条件，也会对人的兴趣变化产生很大的影响。

（三）职业兴趣与职业规划

职业兴趣对职业规划具有重要作用。首先，职业兴趣对个体的职业态度产生十分重要的影响。其次，职业兴趣具有浓厚的情绪色彩，使个体在工作中发现乐趣，乐在其中。此外，职业兴趣能够充分发掘个体的职业潜能，推动个体不懈努力取得成功。

良好而稳定的兴趣使人在从事各种实践活动时，具有高度的自觉性和积极性。个人根据稳定的兴趣选择某种职业，兴趣就会变成巨大的个人积极性，促使一个人在职业生活中做出成就。反之,如果对所从事的职业不感兴趣,就会影响积极性的发挥,难以从职业生活中得到心理上的满足,不利于工作上的成就。

值得一提的是,需要是影响职业选择的重要且不易觉察的内在因素,动机是在需要的支配下受到外在刺激影响而形成的综合性动力因素,从而影响职业选择。兴趣是在需要的基础上受到动机的影响,从而对职业选择产生一定影响的、变化的、较为外在的因素。

此外,美国著名学者霍兰德提出了职业人格类型理论,充分阐述了不同人格类型的个体都有与之对应的职业兴趣,是目前最为权威的职业兴趣测量工具。这部分内容将在第七章“自我认知的方法”中介绍。

三、职业动机

(一)职业动机的概念

动机是指为满足某种需要而产生并维持行动,以达到目的的内部驱动力。职业动机是指反映个体的职业认同、职业洞察力、职业弹性的系列个体特征、职业决策和行为。也就是说,职业动机是引起并维持个体关于职业规划、行为及决策的力量,由职业弹性、洞察力和认同三个维度构成,其范围涵盖了一个人在职业历程中有关工作动机、管理动机以及所有与职业决策和行为相关的动机。

(二)动机与需要

动机是由需要发展而来的。著名心理学家马斯洛指出,人类有 5 种基本的需要层次,分别是生理需要、安全需要、归属和爱的需要、尊重需要、自我实现需要。只有当低层次的需要得到满足,人们才会进一步追求更高层次的需要。

生理需要是人们最原始、最基本的需要,如空气、水、吃饭、穿衣、性欲、住宅、医疗等等。如果得不到满足,人类的生存就成了问题。也就是说,它是最强烈的、不可避免的、最底层需要,也是推动人们行动的强大动力。

安全需要要求劳动安全、职业安全、生活稳定、希望免于灾难、希望未来有保障等。安全需要比生理需高一级,当生理需要得到满足以后就要保障这种需要。每一个在现实中生活的人都会产生安全感的欲望、自由的欲望和防御的欲望。

归属与爱的需要,是指个人渴望得到家庭、团体、朋友、同事的关怀、爱护、理解,是对友情、信任、温暖、爱情的需要。社交的需要比生理和安全需要更细微,更难捉摸。它与个人性格、经历、生活区域、民族、生活习惯、宗教信仰等都有关系,这种需要是难以察觉和度量的。

尊重需要可分为自尊、他尊和权力欲三类,包括自我尊重、自我评价以及尊重别人。尊重需要很少能够得到完全的满足，但基本上的满足就可产生推动力。

自我实现需要是最高等级的需要。满足这种需要就要求完成与自己能力相称的工作，最充分地发挥自己的潜在能力，成为所期望的人物。这是一种创造的需要。有自我实现需要的人，似乎能够竭尽所能，使自己趋于完美。自我实现意味着充分地、活跃地、忘我地、集中全力全神贯注地体验生活。

此外，也有研究者指出，个体在职业生涯中的需要也包含以下几种类型：

成就。具有强烈成就需要的人会从自己完成的工作中获得乐趣。成就需要或成就动机，对于自由雇用和担任高级管理职位的人特别重要。满足成就需要的行动，包括自始至终参与经营或完成某个重要项目。

权力。高权力需要的人会感到控制资源的迫切需要，如控制他人和金钱。成功的领导具有很高的权力动机，表现出三个显著特征：通过魄力和决断施展权力；花费大量的时间考虑改变他人的行为和想法；关注周围人的个人立场。担任高层职位或成为一个很有影响力的人物，都是满足权力需要的有效途径。

关系。具有强烈关系需要的人会追求与他人的密切关系，并且无论做朋友还是雇员都很忠诚。关系需要可以直接通过从属于某个工作团队来获得满足，这意味着你的同事是你生活的重要组成部分。很多人选择在群体中工作而不是单独工作，就是因为前者提供了与他人进行社会沟通的机会。

认同。具有强烈认同需要的人希望自己的贡献和能力得到大家的广泛认可。对于认同的需要非常普遍，因此很多公司建立了正式的认同制度，比如出色的或长期为公司工作的员工可以收到礼物、奖励证书或雕刻公司徽标的珠宝。认同动机可以通过多种方式获得满足，诸如竞赛获胜、获得奖品以及在印刷品上看到自己的名字。认同需要成为一个有效激励因素的主要原因是，大多数个体认为自己做了很多重要的事情，却没有得到充分的赏识。一份调查显示，超过50%的人报告说，他们很少或从未因为工作而得到口头或书面上的感谢。

规则。具有强烈规划需要的人，会有将事物按秩序摆放整齐的愿望。他们希望事情安排妥当、平衡、整洁、精确。规则动机可以通过清理工作和生活空间而快速得到满足，会计师、程序员和律师助理等职位几乎每天都向从业者提供满足规则动机的机会。

风险和刺激追求。有些人在工作中追求持续的挑战，愿意冒着巨大的风险寻求刺激的感觉。这种需要在高科技领域显得越发重要。对刺激的强烈追求可能对组织有一些正面影响，例如把产品引进到一个高度竞争的市场中等危险的举动。但是，过度追求风险和刺激的员工也会导致一些问题，包括导致大量的交通事故和做出轻率的投资决定。

(三)职业动机理论

London的职业动机理论模型包括三部分：情境条件、个体特征、职业决策和行为。

个体特征是指与个体的职业潜在相关的个人兴趣、需要等变量，包含三个结构维度，分别是职业认同、职业洞察和职业弹性。职业认同是指个体能够在多大程度上通过工作定义自己的价值，它总是与对晋升的需求和组织认同联系在一起的。职业认同为职业动机指定方向。职业洞察是指个体能够正确地认识自己的职业现状和客观地了解自己的优缺点，以及能动地将这些知觉应用到建立清晰、切实可行的职业目标上的能力，职业洞察起到激发和唤醒个体动机的作用。职业弹性是指个体适应不断变化的环境的能力，包括应对恶劣环境的能力，它的个体特征有自我效能、成就需要、依赖性和迎接风险的勇气，职业弹性起到维持个体职业动机的作用。

需要注意的是，职业认同和职业洞察在职业发展过程中，可以通过信息的收集、评估和加工处理等方式比较容易地建立和发展起来。而职业弹性则较难发展和提高，随着职业的发展和工作年限的增长，职业弹性或增强或减弱。因此 London 建议青年工作者应该关注自身职业弹性的培养，努力使其在成年期前有较好的职业弹性，这有助于个体职业生涯的成功。

情景变量是工作环境中对个体职业动机产生影响的因素，包括人事政策、程序、领导风格、工作设计、群体凝聚力、职业开发项目、薪酬系统等。

职业决策和行为是与职业有关的决策和行为，包括产生备选行动方案、搜集信息、分析信息、设立目标、做决定、执行决定等。

（四）职业动机的内化

在基本了解自身的职业动机之后，只有不断内化自己的职业动机，才能保持持续的职业动力，不至于中途对自己的职业选择产生怀疑。

所谓职业动机内化，是指将外部的生活实践与个体内在的价值目标相联结以确立职业目标的过程。即将自己的现实生活状态、个人能力倾向、职业发展资讯同自我内在心理冲突和心理体验相联系，从自我价值和人生意义的角度去建构自己的职业目标，以便使自己更清晰地意识到为什么从事这一职业。

复习巩固

1.请简述职业价值观与工作价值观的区别。

2.职业兴趣的影响因素有哪些？

3.请简述职业动机理论。

4.什么是职业动机内化？

第三节　职业人格认知

一、职业人格的含义

人格通常是指个人具有一定倾向性的比较稳定的心理特征的总和。其特征包括独特性、稳定性、统合性和功能性。

职业人格是指人作为职业权利和义务的主体所应具备的基本人品和心理面貌。它是一定社会的政治制度、物质经济关系、道德文化、价值取向、精神素养、理想情操、行为方式的综合体。职业人格既是人的基本素质之一，又是人的职业素质的核心部分。

职业人格与职业性格之间既存在相互联系，又有所不同。职业性格是自己的性格与职业习惯相融合的产物；而职业人格是不受职业习惯影响的性格，即独立于职业习惯的人格。

二、人格类型及理论

(一)"大五"人格理论

近年来，研究者在人格描述模式上形成了比较一致的共识，提出了人格的"大五"模式，Goldberg(1992)称之为人格心理学中的一场革命，研究者通过词汇学的方法，发现大约有五种特质可以涵盖人格描述的所有方面。"大五"人格，也被称为人格的"海洋"，可以通过 NEO-PI-R 评定。下表分别展示了五种人格特质的含义及特点。

表 6-3　人格五因素及其相关特征

高分者特征	特质量表	低分者特征
烦恼、紧张、情绪化、不安全、不准确、忧郁	神经质(N) 评鉴顺应与情绪不稳定，识别那些容易有心理烦恼、不现实的想法、过分的奢望式要求以及不良反应的个体	平静、放松、不情绪化、果敢、安全、自我陶醉
好社交、活跃、健谈、乐群、乐观、好玩乐、重感情	外倾性(E) 评鉴人际间互动的数量和强度、活动水平、刺激需求程度和快乐的容量	谨慎、冷静、无精打采、冷淡、厌于做事、退让、话少

续表

高分者特征	特质量表	低分者特征
好奇、兴趣广泛、有创造力、有创新性、富于想象、非传统的	经验开放性(O) 评鉴对经验本身的积极寻求和欣赏;喜欢接受并探索不熟悉的经验	习俗化、讲实际、兴趣少、无艺术性、非分析性
心肠软、脾气好、信任人、助人,宽宏大量、易轻信、直率	宜人性(A) 评鉴某人思想、感情和行为方面在同情至敌对这一连续体上的人际取向的性质	愤世嫉俗、粗鲁、多疑、不合作、报复心重、残忍、易怒、好操纵别人
有条理、可靠、勤奋、自律、准时、细心、整洁、有抱负、有毅力	认真性(C) 评鉴个体在目标取向行为上的组织性、持久性和动力性的程度,把可靠的、严谨的人与那些懒散的、邋遢的人做对照	无目标、不可靠、懒惰、粗心、松懈、不检点、意志弱、享乐

(二)"大七"人格特质理论

随着文化在心理学领域受重视的程度越来越高,一些华人心理学家对源于西方的"大五"人格理论提出了挑战。王登峰和崔红等人(2003)通过系统的研究,提出了中国人人格结构的七因素理论,这七个因素为外向性、善良、行事风格、才干、情绪性、人际关系和处世态度。

(三)卡特尔人格特质理论

雷蒙德·卡特尔(R. B. Cattell)受化学元素周期表的启发,用因素分析法对人格特质进行了分析,提出了基于人格特质的一个理论模型。模型分成四层:个别特质和共同特质;表面特质和根源特质;体质特质和环境特质;动力特质、能力特质和气质特质。所谓特质,是指个人的遗传与环境相互作用而形成的对刺激发生反应的一种内在倾向。如果不做严格区分,也可以把特质理解为性格特征。

个别特质和共同特质,是基于心理学家奥尔波特(G. W. Allport,1897—1967)的观点提出来的。共同特质是属于同一文化形态下人们所具有的一般性格特征。人们在共同特质上有多寡或强弱的差异。个人特质是个人独特的性格特征。个人特质有三类不同的层次。第一类叫首要特质,代表一个人的人格的最独特之处。例如某人"莽撞"。第二类叫中央特质,这类特质虽不及首要特质的影响遍及个体的每一行动,但也代表人格的重要特征。例如某人聪明、能干、勤奋、诚恳等。第三类叫次要特质,只是个人在适应环境时表现出来的暂时性行为,而不是一种固定的特征。

表面特质和根源特质。表面特质是指从外部行为能直接观察到的特质;根源特质是指那些相互联系而以相同原因为基础的行为特质。表面特质和根源特质既可能是个别的特质,也可能是共同的特质。它们是人格层次中最重要的一层。

体质特质和环境特质。根源特质可以再分为体质特质和环境特质两类。体质特质是由先天的生物因素决定;而环境特质则由后天的环境决定。

动力特质、能力特质和气质特质。动力特质是指具有动力特征的特质,使人趋向某一目标;能力特质是表现在知觉和运动方面的差异特质,包括流体智力和晶体智力;气质特质是决定一个人情绪反应速度与强度的特质。

卡特尔对人格特质理论的主要贡献在于提出了根源特质。1949 年,卡特尔用因素分析法提出了 16 种相互独立的根源特质。这 16 种人格特质是:乐群性、聪慧性、情绪稳定性、恃强性、兴奋性、有恒性、敢为性、敏感性、怀疑性、幻想性、世故性、忧虑性、激进性、独立性、自律性、紧张性。卡特尔认为在每个人身上都具备这 16 种特质,只是在不同人身上的表现有程度上的差异。尽管每个人所具有的根源特质相同,但其程度并不相同。一个人根源特质的数量或强度会影响各个方面的表现。卡特尔还提出,有些特质是关于人格的动力的,它们是促使人朝着一定目标去行动的动力特质,这些特质是人格中的动力因素。

根据 16 种人格特质,卡特尔还编制了《卡特尔 16 种人格因素测验》(16PF)。该测验在国际上颇有影响,具有较高的效度和信度,广泛应用于人格测评、人才选拔、心理咨询和职业咨询等工作领域。该测验已于 1979 年引入国内并由专业机构修订为中文版。在后面章节中,会对这一量表进行详细介绍。

三、人格与职业

个体职业生涯发展与人格类型之间存在着必然且重要的联系,因为能力、兴趣、价值观都是随时间和社会环境的变化而变化的,但是一个人的基本人格类型从成年以后就有着良好的稳定性。人们会被一种特定的人格类型所支配,在一生中都无法摆脱某一特定行为方式与特点的影响和约束,而合适的工作就是那些能最大限度地发挥人格中的天赋优势和才能的工作。因此,根据人的天赋优势和才能进行职业选择和规划,才能使人的天赋才能得到充分的施展与发挥,人们才能在工作中获得深层的满足和由衷的快乐。

充分了解人格特质对职业生涯规划和发展具有以下几方面的影响:

首先,对人格特质的了解和应用,有助于激发个体的职业动机和兴趣。认识独一无二的自己,在职业规划时,能够更加有的放矢,有针对性地选择与自己匹配的工作内容。由此,个体会在工作过程中体验到较高的愉悦感和成就感,进而成为激发并维持职业动机和兴趣的最有效手段。

其次,对职业特质的了解,还有助于认识自己的处事方式不是对所有人都同样有效。进而采用更为有效、灵活的沟通方式。并且能够更加尊重不同个体的人格特质及工作方式,创造较为和谐的工作环境。

拓展阅读

曹禺:兴趣指引他成为大家

我国著名的戏剧家曹禺在入中学前就热衷于看“文明戏”和京剧,也爱看地方戏和电影。他进入天津南开中学以后,成了南开新话剧团的演员。通过演戏实践,对戏剧产生了浓厚的兴趣,虽然他父亲希望他学医,但他的兴趣在戏剧上。中学毕业后,曹禺进入清华大学学习西方语言和文学,他的兴趣进一步发展,从事长篇小说和剧本创作。在大学最后一年,他创作出了第一个剧本《雷雨》,后来成为我国著名的戏剧家。

职业兴趣的建立与培养,是一个人从事某种职业并且取得一定成就的基础或前提。在这种兴趣促使下,人的各方面能力能够得到增强与发展,也能支持他(她)在困难环境下积极努力地开展工作。

复习巩固

1.什么是职业人格?

2.请简述“大五”人格理论。

本章要点小结

自我认知的内容包括职业心理特征认知、职业心理倾向认知和职业人格认知三个方面。职业心理特征是个体在社会活动中较为稳定的部分,包括能力、气质和性格。职业心理倾向认知包括对职业价值观、职业兴趣和职业动机的认知。职业人格认知,重点介绍了“大五”人格理论、“大七”人格特质理论以及卡特尔的人格特质理论。

关键术语表

气质　职业气质　性格　能力　价值观　职业价值观　兴趣　职业兴趣　动机　职业动机　人格　职业人格

本章复习题

1.在职业生涯规划的流程中,(　　)是制定职业生涯规划的关键。

A.自我评价　　B.确立目标　　C.环境评价　　D.职业定位

2.艺术型的人适合(　　)的职务。

A.销售人员　　B.导演　　C.公务员　　D.工程师

3.企业型的人适合(　　)的职务。

A.销售人员　　B.导演　　C.公务员　　D.工程师

4.兴趣的产生和发展的过程为(　　)。

A.有趣→乐趣→志趣　　B.有趣→志趣→乐趣

C.乐趣→有趣→志趣　　D.乐趣→志趣→有趣

5.培养职业兴趣的途径有(　　)。

① 重视培养间接兴趣 ② 积极参加实践活动 ③ 培养中心兴趣

A.①②　　B.①③　　C.②③　　D.①②③

6.不利于职业兴趣培养的是(　　)。

A.重视培养间接兴趣　　B.积极参加实践活动

C.想干什么就干什么　　D.在广泛兴趣中,逐渐形成中心兴趣

7.职业生涯规划理论中特质因素理论的提出者是美国人(　　)。

A.克朗伯兹　　B.舒伯　　C.霍兰德　　D.帕森斯

8.以有效和实惠为中心的价值观,属于下面哪种类型的价值观(　　)。

A.理性价值观　　B.政治型价值观

C.社会型价值观　　D.经济型价值观

9.以群体和他人为中心的价值观,属于下面哪种类型的价值观(　　)。

A.理性价值观　　B.政治型价值观

C.社会型价值观　　D.经济型价值观

10.某同学有坚定的意志,具有明确的行动目的和较强的自制力,该同学的性格为(　　)。

A.理智型　　B.情绪型　　C.意志型　　D.理智—意志型

11.重视主观世界,常沉浸在自我欣赏和幻想之中,仅对自己有兴趣,对别人则冷淡或看不起,属于性格的(　　)。

A.内倾型　　B.理智型　　C.情绪型　　D.外倾型

12.对一个人职业目标和择业动机起着决定性的作用的是(　　)。

A.兴趣　　B.性格　　C.能力　　D.价值观

13.人各有好的"好"指(　　)

A.性格　　B.兴趣　　C.能力　　D.需要

14.根据人类社会生活方式及由此而形成的价值观,可把人的性格分为(　　)。

A.理论型、经济型　　B.审美型、社会型

C.权力型、宗教型　　D.艺术型、研究型

15.兴趣对职业发展的影响有哪些?(　　)

A.兴趣是职业生涯选择的重要依据

B.兴趣可以提高工作效率,充分发挥才能

C.兴趣是保证职业稳定、职场成功的重要因素

D.兴趣能够影响职业发展的方向

第七章　自我认知的方法

有这样一个小孩，他每天刻苦练习小提琴，希望成为一名优秀的小提琴家。可事与愿违，他的小提琴技术毫无进步。庆幸的是，他最终认识到自己到底适合做什么，不适合做什么，最终成了著名的科学家，他就是爱因斯坦。爱因斯坦的故事告诉我们，认识自我不仅是做好职业生涯规划的基础，也是实现自我成功的重要前提，这依赖于准确、客观的自我认知方法。本章将从四个方面介绍自我认知的方法，即乔韩窗口理论和SWOT分析法、职业心理测评、投射测验和日常生活分析法。对自我了解得越清楚，职业规划才越清晰，职业选择的成功率才会越高。

第一节　乔韩窗口理论和 SWOT 分析法

尼采曾经说过,“聪明的人只要能认识自己,便什么也不会失去”。可见,自我认知尤为重要。本节将通过乔韩窗口理论和 SWOT 分析法来认识“我是谁”?

一、乔韩窗口理论

自我认知是自我意识发展的基础。人们对自身的认识和评估不可能在封闭和独立的空间内自发形成,需要通过与社会的接触及与他人的交流和反馈中了解自己。美国心理学家 Jone 和 Hary(2006)提出关于自我认知的乔韩窗口(Johari window)理论。认为人对自己的认识是一个不断探索的过程,并将个人的“自我”划分为四个领域,分别为:公开的领域、盲目的领域、隐秘的领域和未知的领域(图 7-1)。

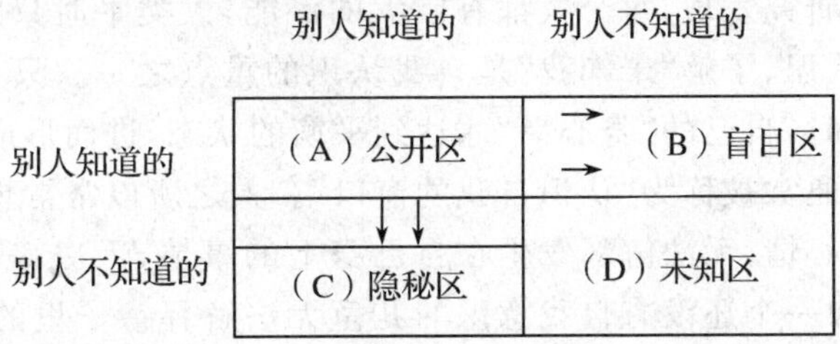

图 7-1　乔韩窗口

A 格:代表自己知道,也会让别人知道的领域。这是不能隐藏或愿意公开的部分,通常为“正向”信息,也就是透明、真实的自我。例如,我是大一的学生。

B 格:代表别人知道而自己不知道的领域。自己没有意识到或无意识地在别人面前表现出来的部分,一般为“负向”信息。比如:一些习惯性动作或姿态等。

C 格:代表自己知道而别人不知道的领域。这是不愿在别人面前显露出来的部分,属于个人隐私。例如,内心的苦楚、惭愧的往事等。

D 格:代表自己不知道,别人也不知道的领域。这是基于某种原因而没有意识到的部分,属于无意识的部分,通过一些契机可以激发出来。

乔韩窗口理论认为,每个人的“自我”都由这四部分构成,但每个人这四部分的比例是有所不同的,并随着人的成长、生活经历及教育环境等发生变化。

首先,一个人通过自我开放,使一部分隐秘区进入公开区,使自我的公开领域扩大;通过他人反馈,使一部分盲目区进入公开区(图 7-1 中箭头所示)。只有当自我公开领域逐步扩大,才能对自我的认识越清楚,对自己的了解更全面、更客观,生活变得更真实。不论与人交往还是自处,都显得轻松愉快而有效率。对于大学生来说,在职业生涯规划和选择中也能扬长避短，发挥自己的能力。

其次，关注“镜中我”，促进盲目区的减小。每个人都有自己的“盲点”，通过与他人的想法相比较，或通过他人的评判等方式，能够不断发现自己的不足与缺陷，并加以改进。对于自己不了解的盲区，只有通过他人的帮助来了解和认识，因为我们通常总是站在自己而非他人的角度来看待自己，并且具有自己的思维经验。因此，对于个体意识不到的“盲点”，一个有效的途径是通过他人对自己的态度和评价来消除，使盲目区逐渐变小，逐步形成对自我全面客观的认识。

再次，当自己内心的苦楚或内疚长期积压在隐秘区时，我们便成为心情和情绪的奴隶，不仅不能真实地表现自我，还会严重地影响身心健康。因此，在一个值得信任的关系中，例如和家人、朋友等交流，采用撰写自传或日记的方式把自己公开地表露出来是逐渐认识自我的重要一步。自我表露不仅是改善个人适应的重要方式，而且也使个人逐渐认清自己，促进沟通效果，增强人际关系。

最后，积极开发未知/求知区。乔韩窗口理论的功用在于，在乔韩窗口这个“共同体”中，使未知/求知区通过隐秘区与盲目区的“中介”进入公开区，实现自我扩张，发挥个体最大的潜能。研究发现，每个人都有巨大的潜能，人类平时只发挥了大脑功能的极小部分。因此，认识、了解“未知我”是自我认识的重点之一。只有当“窗口”的每个区达到适宜的比例时，自己的“身心灵”才达到平衡的状态，进而形成和谐的自我。

乔韩窗口理论通常被称为“认识自我的窗口”。人之所以常常想不开，正是由于无法解释自己矛盾的心情，无法解释发生在自己身上的事情，无法解释我们自身……对自己感到迷惑，就像一个还没有自我意识的儿童无法解释镜子里的自己，对此充满了疑惑和好奇。然而，随着逐渐长大，便知道镜子里的是自己，问题便迎刃而解。多一些知识，便多一种解释，心中便少一份疑惑，生活便多一份快乐。乔韩窗口理论给我们打开了一扇认识自我的窗口，通过这扇窗口，能够更全面、客观、真实地认识自己，进而做出正确的、适合自己的职业生涯规划及职业选择。

二、SWOT 分析法

SWOT 分析法又称态势分析法，由旧金山大学的管理学教授安德鲁斯于 1971 年提出，是一种根据企业自身的既定内在条件进行分析，找出企业的优势、劣势及核心竞争力之所在的企业战略分析方法。近年来，SWOT 分析法被广被应用在许多领域，如学校的自我分析、个人能力自我分析等，SWOT 分析法也有利于建立有效的职业生涯规划。其中的战略内部因素（“能够做的”）：“S”代表 strength（优势），“W”代表 weakness（弱势）；外部因素（“可能做的”）：“O”代表 opportunity（机会），“T”代表 threat（威胁）（表 7-1 所示）（详见本书第三章第二节）。

表 7-1 SWOT 分析表

	对达成目标有帮助的	对达成目标有害的
内部因素	strength:优势	weakness:弱势
外部因素	opportunity:机会	threat:威胁

SWOT 分析法首先要罗列个人的优势和弱势,可能的机会与威胁,然后根据自己的优势、弱势、机会和威胁,组合成 SO、ST、WO、WT 四种策略,进行策略分析。其中 SO 策略指依靠内部优势,利用外部机会,如:掌握更多地知识,提高竞争力;ST 策略指利用内部优势,规避外部威胁,如:多学习自己感兴趣的专业知识,将来在这方面有所发展;WO 策略指利用外部机会,弥补内部弱势,如:积极参加演讲等活动,提高自己的言语表达能力;WT 策略指减少内部弱势,规避外部威胁,如:多参加社交活动,构建良好的人际关系。最后,对 SO、ST、WO、WT 四种策略进行甄别和选择,确定个人目前应采取的具体策略,制定相应的行动计划。分析时通常采用表格,更直观地了解个人目前的环境。当然,SWOT 分析法不仅仅是列出四项清单,更重要的是通过对个人优势、弱势、机会和威胁的分析,得出一定结论:(1)在个人现有的内外部环境下,如何最优地应用自己的资源;(2)如何建立个人的未来资源。

SWOT 分析法是对个人能力、技能和职业机会等进行分析的有用工具。通过运用 SWOT 分析方法进行自我解析,对自身内部的优势与弱势以及外部环境的机会和威胁有了深度了解,明确地知道个人优点和弱点,并且评估出自己感兴趣的不同职业道路的机会和威胁所在,对自己所处的环境有较为全面、客观的认识。在综合考虑自身内部因素和环境外部因素之后,得出可选择的未来发展目标与对策,制定有目标、有计划的职业生涯规划,提前做好就业准备。

复习巩固

1.简述乔韩窗口理论包括的领域?
2.SWOT 分析法中“S”“W”“O”“T”分别代表什么?
3.根据 SWOT 分析法进行自我分析。

第二节 职业心理测评

进行职业心理测评,有助于“认识你自己”,帮你了解自己的能力、性格、价值观和兴趣等个性特征，在此基础上才能做好求职择业的心理和行为准备，更好地规划自己的职业发展道路。职业心理测评是心理测验的一个分支，是指运用现代心理学、测量学、管理学、社会学、统计学、行为科学以及计算机技术于一体的综合技术。相对于其他方法，通过心理测验了解自己更加科学、更加客观，是一种简单易行的自我认识方法。下面介绍几种常用的职业心理测验。

一、职业能力测验

能力是人们成功地完成某种活动所必需的个性心理特征。在职业规划中，职业能力是知己最重要的方面，也是事业成功的必要条件。职业能力倾向测评考察个人的基本或特殊的能力素质，例如，逻辑推理能力、口头表达能力等，即"你擅长什么"。

职业能力倾向测验是一种测量从事某种职业或活动的潜在能力的评估工具。美国劳工就业保障局1944年编制的"一般能力倾向成套测验"(GATB)是目前应用最广的职业能力倾向测验。该测验把人的职业能力倾向分成九种，分别为一般学习能力倾向(G)、语言能力倾向(V)、算术能力倾向(N)、空间判断能力倾向(S)、形态知觉能力倾向(P)、书写知觉能力倾向(Q)、眼手运动协调能力倾向(K)、手指灵巧度(F)、手腕灵巧度(M)，每种能力由五个题目测量。采用五级评分法进行自我评定，得出每种能力的等级之后，参照《职业能力与职业对照表》(表7-2)找到合适的职业。

表7-2 职业能力与职业对照表举例

职业类型	职业能力倾向								
	G	V	N	S	P	Q	K	F	M
生物学家	1	1	1	2	2	3	3	2	3
建筑师	1	1	1	1	2	3	3	3	3
测量员	2	2	2	2	2	3	3	3	3
测量辅导员	4	4	4	4	4	4	3	4	3
制图员	2	3	2	2	2	3	2	2	3
建筑和工程技术专家	2	2	2	2	2	3	3	3	3
建筑和工程技术员	2	3	3	3	3	3	3	3	3
物理科学技术专家	2	2	2	2	3	3	3	3	3
物理科学技术员	2	3	3	3	2	3	3	3	3

二、职业性格测验

性格是一个人在现实中所表现出的稳定态度和习惯化的行为方式，是最能体现个体差异的一种特质。职业性格测验主要考察个人与职业相关的性格特点,即"你是怎样的一个人",有助于了解自己的行为方式,为职业生涯规划、决策和行动提供可靠依据。

职业性格测评(MBTI,Myers-Briggs Type Indicator)是当今世界上最著名的性格测评工具,是一种迫选型、自我报告式的性格评估工具,用以衡量和描述人们在获取信息、做出决策、对待生活等方面的心理活动规律和性格类型。它以性格理论为基础,由美国心理学家伊莎贝尔·迈尔斯(Isabel Myers)和凯瑟琳·布里格斯(Katharine Briggs)母女于19世纪中叶共同研制开发。MBTI理论指出,某种类型性格的个体会被某些特定的职业所吸引,比如,内向实感思考判断的个体(ISTJ)会被军事类的职业所吸引;而外向直觉情感认知的个体(ENFP)则会被能够提供人际辅导与咨询类的职业所吸引。

该测评适合大学毕业生及在职人员,在高等教育阶段以及从业初期进行基于性格的职业生涯规划。MBTI职业性格测评把人的性格分为十六种类型:ISTJ、ISFJ、INFJ、INTJ、ISTP、ISFP、INFP、INTP、ESTP、ESFP、ENFP、ENTP、ESTJ、ESFJ、ENFJ、ENTJ。这十六种类型由四个维度上的不同偏好构成:

各人有不同的精力(energy)来源:外向E——外在的人和事:通过与人互动或共事以获取能量,具体表现为热心高能量、积极主动、乐于表达、合群爱交际、参与投入;内向I——注重内心思想,感受回忆:通过反省信息、想法和概念获取能量,具体表现为收敛从容、亲密关系、深思熟虑、安静。

让信息既拥有框架方向,又包括细节:感觉S——留意和信任事实、细节和现状,具体表现为具体明确、活在当下、务实有效、经验体验、传统;直觉N——了解全局,关注联系理论和将来可能性,具体表现为抽象思维、想象力、推理延伸、理论化、独创能力。

人们在进行感知(perception)和判断(judgement)时不同的用脑偏好:思考T——运用客观分析和逻辑推理决定事物,具体表现为推理、质疑、讲道理;情感F——用价值观做决定,创造和谐,具体表现为将心比心、怜悯同情、温柔。

就人们的生活方式(life style)而言,表明如何适应外部环境:判断J——有组织,有条理和快速做决定,具体表现为系统思考、计划筹算、尽早开始、日程管理、有条不紊;感知P——灵活,可适应,尽可能地保持开放的选择权,具体表现为随意放松、开放心态、压力催动、自发冲动、突然紧急。

MBTI系统中的四种性格倾向组合为:SJ型——传统主义者:有很强的责任心和事业心,忠诚,推崇安全、礼仪、规则和服从,被一种服务于社会需要的强烈动机所驱使;坚定,尊重权威、等级制度,持保守的价值观;充当着保护者、管理员、监护人的角色,如布什、华盛顿等。SP型——现实主义者:有冒险精神,反应灵敏,可以在任何要求技巧性强的领域中游刃有余,常常认为是喜欢活在危险边缘寻找刺激的人;为行动、冲动和享受现在而活着，约有60%左右SP偏好的人喜欢艺术、娱乐、体育和文学，被称赞为天才的艺术家，如乔丹、梵高等。NF型——理想主义者：在精神上有极强的哲理性，善于言辩、充满活力、有感染力，能影响他人的价值观并鼓舞其激情。帮助别人进步，具有煽动性，被称为传播者和催化剂。约有一半的人在教育界、文学界、宗教界、咨询界以及心理学、文学、美术和音乐等行业显示着他们的非凡成就，如列宁等。NT型——理性主义者：喜欢梦想，有独创性、创造力、洞察力，有兴趣获得新知识，有极强的分析问题、解决问题的能力。是独立的、理性的、有能力的人。人们称NT是思想家、科学家的摇篮，大多数NT类型的人喜欢物理、研究、管理、电脑、法律、金融、工程等理论性和学术性强的工作，如比尔·盖茨。

三、职业价值观测验

价值观是人对客观事物的需求表现出来的评价，包括从人生的基本价值取向到个人对具体活动或事物的有用性、重要性、价值的判断。了解个人在职业发展中所重视的价值观以及驱动力，即“你要什么”，有助于找到激励自己积极性的依据和途径，并以此为依据规划职业生涯。关于职业价值观的量表有很多，下面介绍三种职业价值观测评工具。

（一）大学生职业价值观量表

该量表由凌文轮等（1998）根据对大学生的实际调查而编制，用以测量大学生在择业时的职业价值观，具有良好的信效度，被广泛地应用于实际调查研究中。问卷共22道题目，包括三个因素：声望地位因素、保健因素和自我发展因素。每一题目采用5点评分进行，要求被试根据自己的实际，按照“最不重要”“比较不重要”“一般重要”“比较重要”“最重要”五个等级进行评定，分别给予1～5分，根据评分结果大致可得出你的价值倾向。

（二）职业价值观测试量表

该量表包括52道题目，采用5点评分，要求被试根据自己的实际情况或想法，按照“非常重要”“比较重要”“一般”“较不重要”“很不重要”五个等级进行评定，分别给予1～5分，然后根据评价表中每一项前面的题号，计算每一项的得分，并把它填在每一项的得分栏上。然后在表格下面依次列出得分最高和最低的三项，从得分最高和最低的三项中，大致可以看出你的价值倾向，进而有助于在职业生涯规划时加以考虑（表7-3）。

表 7-3　职业价值观测试评分表

得分	价值观	题号	说明
	利他主义	2、30、36、46	工作目的和价值，在于直接为大众的幸福和利益尽一份力
	美感	7、20、41、52	工作目的和价值，在于不断地追求美的东西，得到美感的享受
	智力刺激	1、23、38、45	工作目的和价值，在于不断进行智力的操作，动脑思考，学习以及探索新事物，解决新问题
	成就感	13、17、44、47	工作目的和价值，在于不断创新，不断取得成就感，不断得到领导与同事的赞扬，或不断实现自己想要做的事
	独立性	5、15、21、40	工作目的和价值，在于能充分发挥自己的独立性和主动性，按自己的方式、步调或想法去做，不受他人的干扰
	社会地位	6、28、32、49	工作目的和价值，在于所从事的工作在人们的心目中有较高的社会地位，从而使自己得到了人的重视与尊敬
	管理	14、24、37、48	工作目的和价值，在于获得对他人或某事物的管理支配权，能指挥和调遣一定范围内的人或事物
	经济报酬	3、22、39、50	工作的目的和价值，在于获得优厚的报酬，使自己有足够的财力去获得自己想要的东西，使生活过得较为富足
	社会交际	11、18、26、34	工作的目的和价值，在于能和各种人交往，建立比较广泛的社会联系和关系，甚至能和名人结识
	安全感	9、16、19、42	不管自己能力怎样，希望在工作中有一个安稳局面，不会因为资金、涨工资、调动工作或领导训斥等经常提心吊胆、心烦意乱
	舒适	12、25、35、51	希望能将工作作为一种消遣、休息或享受的形式，追求比较舒适、轻松、自由、优越的工作条件和环境
	人际关系	8、27、33、43	希望一起工作的大多数同事和领导人品较好，相处在一起感到愉快、自然，认为这就是很有价值的事，是一种极大的满足
	变异性或追求新意	4、10、29、31	希望工作的内容应该经常变换，使工作和生活显得丰富多彩，不单调枯燥

（三）职业锚定位测评

职业锚(career anchor)是职业价值观的一种称呼，是人们选择和发展职业时所围绕的中心。当一个人不得不做出职业选择时，他无论怎样都不会放弃的那种职业中至关重要的东西或价值观。职业锚定位测评的概念是由美国施恩教授于1978年提出的，强调个人能力、动机和价值观三方面的相互作用与整合。职业锚定位测评就是最佳职业定位，一个人在长期的职业生涯实践中通过内外部条件、因素的比较，自觉主动选择最有利于自身发展和做出最大贡献的职业定位，所以该测评适合用于具有一定工作经验的在职员工，是一种职业生涯规划咨询、自我了解的工具，能够协助组织或个人进行更理想的职业生涯规划。

职业锚倾向测评包括40个题项，按照“不符”“较不符”“一般”“较符合”“符合”1～5的五级评分，得分越高表示越符合。完成量表之后，将每个题的得分写入量表后的计分表内，然后在40个题中挑出得分最高的三个项目(如果有得分相同的项目，选择你最感兴趣的项目)，在每个项目得分后面再加4分。例如：第1题得了6分，则该题再加上4分，变为10分。最后按照“列”进行分数累加得到一个部分总分，将每列总分除以5得到每列的平均分，得出你在每种类型的得分(表7-4)。值得注意的是，职业锚并不是一成不变的，会随着个人的认识发展而产生变化。

表7-4　职业锚定位测评计分表

类型	TF		GM		AU		SE		EC		SV		CH		LS	
加分项	1		2		3		4		5		6		7		8	
	9		10		11		12		13		14		15		16	
	17		18		19		20		21		22		23		24	
	25		26		27		28		29		30		31		32	
	33		34		35		36		37		38		39		40	
总分																
平均分																

职业锚测试结果类型：

技术/职能型(technical functional competence)。技术/职能型的人，追求在技术/职能领域的成长和技能的不断提高，以及应用这种技术/职能的机会。他们对自己的认可来自自己的专业水平，他们喜欢面对来自专业领域的挑战。不喜欢从事一般的管理工作，因为这将意味着他们放弃在技术/职能领域的成就。

管理型(general managerial competence)。管理型的人追求并致力于工作晋升，倾向于全面管理，独自负责一个部分，可以跨部门整合其他人的努力成果。他们想去承担整个部分的责任，并将公司的成功与否看成自己的工作。具体的技术/功能工作仅仅被看作是通向更高、更全面管理层的必经之路。

自主/独立型(autonomy independence)。自主/独立型的人希望随心所欲安排自己的工作方式、工作习惯和生活方式。追求能施展个人能力的工作环境,最大限度地摆脱组织的限制和制约。他们意愿放弃提升或工作扩展机会,也不愿意放弃自由与独立。

安全/稳定型(security stability)。安全/稳定型的人追求工作中的安全与稳定感。他们可以预测将来的成功,从而感到放松。他们关心财务安全,例如:退休金和退休计划。稳定感包括诚言、忠诚,以及完成老板交代的工作。尽管有时他们可以达到一个高的职位,但他们并不关心具体的职位和具体的工作内容。

创造型(entrepreneurial creativity):创造型的人希望使用自己的能力去创建属于自己的公司或创建完全属于自己的产品(或服务),而且愿意去冒风险,并克服面临的障碍。他们想向世界证明公司是他们靠自己的努力创建的。他们可能正在别人的公司工作,但同时他们在学习并评估将来的机会。一旦他们感觉时机到了,他们便会自己走出去创建自己的事业。

服务型(service dedication to a Cause):服务型的人指那些一直追求他们认可的核心价值,例如帮助他人,改善人们的安全,通过新的产品消除疾病。他们一直追寻这种机会,即使这意味着变换公司,他们也不会接受不允许他们实现这种价值的工作变换或工作提升。

挑战型(pure challenge):挑战型的人喜欢解决看上去无法解决的问题,战胜强硬的对手,克服无法克服的困难障碍等。对他们而言,参加工作的原因是工作允许他们去战胜各种不可能。新奇、变化和困难是他们的终极目标。如果事情非常容易,便立刻变得非常令人厌烦。

生活型(life style):生活型的人是喜欢允许他们平衡并结合个人的需要、家庭的需要和职业的需要的工作环境。他们希望将生活的各个主要方面整合为一个整体。正因为如此,他们需要一个能够提供足够的弹性让他们实现这一目标的职业环境,甚至可以牺牲他们职业的一些方面,如:提升带来的职业转换,他们将成功定义得比职业成功更广泛。他们认为自己在如何去生活,在哪里居住,如何处理家庭的事情以及在组织中的发展道路是与众不同的。

四、职业兴趣测验

诺贝尔奖获得者丁肇中教授曾说:"兴趣比天才还重要。"那么,兴趣是什么?应该如何去发现、了解自己的职业兴趣呢?在心理学上,兴趣是力求认识、掌握某种事物,并经常参与该种活动的心理倾向。在职业上,每个人都会有自己的偏好,职业兴趣对人的行为有强大的驱动作用,能够使人集中精力去获得所喜欢的职业知识,启迪智慧并创造性地开展工作。所谓职业兴趣是指一个人想从事某种职业的愿望，即一个人力求从事某种职业的心理倾向。因此，了解自己的职业兴趣，有助于个体选择更适合自己的职业。

美国心理学家约翰·霍兰德(J.Holland)于1959年提出著名的职业兴趣理论，随后编制的霍德兰职业兴趣测验有助于我们了解自己的职业兴趣。他认为，在现代社会中，不同的行业和职业数量有成千上万种，往往很难在数以千计的职业中确定哪种职业最适合自己。因此，一个比较可行的方法，是首先将众多庞杂的职业归为数量有限、划分合理的职业群，然后从这几个职业群中去发现自己感兴趣的职业群，并从中寻找比较适合自己的职业领域。

该量表包括60道题，根据自己的情况对每一题目的第一印象作答。测试结果分为六大职业人格类型：常规型(C)、现实型(R)、研究型(I)、企业型(E)、社会型(S)、艺术型(A)。然后将得分最高的三种类型从高到低排列，得出一个(或两个)三位组合答案，再对照《人格类型与职业环境的匹配》和《测试结果与职业匹配对照表》得出人格类型所匹配的职业。

生活中的心理学

职业兴趣的调整

曾莞是某大学建筑系专业大三学生，她觉得自己缺乏这方面的天赋，对绘图、建模实在没什么兴趣，加之这个专业经常会因为要赶制一张图而熬夜，这使爱美的曾莞更提不起兴趣，一想到熬夜画图就感到痛苦不堪。曾莞上课时“身在曹营心在汉”，经常逃课或不按时交专业课设计，两年来，专业成绩非常差。想到还有一年就毕业了，她开始着急，自己能不能毕业？毕业之后以怎样的专业知识来求职？这些问题困扰着她。于是，她向老师咨询，希望能够找到解决的方法。在就业指导老师的耐心指导下，曾莞意识到她需要调整好自己，重新做好规划。对于曾莞来说，首先需要加强自身专业知识的学习，保证能够顺利地毕业；其次，在抓好专业课学习的基础上，寻找自己的兴趣点，并努力学习感兴趣的专业知识，积累相关的经验，在保证毕业的前提下，以后的职业发展也有了一定的方向。

作为大学生一定要认清自己的职业兴趣，在个人与职业之间找到结合点，从而进行职业定位。职业兴趣的建立和培养，是一个人从事某种职业并取得一定成就的基础或前提。在这种兴趣的促使下，自身各方面能力能够得到增强与发展。

五、人格测验量表

人格是指一个人比较稳定的心理活动特点的总和，它是一个人能否施展才能，有效完成工作的基础，某人的人格缺陷会使其拥有的才能和能力大打折扣。人格测验主要用以测量个体与他人相区别的独特而稳定的思维方式和行为风格，这些特点可能影响个体的工作绩效和工作方式及习惯。通过人格测试，可以使我们更准确、全面地了解自己，有益于职业生涯规划。

(一)艾森克人格问卷(EPQ)

艾森克人格问卷(Eysenck personality questionnaire，简称 EPQ)是英国伦敦大学艾森克(Eysenck H.G.)教授根据人格结构三个维度的理论编制的。目前含有四个分量表的 EPQ 是 1975 年编制的，包括成人问卷和青少年问卷两种，成人问卷适用于 16 岁以上的成人。1983 年我国龚耀先修订版成人问卷和儿童问卷均为 88 个项目，分别适用于 16 岁以上成人和 7～15 岁儿童，并制定了全国常模。北京大学的陈仲庚也于 1981 年制定了区域性成人常模，其修订版为 85 个项目。

该问卷由三个人格维度和一个效度量表组成。

E 量表：内外向。分数高表示人格外向，可能是好交际、渴望刺激和冒险，情感易于冲动。分数低表示人格内向，如安静，富于内省，除了亲密的朋友之外，对一般人缄默冷淡，不喜欢刺激，喜欢有秩序的生活方式，情绪比较稳定。

N 量表：神经质。反映的是正常行为，与病症无关。分数高可能是焦虑、担心、常常郁郁不乐、忧心忡忡，有强烈的情绪反应，以至于出现不够理智的行为。

P 量表：精神质。并非暗指精神病，它在所有人身上都存在，只是程度不同。但如果某人表现出明显程度，则容易发展成行为异常。分数高可能是孤独、不关心他人，难以适应外部环境，不近人情，感觉迟钝，与别人不友好，喜欢寻衅，喜欢干奇特的事情，并且不顾危险。

L 量表：掩饰性。测定被试的掩饰、假托或自身隐蔽，或者测定其社会性朴实幼稚的水平。L 与其他量表的功能有联系，但它本身代表一种稳定的人格功能。在国外，高分表明掩饰、隐瞒，但在我国 L 分高的意义仍未明了。成人随年龄而升高；儿童随年龄而降低。

EPQ 将 N 维度和 E 维度组合，进一步分出外向稳定(多血质)、外向不稳定(胆汁质)、内向稳定(黏液质)、内向不稳定(抑郁质)四种人格特征以及介乎于两者之间的中间型。

EPQ 成人和儿童问卷都包括 P、E、N 和 L 四个量表，各量表又分别包括不同数目的项目。一个项目只负荷一个维度因素。每一项目只要求回答“是”或“不是”。完成之后，把答案与评分标准对照进行计分，算出各量表原始分，再根据常模换算出标准 T 分，根据各维度 T 分高低判断人格倾向和特征，其中 T 分在 43.3～56.7 分之间为中间型，T 分在 38.5～43.3 分或 56.7～61.5 分之间为倾向型，T 分在 38.5 分以下或 61.5 分以上为典型。

艾森克人格问卷为自陈量表，施测方便，可个别也可团体施测，在中国是临床应用最广泛的人格测验。

(二)卡特尔16项人格因素问卷(16PF)

卡特尔16项人格因素问卷(16 personality factor questionnaire，16PF)是美国伊利诺伊大学卡特尔(R.B.Cattell)教授编制而成的。他认为人的行为之所以具有一致性和规律性，是因为每个人都具有根源特质，是构成人格的内在基础因素。卡特尔根据自己的人格特质理论，运用因素分析法分离出16种根源特质，认为只要测量出16项基础因素在个体身上的表现程度，即可知道个体的人格特征。

该问卷现有A、B、C、D、E式5种版本：A、B为全版本，各有187项目；C、D为简缩版本，各105项，这四个版本适用于16岁以上并有小学以上文化程度者；E式专为阅读水平低的人设计，为128项。16PF主要用于确定和测量正常人的基本人格特征，并进一步评估某些次级人格因素。我国现在通用的是刘永和等人于1970年发表的中文修订本及全国常模。

根据指导语完成问卷，其中A、B、C、D式版本有三种答案可供选择：A.是的；B.介于A与C之间、C.不是的。E式为两个答案选择一个。完成问卷之后，将每项因素所包括的测试题得分加起来，得到该项性格因素的原始得分，再根据常模换算出标准分(Z分)。通常认为＜4分为低分(1～3分)，＞7分为高分(8～10分)，然后根据结果得出相应的人格特征说明(表7-5)。

表7-5　16PF因素、名称、特征简介

因素	名称	低分特征	高分特征
A	乐群性	缄默、孤独、内向	外向、热情、乐群
S	聪慧性	迟钝、学识浅薄、抽象思考力弱	聪明、富有才识、善于抽象思维
C	稳定性	情绪激动不稳定、易烦恼	情绪稳定而成熟、能面对现实
E	恃强性	谦虚、顺从，通融、恭顺	好强、固执、独立、积极
F	兴奋性	严肃审慎、沉默寡言	轻松兴奋、随遇而安
G	有恒性	权宜敷衍、原则性差	有恒负责、重良心、做事尽责
H	敢为性	害羞、畏缩、退却、缺乏自信	冒险敢为，少有顾忌
I	敏感性	理智、着重现实、自恃其力	细心、敏感、好感情用事
L	怀疑性	真诚、合作、宽容、信赖随和	怀疑、刚愎、固执己见
M	幻想性	现实、脚踏实地、合乎成规	富于想象、狂放不羁
N	世故性	坦诚、直率、天真	精明强干、世故、善于处世
O	忧虑性	安详沉着、有自信心	忧虑抑郁、烦恼自忧、缺乏自信
Ql	实验性	保守、循规蹈矩、尊重传统	自由、批评激进、不拘泥成规
Q2	独立性	依赖、随群附众	自主、当机立断
Q3	自律性	矛盾冲突、不顾大体	知己知彼、自律严谨
Q4	紧张性	心平气和、闲散宁静	紧张困扰、激动挣扎

(图表来源：姜乾金.医学心理学[M].北京：人民卫生出版社，2010:138)

心理测评只是个体认识自我的一种辅助工具，因此需要正确对待和使用。首先，测评结果具有相对性，并不是百分之百正确；其次，测评结果具有间接性，只能通过测量人的外显行为来推测其他的心理特征；最后，测评过程不可避免地存在一定误差。因此，在分析测评结果时，需结合其他相关资料进行分析。虽然职业心理测评存在上述问题，但到目前为止，心理测评仍是测量心理特质的一种有效、实用的方法。

职业心理测评其实是职业生涯规划的一个预备过程，很多人找工作，盲目进入职场，对未来是没有规划的、是茫然的；而有一部分人却早了解到自己要做什么，有自己喜欢的职业，有自己追求的理想，同时也知道自己想要找一份怎样的工作。但是，你是否考虑过如何才能更好地发挥自己的优点和长处？如何才能更快地攻克一道道职场难关？这就需要首先了解自己，会做什么、能做什么、擅长什么？职业心理测评将更有针对性地对你的综合能力进行测评，让你更加全面、准确地了解自己，了解自己在学习和工作中应该发挥的优势，更详细地了解自己所选职种的特点，进而科学、理性地确定自己的职业定位，规划职业生涯，有针对性地制定可行性方案。

复习巩固

1.简述什么是职业心理测评？
2.职业能力倾向测验包括哪几种能力倾向？
3.艾森克人格问卷由哪几个人格维度和效度量表组成？

第三节　投射测验

投射是指个人把自己的思想、态度、愿望、情绪等个性特征，下意识地反应于外界事物或他人的一种心理过程，而投射测验(projective test)是指观察个体对一些模糊的或无结构材料做出的反应，通过被试的想象而将其心理活动从内心深处暴露或投射出来的一种测验，从而使检查者了解被试的人格特征和心理冲突，并能绕过受访者的心理防御，在他们不防备的情况下探测其真实想法。

在投射测验中，给受测者呈现模棱两可的刺激材料(如抽象模式、不明确的人物图片、可以做多种解释的未完成图片等)，要求受测者对这些模糊刺激材料做出反应，如叙述模式，完成图片或讲述画中的内容等。受测者的解释会带有自己潜意识的思想，不知不觉中将其情感、态度、愿望、思想等投射出来，这种方式能在一定程度上了解被试者内心想法。

投射测验编制方法主要有四种：(1)联想法：让受测者根据刺激(如单词、墨迹)说出自己联想到的内容，如荣格(C. C. Jung)的文字联想测验、罗夏(H. Rorschach)的墨迹测验;(2)构造法:让受测者根据所看到的图画,编造一个包括过去、现在和未来发展过程的故事,如主题统觉测验(TAT);(3)表露法:让受测者通过绘画、游戏或表演来自由表露他的心理状态,如画人测验、视觉运动完形测验(BGT);(4)完成法:提供一些不完整的句子、故事或辩论等材料给受测者,让他们自由补充完成,如语句完成测验。这些测验中最常用的是罗夏墨迹测验和主题统觉测验。

一、罗夏墨迹测验

罗夏墨迹测验(Rorschach inkblot test)是投射测验中最常用的一种测验工具,由瑞士精神病学家罗夏(H. Rorschach)于1921年编制,目的是为了临床诊断。1990年龚耀先完成了该测验的修订工作,现已有我国正常人的常模,除临床诊断外,该测验也用于人才的评定选拔等。该测验由10张对称的不同墨迹图组成,其中5张为黑白图片,墨迹的深浅不一;2张黑色加红色的墨迹图片;其余3张为彩色的墨迹图片,如图7-2是罗夏墨迹测验图片一例。

图7-2　罗夏墨迹测验图例

罗夏墨迹测验施测过程一般分为四个阶段:

(一)自由反应阶段

即自由联想阶段。在这一阶段,主试将10张图片按顺序让受测者一次看一张墨迹图片,并同时询问受测者:“你看到了什么?”“这可能是什么东西?”“你想到了什么?”等问题,避免一切诱导性问题。受测者可以从不同角度看图片,做出自由回答。主试同时观察并记录被试的语言反应、对某个墨迹图片的特殊反应以及一般的态度,并注意其情绪表现和伴随的动作。测试不限时间,也不限制回答数目,一直到受测者没有回答时再换另一张图片。

(二)询问阶段

这是确认受测者自由联想阶段所隐藏的想法的阶段,主试以自由联想阶段的记录材料为基础，对受测者每一回答都系统地询问一遍：解释回答的内容是指图的整体还是图的哪一部分；为什么说这些部位像你所说的内容。

(三)类比阶段

这是针对询问阶段尚未充分明白而采取的补充措施，主要是询问受测者对某张墨迹图片反应所使用的决定因子是否也用于对其他墨迹图片的反应，从而确定受测者的反应是否有某个决定因子的存在。

(四)极限探询阶段

当主试对受测者是否使用了某些部分和决定因子还存在疑虑时，加以确认。最后进行评分和结果分析。

根据受测者的反应，从四个方面进行分析：反应部位：是以图的什么部位来知觉图形的，是全部、大部分还是小部分；反应因素：知觉图形时，是以形状为主要因素还是以颜色为主要因素，或两者兼有；反应内容：是属于动物还是人类，或是其他；反应的创意性：是一般人常用的反应，即普通反应，还是一般人少有的，即创意性反应。罗夏的评分相当复杂，每个反应都有上述四种分数，依据正确度、明细化、组织化三个维度，评分从－2 到＋5，以 0.5 为单位进行增减，每一类反应都有一个总分数，根据反应的分数做出解释。一般从以下七个维度加以解释。

区位：W(整体反应)表示概括倾向。W 得分高表示有高度的组织能力和抽象思考能力。W 得分低或没有，表示缺乏综合概括能力；D(明显局部反应)表示受测者以一般的局部作为反应部分，这部分通常与其他部分有明显不同，D 得分高表示有良好的常识水平；Dd(特殊局部反应)表示利用墨迹中不寻常的部分反应，Dd 得分高可能提示有刻板或不依习俗的思维。

形状(F)：根据墨迹的形状做出反应。若墨迹看上去很像受测者所描述的物体，用 F＋表示，通常为现实性思维，即适应良好和智能效率高；墨迹看上去与受测者所描述的物体相似性极差，用 F－反应表示，意味着思维过程混乱。

色彩(C)：色彩反应指受测者根据墨迹的色彩做出反应。C 得分高通常表示倾向激动和内在冲动。

阴影(K)：阴影反应指受测者根据墨迹的阴影做出反应，K 得分高表示情绪焦虑、压抑等。

动作(M)：动作反应指受测者在墨迹中看到人或动物的运动，M 得分高表示情感丰富，有丰富的社会和理想生活；M 得分低可能意味人际关系差。

内容：如果受测者的反应范围很窄，可能表明其兴趣很窄，心胸也不宽广。

独特与从众：如果受测者的反应与一般人不同，则可能表示智力比较高，或者有意歪曲事实，有社会适应不良的倾向。反之，则智力一般，或社会适应良好。

可见，罗夏墨迹测验的记分和结果解释过程比较复杂，经验性成分多，主试需要经过专门的训练和经验才能逐渐掌握及胜任。

二、主题统觉测验

主题统觉测验(thematic apperception test, TAT)是投射测验中与罗夏墨迹测验齐名的一种测验工具，由美国心理学家默里和摩根(Murray & Morgan, 1938)编制。默里和摩根认为需要有时是外显的，有时是内隐的，主题统觉测验可以测量个人的内隐需要。

图 7-3　主题统觉测验图例

主题统觉测验由 30 张模棱两可的图片和 1 张空白图片组成。图片内容多为人物，也有部分风景，但每张图片至少有一个物(图 7-3 所示)。施测时，每次给被试呈现一张图片，让被试根据看到的内容讲述一个故事，包括发生了什么事，为什么会出现这种情境，图中的人物正在想什么，以及故事的结局会怎样。主试会从人际关系的性质、人物的动机，以及这些人物所显露出的现实感等因素来评价故事的结构和内容，试图发现被试的动机和人格特征。例如，主试可以根据被试是否关心人们有没有按照自己的意愿快乐地生活以及故事是否以严肃、有条理的方式来评价一个人的公正性。TAT 适用于各种年龄和不同种族，为了更好地研究不同的对象，还产生了多种变式，如儿童统觉测验等，该测验对临床心理诊断、咨询服务、心理治疗具有良好的价值。

投射测验可唤醒被试的内心世界或反映人格的不同表现形式，从而在反应中表现出内在需要和状态。其优点是：弹性大，被试不受限制，可以任意做出反应；材料仅为图片，没有阅读能力的被试也可以进行测评。其缺点是：评分缺乏客观标准，测验的实施程序、记分以及对结果的解释都必须经过长期的训练；对特定行为不能提供较好的预测；需花费大量的时间。

投射测验可更真实地反映自己，使我们更全面地了解、认识自己的人格特点，有助于在制定职业生涯规划过程中更好地突出自己的优势，提高就业成功率。

复习巩固

1.简述什么是投射测验？
2.简述罗夏墨迹测验施测过程的四个阶段。
3.简述投射测验的优缺点。

第四节　日常生活分析法

除了通过乔韩窗口理论、SWOT分析法、职业心理测评以及投射测验进行自我认知以外，还可以通过日常生活分析法全面了解自己。

一、比较法：从“我与人”的关系认识自我

与他人交往是个人自我认识的重要来源，他人是反映自我的镜子。通过与别人相比，人们常常会对自己有更清楚的认识，也为认识自我、了解自我和发展自我提供了重要的标尺。

无论从家庭的亲情关系到外界的友爱关系，还是进入社会并体验到与不同人之间的交往关系，均能在这些关系中学习并获得足够的经验，然后按照自我认识和需要去规划自己的职业人生。但是，在与他人比较时，应该注意比较的参照对象：

首先，跟别人比较的是做事的条件，还是做事的结果。比如，进入大学学习，如果认为自己经济基础或家庭背景等客观条件不如别人，就把自己置于次等地位，进而影响学习的状态和情绪。其实与其他同学比较毕业后各自取得的成绩才更有意义。

其次，跟他人比较的标准是可变的还是不可变的。例如，有些人经常过度关注自己的长相、身材等不如他人，其实比较这些不能改变的条件是没有意义的，应该比较通过学习可以变得更加优秀。

最后，与什么人进行比较。是与自己条件相类似的人，还是与已经取得巨大成就的人或根本不如自己的人？因此，确立一个合理的参照对象进行自我认识尤为重要。

二、经验法：从“我与事”的关系认识自我

从“我与事”的关系认识自我，就是从做事的经验中了解自己。可通过自己所经历

的事，所取得的成绩、成果，所犯过的错误等发现自己的优缺点。对那些聪明又善用智慧的人来说，成功、失败的经验都可以促使他们制定出更契合自己的职业生涯规划，进行正确的职业选择，进而取得成功。因为他们了解自己，有坚强的品格特征，又善于学习，因而可以避免重蹈覆辙；对于某些比较脆弱的人，由于只看到失败反映的负面因素，而使其更失败，甚至陷入不断失败的恶性循环，这是因为他们不能从失败中总结教训，改变策略追求成功，而且挫折后形成害怕失败的心理，不敢面对现实去应付困境或挑战，甚至失去许多取得成功的机会；而对于一些自大的人而言，成功反而可能成为失败之源。他们可能因为一时的成功便骄傲自大，以后做事便自不量力，往往遭受更多的失败。俗话说"经一事，长一智"，能从自己的成败经验中了解自己也是一种学习。

三、自省法：从"我与己"的关系中认识自我

古人曰："吾日三省吾身。"自我观察是自己教育自己、自我提高的重要途径。要认识自己，必须做一个有心人，经常反省自己在日常生活中的点滴表现，可以从以下三个方面来认识自己：

第一，认识自己眼中的"我"。个人实际观察到的客观的我，包括身体、容貌、性别、年龄、气质、性格、能力等。

第二，认识别人眼中的"我"。与别人交往时，从别人对自己的态度、情感反映等来感知自己。不同关系的人对自己的反应和评价不同，它是自己从多数人对自己的反应中总结出来的认识。

第三，认识自己心中的"我"，指自己对自己的期许，即理想我。

通过自己眼中的我、别人眼中的我、自己心中的我这三个"我"的比较分析来全面认识自己、完善自己，形成统合的自我认同，进而促进自己更好地制定符合自己的职业生涯规划。

四、他人反馈

一般来说，他人的反馈有助于对自己的品质、能力和性格等有更清晰的认识，进而增强对自己的了解。苏轼写道："不识庐山真面目，只缘身在此山中"，认识自我有时的确比较难。因此，周围人对自己的态度和反馈能帮助我们更好地认识和了解自己。

通过他人了解自己需要建立良好的人际关系和发展健康的社会适应行为，需要关注来自身边周围，如父母、老师、朋友、同学等多方面的态度、反馈等信息传递与情感交流。虽然每个人对我们的反馈存在差异，甚至同一个人在不同时期对我们的反馈也会发生变化，但是只需要把这些反馈综合起来，就有助于更全面客观的认识自己。需要注意的是，要尊重他人的态度与评价，对于别人的反馈需冷静地分析，既不盲从，也不忽视。只有这样，才能更好地制定自己的职业生涯规划，做好职业选择。

不妨尝试下面的练习：当别人说“这件事情找到你办就确保无误”“你最在行做的是……”“别的不行，这个你一定行”等话语时，将这些话语详细记录下来，几个星期之后，系统地分析你的笔记，你会发现自己的行为具有一定模式。俗话说“旁观者清，当局者迷”，相信这句话，你能通过他人的反馈进一步认识自己，发掘自己的潜能，找到自己的最强项，进而选择适合自己的职业发展道路。

五、交流法

在日常生活中，免不了要与人交流，可以通过与他人交流认识自己。

运用这种方法关键在于如实表现自己，坦率地征求他人对自己的看法。由于交流双方对希望交流的认识不同，因此对希望交流者自我意识确立的作用也不同。通常有以下四种情况：第一，自己和别人都认识到的（优点或缺点），有利于形成正确的自我意识；第二，别人不知道而自己认识到的，容易形成肯定的自我意识；第三，别人已经认识到，而自己未认识到的，这时自我意识确立的情况要视其对交流者信任度的不同而不同，与自己信任的人交流较易形成自我意识，反之，则较难形成确定的自我意识；第四，若自己和别人都未认识到的，则难以形成正确的自我意识。真实地与人交流有益于形成正确的自我意识，进而才能正确地认识自己。

六、内外归因分析法

由于人们对自己成功或失败的归因关系认识不清，会产生“成功”和“失败”两种不同的结果，而对成功或失败的正确归因，能促进我们进一步认识自己。所谓归因，即归结行为的原因，指个体根据有关信息、线索对行为原因进行推测与判断的过程。美国心理学家韦纳（1972）对行为结果的归因进行了系统探讨，根据内外部、控制点和稳定性对行为进行归因。

根据内外部可以将行为结果归结于内部原因或外部原因。内部原因是指存在于个体内部的原因，如努力、能力、性格、态度、动机等；外部原因是指行为或事件发生的外部条件，如任务的难度、运气、机遇等。根据控制点可以把原因划分为“可控性”和“不可控性”归因。可控性是指个体认为自己可以控制行为的结果，认为成功和失败都是由于自己可控制的因素造成的；不可控性是指个体感到自己无法控制行为的结果，成败都归因于他人的压力或运气等外部因素。根据“稳定性”与否可以把行为的原因分成稳定性归因和非稳定性归因。稳定性归因是指个体认为引发行为的原因是稳定的，不容易改变的；非稳定性归因是指个体认为引发行为的原因是容易改变的，不稳定的。韦纳（1972）认为，能力、努力、任务难度和运气是人们在解释成功和失败时知觉到的四种主要原因，根据以上三个维度对行为的归因不同，会导致不同的结果（期待和情感）。

当个体把成功归因于任务容易或运气好等外部不稳定因素时，会对未来类似活动是否会成功产生怀疑；若个体把成功归因于个人的努力或能力等内部稳定性因素时，则会感到自豪、满足，并充满信心；当个体把失败归因于任务太难或运气不好时，会对未来类似活动的成功抱有希望；但个体把失败归因于努力不够或自身能力不足时，会产生羞耻感，自信心受挫。

一般来说，悲观者的归因方式为：失败的原因在内部，而成功是外部不稳定因素造成的；乐观者的归因方式为：失败是外部因素的结果，如果成功则归因于个人内部努力和能力的结果。内归因学生认为个人生活学习中，多数事情的结果取决于个体在做事情时的努力程度，相信自己能够对事情发展与结果进行控制；而外归因学生则认为，个体生活学习中多数事情结果是个人不能控制的，他们相信命运或机遇等因素的安排。

现实生活中，有的人在制定职业生涯规划或进行职业选择时，往往理想与现实脱节，期望过高，一味地追求物质待遇或重地位，他们会因某一次的失败或成功而改变自己全部的想法，不能对行为结果进行正确的归因，这些问题的存在在客观上大大削弱了大学生在职业选择中的竞争力，进而导致就业受挫、就业困难。

由此可见，应加强归因训练，对行为结果进行正确的归因，正确地认识自己，学会看到自己的不足，并进一步完善和改进。因此，能根据自身特点建立合理的归因体系，不仅有利于更全面的认识自我，养成职业选择的内部控制感，而且还有助于解决不良的就业心理和观念，帮助正确地自我评价和认知，形成合理科学的就业观。

拓展阅读

自我认知的原则

通过以上方法我们可以正确地评价和认识自己，而在认识、评价和接纳自己的过程中，需要遵循一定的原则，也只有在遵循这些原则的基础之上，才能更好地了解和认知自己。

第一，客观性。在认识自我时，要重事实、重体验、重剖析、重规律，以客观事实为基础和依据，避免主观因素的影响。

第二，全面性。认识自我时，注重优点与缺点、特殊素质与综合素质、整体因素与占主导地位的因素等全面衡量，不要片面，不分主次。

第三，发展性。要用发展变化的观点认识自我，注意自身潜能和可塑性，预测自己在知识结构、工作兴趣等方面会有什么样的发展变化，并把它作为选择职业的依据之一。

第四，适度性。认识自己时注意"度"的把握。评价过高会意识不到自己条件的局限，进而造成由自信到自傲、狂妄；评价过低会忽视自己的优势，导致缺乏自信、自卑等。

第五，现实性。就是要立足于现实，把握住现实自我（即现实情境下的"我"是怎样一个人），减少理想自我（即希望自己成为怎样的人）对现实自我评价的负面影响。

复习巩固

1.用比较法进行自我认知需注意什么？

2.自省法从哪些方面来认识自己？

3.简述行为结果归因的三个维度。

本章要点小结

做好个人职业生涯规划，首先要学会自我认知，从四个方面对自我认知的方法进行了介绍。乔韩窗口理论认识"我是谁?"，强调认识自我的公开区、隐秘区、盲目区和未知区以及如何发展四个区域达到"和谐的自我"；SWOT分析法了解自己的优势、弱势，外部环境的机会和威胁。职业心理测评可以从职业能力、职业性格、职业价值观、职业兴趣和人格测验五个方面，借助相应的心理测验来了解能力、性格等个性特征。职业心理测评还可以通过投射测验和日常生活视角来进行，例如比较法、经验法、自省法、他人反馈、交流法和内外归因分析法。

关键术语表

乔韩窗口理论　SWOT分析法　MBTI职业性格测评　职业锚　职业兴趣　投射测验　罗夏墨迹测验　主题统觉测验　归因

本章复习题

1."乔韩窗口"的盲目区属于(　　)。

A.自己知道别人也知道　　B.自己知道别人不知道

C.自己不知道别人也不知道　　D.自己不知道别人知道

2.SWOT分析法中ST策略是指(　　)。

A.依靠内部优势，利用外部机会　　B.利用外部机会，弥补内部弱势

C.利用内部优势，规避外部威胁　　D.减少内部弱势，规避外部威胁

3.“ISTJ”代表（　　）的个体。

A.内向实感思考判断　　B.外向直觉情感认知

C.内向直觉思考认知　　D.外向实感情感判断

4.生活型的人是指（　　）。

A.那些一直追求他们认可的核心价值的人

B.喜欢解决看上去无法解决的问题，战胜强硬的对手，克服无法克服的困难障碍等人

C.喜欢允许他们平衡并结合个人的需要、家庭的需要和职业的需要的工作环境的人

D.追求并致力于工作晋升，倾心于全面管理，独自负责一个部分的人

5.卡特尔16项人格因素问卷A、B、C、D四种版本适用于（　　）。

A.阅读水平低的人

B.2～18岁被试者

C.16岁以上并有小学以上文化程度者

D.16岁以上成人

6.把成功归因于个人的努力或能力等，属于（　　）归因方式。

A.内部不稳定性因素　　B.内部稳定性因素

C.外部不稳定性因素　　D.外部稳定性因素

7.“乔韩窗口”包括以下哪些领域（　　）。

A.盲目的领域　　B.公开的领域

C.隐秘的领域　　D.未知的领域

8.SWOT分析法包括哪几种策略（　　）。

A.SO策略　　B.WT策略　　C.SW策略　　D.WO策略

9.现实主义者的性格特征有（　　）。

A.冒险精神　　B.有感染力

C.反应灵敏　　D.喜欢艺术、体育、娱乐和文学

10.职业锚定位测试强调（　　）、（　　）和（　　）三方面的相互作用与整合。

A.性格　　B.个人能力　　C.动机　　D.价值观

11.投射测验编制方法主要有（　　）。

A.联想法　　B.构造法　　C.表露法　　D.完成法

12.罗夏墨迹施测过程一般分为（　　）四个阶段。

A.自由反应阶段　　B.询问阶段　　C.类比阶段　　D.试探阶段

第八章　职业期望与职业声誉

很多人把白领作为择业的首选。在人们眼中,白领出入于高级写字楼,背着笔记本电脑,在世界各地飞来飞去。但事实上,白领青年的生活并非人们想象的那样精彩,他们住高级公寓却少有存款,常出入酒吧夜店却感到空虚,拿高薪却仍心存不满。每个大学生对于自己将来要从事的职业都有一定的期望,并试图去了解该职业在社会中的声誉地位。薪酬丰厚的职业社会声誉不一定高,声誉好的职业薪酬不一定多,因为决定职业声誉的因素很多,受各个方面综合的影响。人们都期望选择薪酬多、职业声誉高的工作,这在现实生活中是很难得到满足的。本章介绍职业期望和职业声誉,为职业认知做好铺垫。

第一节　职业期望

职业期望是复杂多样的,但并不是所有的职业期望都能变成现实。一个人的职业期望能否变成现实,主要看其是否合理。在职业选择过程中,应实事求是地对自己的职业期望进行客观分析,分清哪些是合理的、能够实现的、应该努力追求的;哪些是不合理的、实现不了的、应该放弃的。这要求每一位求职者,以自己的专业所长、个人素质优势以及客观的社会需求为基础,确立合理的职业期望。

一、职业期望的概念

职业期望(job expectancy),又称职业意向,是劳动者对某种职业的向往,也就是希望自己从事某项职业的态度倾向。职业期望直接影响人对职业的选择,进而影响人的整个生活。可以从以下几方面理解职业期望的概念:一是职业期望是劳动者个体方面的行为;二是职业期望不是空想,而是劳动者的一种主动追求,是劳动者将自身的兴趣、价值观、能力等与社会需要、社会就业机会不断协调,力求实现的个人目标;三是职业期望不同于职业声望。职业声望是职业地位的反映,是社会对某种职业的权力、工资、晋升机会、发展前景、工作条件等社会地位资源情况,亦即社会地位高低的主观评价,其含义完全有别于职业期望,二者不可混淆。同时,二者也有联系,劳动者个体所追求和希望从事的职业,多是社会声望高的职业。

职业期望属于个性倾向性的范畴,是职业价值观的外化,也是个体人生观、世界观的折射。每种职业都有各自特性,不同人对职业特性可能有不同的评价和取向,这就是所谓的职业价值观。如有人喜欢从事运用脑力的职业,有人喜欢从事运用体力的职业,有人喜欢与人打交道的职业,有人喜欢与物打交道的职业……不同职业的特性足以影响人们对不同职业的价值判断,而职业期望受职业价值取向的影响。

国外学者萨柏曾经将职业价值观或职业取向概括为 15 种类型:助人、美学、创造、智力刺激、独立、成就感、声望、管理、经济报酬、安全、环境优美、与上级的关系、社交、多样化、生活方式。日本 NHK 广播舆论调查所在职业调查中选择和设计了 7 个价值取向进行调查(表 8-1):

表 8-1　七种不同的职业价值取向

序号	价值取向	序号	价值取向
1	能推动社会发展的职业	5	能赚钱的职业
2	助人、为社会服务的职业	6	虽平凡,但有固定收入的职业
3	得到人们的高度评价的职业	7	若不为人所用,就自谋职业
4	受人尊敬的职业		

结果表明,人们的职业期望常常由几种价值取向所左右,但居主导地位的职业价值取向对职业期望起决定作用。如某人期望从事赚钱的职业,同时又想有收入稳定、有社会地位的职业,权衡利弊后,若赚钱的价值取向占主导地位,他会将职业期望定位为做推销员。因此,明确分析个人的主导价值取向,有利于个体选择合适的职业,是获得职业生涯成功的前提和重要保证。

二、职业期望的分类

人们由于主观因素、客观环境等的不同会产生不同的职业期望。按照职业期望发生过程,可分为自然性职业期望和社会性职业期望;按照职业期望所指向的对象,可分为物质性职业期望和精神性职业期望;按照职业期望实现的程度,还可分为合理性职业期望和不合理的职业期望。

(一)自然性职业期望和社会性职业期望

职业选择中,如果对职业的要求只是为了谋求维持自己的生存及延续后代创造条件,而没有其他的向往,则称之为自然性职业期望。人是大自然的产物,决定了他永远不能摆脱自然界的束缚,所以自然性职业期望是保障人类生存的基本要求。

在社会职业活动中形成的对人类文化的期盼,对政治生活和交往活动的追求,称为社会性职业期望。随着社会的发展和文化的进步,人们的自然性职业期望不断减少,而社会性职业期望越来越强烈。从一定意义上说,当人的社会性职业期望得不到满足,即使生存条件变化不大,也会使人产生不愉快感。比如十年动乱中,许多科学家被迫去当清洁工,高级管理人才去当门卫,实质上是剥夺了他们的社会性职业期望,给当事人造成极大的痛苦和伤害。

根据目前国家的人才管理体制,大学生的社会性职业期望一般都会得到满足,毕业生会根据所学专业求职应聘,学用一致、人尽其才。广大毕业生要有正确的认识:职业选择不能只关注生活条件和物质利益,要有成就事业、贡献社会等更高层次的职业追求。

(二)物质性职业期望和精神性职业期望

物质性职业期望指人们对职业活动中物质文化的向往,包括生活条件、工资待遇等,是最基本、最重要的需求。精神性职业期望指人们对职业活动中文化方面的向往,如文化环境、学习条件以及对美的追求。物质性职业期望和精神性职业期望的实现是相辅相成的,职业活动中,人们在物质欲望得到满足的同时,也为精神、文化欲望提供必要的条件和环境。

(三)合理性职业期望和不合理的职业期望

大学生在就业过程中,也许每个人都希望自己有一份既轻松、待遇又好、还能成就一番事业的工作,显然这种职业期望是不能实现的。大多数毕业生都希望去一线城市寻找满意的工作,或进入大型国企、设计院等,但首先需要考虑自身素质、社会需求以及其他社会因素的制约。其次,人的职业期望是不断发生变化的,面对社会声望较高、职业优势突出的职业,职位竞争也会相对激烈。毕业生应该更加清楚的、更为理智地看待自我期望,并采取灵活积极的职业期望改变策略,才能找到符合自我发展的职业生涯道路。

三、职业期望的相关理论

(一)职业选择与指导理论

职业选择与指导理论的先驱是美国的帕森斯,早在20世纪初帕森斯的职业指导理论就已确立并影响至今。1909年帕森斯著作《选择职业》的出版标志着职业指导理论的正式产生。其中具有代表性的理论有特质因素理论、类型理论和发展理论。职业选择理论着重从个体的角度探讨职业行为,重视个人的需要、能力、兴趣、人格等内在因素在职业选择与职业发展过程中的重要作用。这些理论在第二章已有阐述,详见第二章内容。

(二)人力资本投资理论

西奥多·舒尔茨是在其1961年出版的《人力资本投资》一书中论述了人力资本理论。所谓“人力资本”是指存在于人体之中,后天获得的具有经济价值、技术、能力和健康等质量因素之和。人力资本主要通过正规学校教育、在职培训和在实践中学习以及职业选择等方式获得。教育和在职培训在人力资本形成和积累过程中有着重要作用。人力资本是一种非物质资本,它可以为劳动者带来持久性的收益。人力资本是通过投资形成的,也就是说人力资本并非是劳动者与生俱来的,它必须经过后天的投资才能形成。以舒尔茨为代表的“人力资本投资理论”倡导者们从经济学角度，将所有在人身上进行的旨在提高其生产能力的投资，称之为“人力资本投资”。舒尔茨将人力资本投资的渠道概括为四种：教育、在职培训、医疗保健和就业迁徙，后人将其归纳为人力资本投资的“四驾马车”。可见，对于人力的投资是多方面的，但是教育是人力投资的主要途径。

以舒尔茨为代表的人力资本投资理论的核心就是人的素质是经济增长的决定因素，即人力资本投资作用比物质资本投资更大，舒尔茨认为，这一点是现代经济发展中最突出的特征。舒尔茨人力资本投资的主要观点可以概括如下：第一，人力资本投资是经济增长的主要源泉。因为人力投资的增长明显地提高了投入在经济起飞过程中的工作质量，这些质量上的改进成为经济增长的一个重要源泉。第二，人力资本投资是效益最佳的投资，且人力投资的目的是为了获得收益。舒尔茨采用收益法则对1929～1957年美国教育投资对经济增长的关系做了定量研究，得出如下结论：各级教育投资的平均收益率为17%；教育投资增长的收益占劳动收入增长的比重为70%；教育投资增长的收益占国民收入增长的比重为33%。也就是说人力资本投资是回报率最高的投资。第三，人力资本投资的消费部分实质是耐用性的，甚至是比物质的耐用性消费品更加经久耐用，即人力资本投资的回报是长期性的。

四、大学生在职业期望方面存在的问题

在高校从事就业指导工作的人员认为，“学生的就业期望值过高”。然而，在和毕业生聊起的时候，大多数人表示他们在求职时已经没有什么期望值了，那么问题出在哪里呢？当前大学生就业市场竞争意识和职业风险意识虽有所加强，但职业期望值偏高，就业意向相对集中，致使其就业形势愈发不乐观。大学生的职业期望是否合理，对其能否成功就业以及未来的职业发展有着举足轻重的影响。当前大学生们在求职中出现的期望值问题主要表现为以下几点：

过于追求优越的待遇和条件。有些毕业生在职业追求上更多地看重自身利益的实现，主要考虑的因素是“拥有优越的生活条件”“获得理想的个人收入”，为“到城市去，到发达地方去，到挣钱最多的地方去”不惜放弃自己的专业特长和抱负。

受虚荣心影响，存在攀比心理。有些大学毕业生争强好胜，虚荣心强，不顾自身条件和环境因素等客观条件限制，盲目攀比，看到身边的人找到一份不错的工作，就一心想要找一个比别人更好，而不考虑所选职业是否适合自己，是否有利于施展自己的才能。往往使自己因为择业期望值超越现实而无法实现目标。

自傲自大、好高骛远。部分毕业生在工作时，可能因为“心气儿很高”，求职期望好高骛远、高不成低不就，最后招致“现实打击”。期望值居高不下，这通常给用人单位留下浮躁、不踏实、眼高手低的印象，很难得到用人单位的欢迎。这同样是由于缺乏正确

的工作价值观和职业态度所引发的。

存在从众心理，盲目跟风。大学毕业生在求职时，普遍怀有很强的从众心理。这种喜欢跟风，追求所谓的热门职业的倾向，必将导致择业意愿过于集中，从而激化劳动力市场供求关系的结构性矛盾。

造成职业期望值偏高的原因是多方面的，主要涉及教育成本合理回报、家庭期待、自我发展等，所以大学生在进行职业选择时，并不单单是个人问题，会受到许多方面的影响。从心理学角度上看，自我认知的偏差使部分大学生不能全面、客观、正确评估自己的能力，盲目乐观，以为凭自己的能力完全可以找到比较理想的工作，这样过于理想化的心态势必会造成职业期望过高。从经济学角度看，在信息不完全条件下，部分大学生可能只片面地看到市场对自己所学专业的需求非常旺盛的一面，而没有看到此专业的供给也非常充足的一面，错误地认为非常容易找到高收入的工作，故学生容易做出尽可能高却又不切实际的职业期望。从教育制度角度看，现有的高等教育体制本身带有很强的城市指向——其培养目标、专业设置、教学内容等方面均明显带有为城市服务的特点。当代教育从小学、中学到大学，随着受教育程度的递增，学生会接受越来越多的反映城市理念的价值观，导致大学生在进行职业选择时偏好城市而疏远农村。

总之，职业期望存在的问题，实质上是主观判断与客观现实的冲突，且主要矛盾在个人主观方面。想要找到合适的工作，关键在于要对自己做出客观评估，并尽量了解工作的实际情况，达成期望与现实的平衡。

生活中的心理学

职业期望对查尔斯的影响

哲学家查尔斯在《未来的工作》一书中写道："我的前半生花了很大力气，想努力成为另一个人。读中学时，我想成为一个伟大的运动员；读大学时，我想成为受人尊敬的社会名流；毕业后，我想成为一名商人；后来，我成为一家企业的主管。我很快就发现，上述任何一种身份我都不会成功。问题在于我努力成为另外一个人，却忽略了我可能成为的那个人。我只是随波逐流，用财富和权利衡量成功，在别人已经界定好的社会阶梯上攀爬，却没有努力表达自己的想法和个性。"因此，人们在职业选择过程中，应客观分析自己的职业期望，防止出现不合理的职业期望。

五、制定合理的职业期望

现实生活中，并非所有的职业期望都能成为现实。个人的职业期望能否实现，主要看其是否合理。在职业目标之间也常存在矛盾和斗争，不及时解决职业目标冲突，往往会导致心理冲突。正确选择职业目标是解决冲突的途径。职业目标的矛盾所引起的心理冲突有以下几种类型:第一,双趋式冲突。当一个人面临两个具有相同吸引力的职业目标,但只能选择一个,又不知如何选择时,就出现了双趋式冲突。职业定向不确定,无中心兴趣的人,尤其容易发生这种现象。在职业面前应做出何种选择必然会发生心理冲突。第二,双避式冲突。若某人的职业理想和目标是当IT技术员,但由于种种原因,只有人力资源专员和秘书两种职业供其选择,而这两种都不符合他的职业目标,但又必须选择时,就会出现职业目标的双避式冲突。第三,趋避式冲突。有这样一些职业目标,它含有吸引和排斥两种力量。如北上广地区有优越的物质资源,也有丰富的文化设施,对人有较大的吸引力,但物价远高于一般地区,生活成本很高,使人望而生畏。解决求职者职业目标冲突,首先要以树立正确的择业动机为基础。择业动机斗争常常使人在不同职业目标之间游离。其次,要帮助求职者面对现实权衡利弊,分析知识状况、能力水平、身体素质、目标远近以及其他主客观原因。不能好高骛远,要从实际出发考虑自己的职业理想和职业目标是否合乎实际。

把握职业期望值,要注意以下几点:一是防止偏离自己的择业目标。择业目标的确定需要从自身和社会需要考虑。大学生在确立自己的职业期望值时,如果偏离自己的兴趣、专业特长和能力去选择,就失去了自身的优势。还有一些毕业生在某方面素质欠佳,却选择对该方面要求很高的岗位;还有些毕业生在某方面能力很强,却不去选择可能发挥自身优势的岗位,这都不利于自身的发展和成长。二是防止期望值过高。很多毕业生在择业过程中,不考虑自身条件限制,实践证明,职业期望值过高最容易陷入两种困境:一种是由于期望值过高而屡屡碰壁;另一种是即使应聘通过,也因自身能力原因无法胜任。

正确制定职业期望值,通常采取"分步达标"和自我调整的办法,不断调整期望值直至达到最佳。所谓"分步达标",即确定一个总的期望值,将总的期望值分解成几个阶段性目标,然后逐步付诸实施。在实施过程中,如果发现所选择的期望值过高,就将影响下一阶段的期望目标。所谓自我调整法,就是把职业期望按主次分成不同的层次,首先满足主要的需求,然后根据自己的实际情况和客观条件的变化,依次进行必要的调整,直到个人意愿和社会需求二者达到平衡为止。

在制定未来职业生涯目标时,不能随波逐流或好高骛远,要深入分析自己喜欢以及适合哪种工作,明确什么工作最能实现自己的价值,最能让自身得到满足和快乐。每个人都渴望拥有一份好工作,但由于自身兴趣、爱好、家庭背景、受教育程度、经济地位等的差异,人们对好工作的理解和定义也因此而不同。大学生作为即将走进社会的一个特殊群体,其职业期望具有与其他社会群体不同的特征。大学生必须将自身的兴趣、能力、价值观等主观因素与社会需要、就业机会等不断协调,从而产生正确的认识定位。

复习巩固

1.职业期望的概念是什么？
2.大学生存在的职业期望问题有哪些？
3.大学生怎样制定合理的职业期望？

第二节　职业声誉

人们选择职业的重要标准具有职业的社会性，即职业声誉。正常情况下，人们都会选择职业声誉好的职业。而影响职业声誉的因素有很多，不同个体对相同职业的声誉评价会不一样，评价标准也会不一样。但是在一定时期内，人们对职业声誉的评价具有相对的稳定性。二次世界大战之后，人们对职业声誉的调查越来越趋于规范化和标准化，更加与社会实际相符合。

一、职业声誉的概念

声誉是指声望和名誉，是个人、组织或团体在公众心目中留下的总体印象，是其获得公众信任和赞美的程度，通常由知名度、美誉度和信任度构成。声誉能够满足自我价值实现、获取社会尊重的心理需要，也能为个体的发展奠定良好的基础。职业声誉(occupational reputation)也称职业声望，是某职业在公众心目中留下的总体印象，是人们根据个体生活经验对不同职业社会地位高低的评价，反映了一定社会发展阶段和一定时期的职业观。

职业声誉的形成是多种主客观因素综合作用的结果，既取决于个人或群体自身行为的表现方式，又取决于交往对象对这种行为表现方式的主观评价，还与社会的职业认知传统有关。由于社会分工，使得职业之间在劳动强度、智力水平、收入状况、工作条件、拥有的权力、受尊敬的程度、为公众服务等方面存在差别，这种差别就形成人们对职业社会地位的不同看法和态度。决定职业声誉高低的因素很多，主要有：

职业环境的影响，即任职者所能获得的工作条件的便利与社会经济权利的总和。包括职业的自然环境与社会环境，如工作的技术条件、空间环境、劳动强度、工资收入、福利待遇、晋升机会等。

职业功能的影响，一定的职业对于国家的政治、经济、科学、文化水平的意义及其在社会生活中对于人民的共同福利所担负的责任。

任职者素质，如文化程度、能力、政治态度、道德品质等。职业环境越好，职业功能越大,任职者素质越强,职业声誉就越高。人们对职业声誉的评价具有相当大的一致性。

社会报酬(即职业收入)的影响。职业的社会报酬是指职业提供给任职者的工资收入、福利待遇、晋升机会、发展前景等。一般来说,工作收入高、福利待遇好、晋升机会多、发展前景大的职业,其声誉评价也越好。

职业声誉有高有低是一个普遍事实。它是对职业地位的评价,在不同的时期不同层次的人们对职业评价的标准和尺度会有不同。职业地位是由不同职业所拥有的社会地位资源所决定的,但是它往往通过职业声誉的形式表现出来。没有职业地位,职业声誉无从谈起;而如果没有职业声誉,职业地位高低也无法确定和显现,人们正是通过职业声誉调查来确定职业地位的高低。

二、职业声誉的排序

有关职业声誉的研究,始于 1897 年美国人口普查工作人员 W·亨特在研究美国人的职业地位时,将全部职业划分为四个等级:第一等级是产业为主;第二等级是秘书;第三等级是熟练工人;第四等级是非熟练工人,以此来确定职业地位。从现在的职业分工来看,这些等级远远不能代表当前的所有职业,但是在当时属于开创性的举措,是最早开展的职业声誉研究。1925 年,美国的另一位学者 G·康茨第一次使用自己编制的职业声誉量表,对美国的职业声誉进行调查。第二次世界大战之后,对职业声誉的专项调查在许多国家和地区普遍进行。

由于研究者对职业声誉调查研究目的、角度的不同,所采用的调查和测量方法和工具会有差异,对各种职业的评价结果也有差异。现实中对职业声誉的排序有一定的限制,表现在:在不同的社会发展阶段,人们对同一种职业的评价往往很不相同;具有不同经济文化背景的群体,对同一职业的评价不同;不同年龄和性别的群体,对同一职业的评价也有差异。

事实证明,在不同文化和社会之间,主要职业组群的声誉排列顺序大体相似。可以从社会分化的角度来理解这种相似性。在工业化过程中,劳动分工已具有普遍性,因此在所有工业化的社会里,不可避免地出现了同样形式的劳动分工,各种职业的意义和重要性在不同社会中也逐渐趋于一致。

职业声誉调查一般采用以下方式:列出一些职业(可以是若干社会常见职业、被调查者自己从事的职业)让被调查者根据主观感觉的声誉高低程度进行等级排序,研究人员再根据被试排列的结果赋予相应的分值。然后计算出每种职业的声誉得分,再根据得分高低排列各种职业的声誉等级。还有一种方法是指标法,即在职业声誉的要素中选择一些代表性指标,并赋予一定的权重,然后根据这些代表性指标的总分值来评价某项职业的声誉。

1.现代职业的分类

对职业声誉的调查，首先要了解有哪些职业岗位，现代社会的职业有哪些分类。不同国家有不同的职业分类，表 8-2 是国际劳工局制定的《国际标准职业分类》(ISCO)与我国的职业分类标准的对照表。

表 8-2 国际与国内职业分类标准对照表

类别	国际标准职业分类	中国国家职业分类
1	专家、技术人员和有关工作者	专业技术人员
2	政府官员和企业经理	国家机关、党群组织、企业、事业单位负责人
3	事务性行政工作者	办事人员和有关人员
4	销售工作者	商业、服务业人员
5	服务工作者	军人
6	农业、牧业和林业工作者，渔民和猎人	农、林、牧、渔、水利业生产人员
7/8/9	生产和有关工作者，运输设备操纵和劳动者	生产、运输设备操作人员及有关人员
10	不能按职业分类的工作者	不便分类额度其他人员

国际标准职业分类在十个大类之下有 83 个小类、284 个细类、1506 个职业项目，总计列出了 1881 个职业名称，是一个完整的职业分类体系。而我国的职业结构则划分为 8 个大类、66 个中类、413 个小类和 1838 个细类职业。

2.全国职业声誉调查

根据中国社会科学院社会学研究所“当代中国社会结构变迁研究”课题组于 2001 年在全国 12 个省及直辖市(北京、上海、浙江、江苏、山东、黑龙江、河北、河南、江西、四川、贵州、内蒙古)73 个区县收集的问卷调查数据，得出全国职业声誉得分排列及城乡比较如表 8-3(前 20 名)：

表 8-3 全国职业声誉得分排列

得分排序	全国		城镇		农村	
	职业	声誉得分	职业	声誉得分	职业	声誉得分
1	市人大常委会主任	90.15	市人大常委会主任	.90.07	法院院长	90
2	市长	89.87	市长	89.26	市长	88.62
3	法院院长	88.61	工程师	88.24	市人大常委会主任	8715
4	工程师	87.92	大学教师	87.59	工程师	84.93
5	科学家	86.49	法院院长	87.52	科学家	82.8
6	县委书记	85.18	科学家	87.31	县委书记	82.62

续表

得分排序	全国		城镇		农村	
	职业	声誉得分	职业	声誉得分	职业	声誉得分
7	大学教授	85.15	大学教授	85.72	大学教授	81.83
8	大学教师	85.14	县委书记	85.3	政府机关局长	80.69
9	政府机关局长	81.1	中学教师	81.15	大学教师	78.68
10	外资企业经理	80.15	外资企业经理	81.11	国务院部长	77.54
11	政府机关科长	79.87	政府机关局长	81.03	国有企业长	77.15
12	中学教师	79.4	机关科长	80.58	政府机关科长	77.02
13	中学校长(外资)	78.18	中学校长	78.97	企业经理	76.63
14	国有企业厂长	78	律师	77.8	集体企业厂长	75.51
15	报社记者	77.32	国有企业厂长	77.54	报社记者	75.45
16	律师	76.12	报社记者	77.47	中学校长	75.09
17	国务院部长	75.96	国务院部长	75.73	中学教师	74.65
18	集体企业厂长	74.95	机关政工干部	75.31	电影明星	72.55
19	电影明星	73.43	电视台主持人	74.02	律师	71.69
20	机关政工干部	72.41	集体企业厂长	73.8	工商税务人员	69.9

3.上海职业声誉调查

1994 年底上海团市委研究室信息调研网络组织的“上海青年劳动就业状况调查”也对职业声誉做了调查,结果表明在上海青年心目中“最受人尊敬的职业”依次为:

表 8-4　最受人尊敬的职业

排序	职业	排序	职业	排序	职业	排序	职业
1	工程师、科学家	6	大学教师	11	歌星、演员	16	农民
2	律师	7	军人	12	记者	17	产业工人
3	厂长、经理	8	银行金融职员	13	私营企业老板	18	个体户
4	医生	9	国家机关干部	14	警察	19	营业员
5	中、小学校教师	10	电视节目主持人	15	环卫工人	20	出租车司机

这一结果充分表明了这个时代的青年对职业看法有一种基本倾向,即名利双收的职业最受推崇,两者缺一的居于其中,这一方面是传统的根深蒂固的贵贱意识在起作用,另一方面也是青年职业选择上“白领情结”的自然流露。

21 世纪初,点津网站曾对上海的大学生择业取向进行了调查,上海大学生的职业声誉排行如下:电脑网络工程师、政府干部、高科技技术工程师、大学教师、自然科学工作者、计算机软件设计、翻译、法官、医生、编辑、投资公司经理、工商管理人员、税务管理人员、证券工商职员。这体现了社会变化和发展对上海大学生职业的理解的影响，上海是中国最大的工商业城市，由于现代网络的发展迅速，这方面需求的人才也越来越多，更多的大学生愿意从事电脑网络设计方面的工作。排名靠前的这些职业大都属于技术型和管理型的职业，也是白领工作，受到大学生的青睐。

4.北京职业声誉调查

清华大学人文社会科学学院李强、刘海洋于1999年在北京地区对100种职业专门进行了两次职业声誉调查，并且进行相关量化分析。调查显示：科学家、大学教授、工程师、物理学家、医生分别排在前五名；保姆、包工头、废品收购人员、人力车夫、传达室人员分别排在最后五名。这体现了知识型的人才得到了社会的高度认可。

21世纪初，北京锦华咨询有限公司对北京的大学生择业取向进行了调查，北京大学生职业声誉排行如下：市长、政府机关领导干部、国有大中型企业厂长、经理、大学教授、法官、社会科学家、电脑网络工程师、律师、医生、记者、银行职员、警察、工商管理人员、公立中小学教师。这说明北京地区的大学生在所选的职业中，排名靠前的很多是政府官员，北京是我国的首都，京城的官本位造就了较强的官本位意识。

2009年，清华大学社会分层课程组织学生在北京进行了一次职业声誉的调查，调查99个职业，排名前十的是：科学家、物理学家、飞行员、大学教授、高级军官、公司董事长、社会学家、经济学家、医生。排名后十位的是：矿工、进城务工的农民、保险公司业务员、建筑工人、寻呼台小姐、保姆、搬运工、传达室人员、单位保安人员、人力车夫、废品收购人员。

可以看出，2009年北京的职业声誉调查排名前十位的职业都是高级知识分子或掌握着较高的专业技术或技能（如飞行、医疗、工程技术、音乐）的职业，人们对于知识和专业技能的认可度很高。公司董事长的职业声誉也比较靠前，说明人们在市场经济条件下对企业管理人员的认可度较高，声誉值甚至超过了政府的管理人员。

职业声誉就是某职业在社会中的影响、形象、价值以及综合要素形成的外部形态和社会辐射状况。职业声誉在现代社会直接影响到该职业在社会中的信任程度和被认可程度。在一个人的职业生涯中，职业声誉不仅影响到一个人对职业的选择，也会影响到人的职业生涯发展，是人们一定时期内职业价值观的具体体现。

拓展阅读

21世纪职业发展趋势

选择职业，就是选择未来职业的发展方向，也是在规划一条适合自己发展的人生道路。预测职业发展趋势是有必要的。根据我国权威部门的预测，随着我国经济与社会的发展，科学技术的进步，21世纪急需的人才主要有10大类：

高新技术人才、信息技术人才、机电一体化专业人才、农业科技人才、环境保护技术人才、生物工程研究与开发人才、国际经贸人才、律师人才、保险业精算师、物流专业管理人才。21世纪发展空间较大，具备良好就业环境的人才和职业有：心理学专门人才、专事“洋务”的对外汉语专业人才、“风光无限”的地理科学专门人才、“气象万千”的大气科学专门人才、“以小见大”的小语种专门人才。未来需求较大的几类人才有：网络服务人才、数据管理人才、经营管理人才、经纪人才、教育人才、医疗保险人才、同声传译人才。未来几年我国最具发展潜力的十大职业是：汽车美容师、游戏动画设计师、景观设计师、会展设计师、彩铃设计师、财务策划师、职业生涯顾问、营业配餐师、房地产估价师、金融分析师。充分认识职业所处的社会环境、行业环境、组织内部环境、职业声誉及职业的未来发展趋势，对于选择职业是很有帮助的。

复习巩固

1.职业声誉的概念是什么？
2.影响职业声誉的因素有哪些？
3.测量职业声誉的基本方法是什么？

本章要点小结

职业期望按照职业期望发生过程，可分为自然性职业期望和社会性职业期望；按照职业期望所指向的对象，可分为物质性的职业期望和精神性的职业期望；按照职业期望实现的程度，还可分为合理性的职业期望和不合理的职业期望。职业期望的理论主要包括两大类别：职业选择与指导理论（特质因素理论、类型理论、发展理论）和人力资本投资理论。大学生在职业期望方面存在的主要问题是：过于追求优越的待遇和条件；受虚荣心影响，攀比心理；自傲自大、好高骛远；从众心理，盲目跟风。

职业声誉也称职业声望，反映了一定社会发展阶段和一定时期的职业观。职业环境、职业功能、任职者素质和社会报酬影响职业声誉的高低。职业声誉的排序常用的方法有调查法和指标法。

关键术语表

职业期望　特质因素理论　类型理论　发展理论　人力资本投资理论　职业声誉

本章复习题

1.按照职业发生过程，职业期望可分为几类？(　　)

A.自然性职业期望　　B.物质性职业期望

C.社会性职业期望　　D.精神性职业期望

2.按照职业期望所指向的对象，职业期望可分为几类？(　　)

A.合理性职业期望　　B.物质性职业期望

C.社会性职业期望　　D.精神性职业期望

3.下面哪些是不合理职业期望值的表现？(　　)

A.过于追求优越的待遇和条件

B.自傲自大、好高骛远

C.受虚荣心影响，存在攀比心理

D.存在从众心理，盲目跟风

4.正确制定职业期望值的方法有哪些？(　　)

A."分步达标"法　　B.越高越好

C.自我调整法　　D.实现自我价值

5.决定职业声誉高低的因素有哪些？(　　)

A.职业环境　　B.任职者素质　　C.社会报酬　　D.社会功能

6.下列说法正确的是？(　　)

A.在社会发展的不同阶段，人们对同一职业的评价往往不同

B.在不同社会文化背景下，人们对同一职业的评价可能存在差异

C.不同年龄和性别的群体，对同一职业的评价往往不同

D.在不同文化和社会之间，主要职业组群的声誉排序大体一致

7.测量职业声誉的方法有哪些？(　　)

A.调查法　　B.指标法　　C.实验法　　D.对比法

8.在我国，一直对教育类职业的声誉评价较高，以下哪些属于教育类职业？(　　)

A.科学家　　B.经济学家　　C.社会学家　　D.大学教授

9.近年来国家公务员考试出现了很热的现象，那么国家公务人员职业包括？(　　)

A.工商税务人员　　B.海关工作人员

C.市长　　D.银行行长

第九章 职业信息收集

无论是原始社会以狩猎为生的模式还是如今面临众多职业选择的情况下，劳动与职业已成为人类社会永恒的命题。小时候时常被问：你的梦想是什么？天真的孩童有着不一样的答案，这些虽然都是儿时对未来的憧憬，却也是对未来职业的梦想，也是每个人最初的职业信息接触。无论创业还是就业，实现职业梦想与憧憬都离不开信息的收集与整理。在当今就业竞争异常激烈的社会有哪些职业信息收集方法能够帮助我们打开职业梦想之门呢？本章主要针对职业信息含义、内容、类型以及职业信息的收集方法与途径进行阐述，以帮助广大求职者认识职业信息，掌握收集和正确处理职业信息的方法和途径，促进其更好地就业和实现人生价值。

第一节　职业信息的类型

一、职业信息的含义与内容

(一)职业信息的含义

职业是指从业人员为获取主要生活来源而从事的社会性工作类别。职业信息是对与职业有关的所有信息的统称,有人认为职业信息就是用人单位发布的岗位需求信息,有人认为职业信息就是与就业相关的信息,包括就业市场、与就业相关的国家政策等等,还有人认为职业信息还应包括作为信息传播载体的媒介信息,这些观点都从不同侧面对职业信息进行了概括。完整的职业信息应该包括:职业资源信息、职业新闻信息、职业政策信息、职业测评信息以及通过对完整职业信息的采集、对社会上提供的各职业类型、数量、需求、职业人员的要求、提供的薪酬及待遇等资料。MBA 智库百科这样解释职业信息:职业信息是指有关职业分类、各类职业劳动特点及报酬待遇、现实职业需求等方面的知识与消息。职业信息是个人形成职业意向,定向地进行职业或专业学习和选择职业的重要条件。

显而易见,职业信息与就业信息是不同的。就业信息是指就业需求的岗位信息,即我们常见的各种各样的社会招聘信息。因此,就业信息基本上是职业资源信息,而未包括就业政策信息、职业测评信息等,这说明就业信息只是职业信息的一部分,职业信息包括了就业信息。职业信息能够反映出以下几个方面的资料:第一,反映就业现状。通过就业信息可以得知就业市场的好坏,无论是国家和地方的各种就业政策、人才供需情况,还是国家经济状况都能够通过就业信息反映出来。第二,反映求职行情。职业性质、内容、待遇、人才要求以及整个行业里面的职业发展状况都能够在职业信息中有所反映。第三,反映社会人才质量水平。就业信息包括与职业相关的信息,职业信息能否被学生所利用,很大程度上反映了整个社会的人才质量和技能水平的状况。近年来,高校校园双选会时常会出现这样的招聘现象:本科高校校园招聘有不少企业招聘需求是服务员、大堂经理、司机……在此先避开其他因素不谈,应该清醒地认识到从这一现象里反映出来的人才质量问题。

(二)职业信息的意义

随着现代新的技术革新和信息时代的到来,信息对人类社会的发展至关重要。当前就业形势十分严峻,可以说是一个世界难题,职业信息对每一个人都极其重要,甚至可以看作是求职道路的铺路机。

1.职业信息对求职者的导向作用

求职者、劳动者能够通过各种渠道获取最新的职业信息，根据这些信息选择自己的职业。这里的职业信息不是狭隘的就业信息，而是宏观意义上的职业信息，包括就业信息、职业新闻信息、职业测评信息、就业形势等信息。在当前就业背景下，一方面，许多求职者不了解职业信息，对职业信息缺乏有效的认识，将整个职业信息单纯地认为就是就业招聘信息，而完全忽视了职业信息中的测评信息、新闻信息等方面；另一方面，众多求职者入职前对所求职业的行业信息了解不充分，在上岗之后发现自己的工作内容、性质等和自己所期望的工作性质有一定程度的差别，对当前工作不满意或难以适应，甚至难以融入工作中，易出现跳槽、辞职等不稳定的就业现象。如果对职业信息进行收集和宣传，求职者在获取职业信息之后，可以与各方面的信息进行交换和比较，充分认识岗位的工作性质、工作环境、工作内容、工作要求以及职业规划发展等相关内容，以此可以判定自己与岗位的匹配性和求职的可能性，提高就业成功机会。这些职业信息都将影响着求职者的未来去向，甚至人生价值的实现。

2.职业信息的桥梁作用

职业信息在人才供需过程中的桥梁基础作用尤为重要，是职业信息在岗位需求与待业者之间搭起的一座无形的桥梁。各种各样的职业信息影响着求职者也影响着整个就业市场，它影响着求职者对职业信息的采集和分析，帮助待业者个人认识社会、认识职业市场，促使人们去了解不同职业需求对人才的职业要求以及企业的内部文化，这有利于求职者尽早确定职业理想，不断培养自己对未来的适应能力，也有利于求职者树立新的职业观和择业观，确保正确的职业选择和个性的发展，甚至还有助于改变当前跳槽热的现象。

3.职业信息的就业指导作用

对于人才培养单位的学校来说，职业信息也有着极其重要的作用。学校这一组织显然比单个就业者的实力要强大，获取职业信息的途径和方法，也就相对较多，能够帮助指导学生获取职业信息并提高就业水平。同时，学校能够与政府、就业信息发布单位等寻找合作机会，通力合作以实现待业者和岗位需求的匹配。有部分学生由于在就业前没有仔细了解行业信息或者岗位信息，在就业后对岗位性质、工作环境、工作内容、职业发展等不满意，很快出现职业倦怠或者是跳槽现象，这都影响着就业市场的不稳定。通过学校、政府、机构、单位、个人通力合作，对职业信息加以分析和利用，起到就业指导的作用。

4.职业信息对人才市场合理性的促进作用

尽管我国劳动人口的数量众多，一批又一批的大学毕业生后浪推前浪，但是近年却出现了大学生找不到工作，企业单位找不到合适人选的“两难”境地。这样看来，就业与招工存在严重的错位现象。但是就人才资源而言还是相当匮乏的，虽然国家扩大了高校的招生比例，有更多的人接受了高等教育，但是由于各方面的原因，精英的培养却不能跟上时代的步伐，出现了人才素质参差不齐的现象，而众多的企业企图在大众化教育产物中寻找精英，坐等高层次人才，而不愿意去培养自己需要的人才。如今我们看到许多用人单位在不考虑自己单位需求的情况下，提出许多不切实际的需要和招聘要求，甚至有时候招聘就是“博硕多多益善，本科等等再看，大专看都不看，中专靠一边站”，更有甚者，部分企业将博硕高层次人才作为门面装饰的金牌，其本质无多大的实际用处。这些都是因为职业信息没有得到单位和求职者的正确认识所致。

二、职业信息的特点

（一）职业信息的目的性

职业信息的最终目的是待业者的就业满足单位用人需求。职业信息从何而来？根据广义的定义，职业信息的各个方面都有着自己的目的。如就业信息是需求单位为了满足自己单位发展需要特意发布出来的岗位需求信息，待业者需要这样需求的就业信息，这两者不谋而合，互相满足各自的需求。随着就业市场的发展，供需渐渐地出现了供过于求或者供不足需的不平衡状态，国家为了维护人民的利益和稳定，不得不制定相关政策制度，服务于人才供需市场的平衡，同时，随着信息逐渐纷繁复杂起来，各种各样的媒介也开始传播各种职业信息，以方便求职者和需求者的双向选择。

（二）职业信息的社会性

职业信息是在人类社会的发展过程中产生的，是待业人员在特定社会生活中找到自己生存基础的载体，职业信息与社会成员的社会活动相互关联，同时因为职业信息的社会性，不断地影响着求职者、择业者以及整个劳动力人才市场。

（三）职业信息的不稳定性

世界上的一切都处于不断变化和发展之中，职业信息当然也不能脱离这一哲学规律。随着市场经济的发展，我国原来计划经济模式完全满足不了市场的需求，人们的就业途径不能再是依靠国家的分配，必须是依靠市场的变化寻求自己的角色，有着不同要求的待业者期待着不同职业，这也就产生了职业信息的不断变化。国家对就业政策的改变已经体现出了就业信息的不稳定性，更不用说就业岗位信息的千变万化。

（四）职业信息的规范性

一切职业信息的发布和传播都必须与国家和地方的法律法规以及社会道德规范

相符，否则就不能算是职业信息而只能算是虚假信息。

(五)职业信息的统一性

职业信息的内部各要素是一个有机统一的整体。职业信息包括求职者信息、单位信息、媒介信息、外部环境信息四个方面，它们密不可分，是一个有机的整体。求职者必须具备扎实的专业基础和相应的就业意向，才能满足用人单位的要求；单位的需求信息和求职者的个人信息都要靠不同的媒介来进行传播，有选择地把各自的信息发布到媒介机构上去，求职者和单位再到这个媒介信息里面去寻找适合自己的信息。

(六)职业信息的时效性

职业信息是受时间限制的。信息具有一定的实效性，在一定的时间段里它具有超高的价值作用，反之毫无用处。在现今社会中，职业信息已经成为生活中的重要组成部分，职业信息也毫不例外的要求时效性。发布职业信息的形式主要有电视台、广播电台、杂志、报纸、就业网站等。职业信息很大程度上受到人才市场供需、经济发展情况、国家就业政策等因素的影响，由于电台、电视台、杂志、报刊纸受到空间、时间上的诸多限制，求职者和单位要在有限的时间内获取到最新、最有用的信息，以免失去信息的价值。

案例分析：

某高校一大四学生很早就开始准备研究生招生考试，并把考研当作他的唯一出路，以至于大四这一年放弃了许多就业就会，后来考研却失败了，这给了他极大的打击，让他无处可去，眼前又没有适合自己的就业机会，经过反复思考，依然决定再战一年，坚持继续考研。这也让他身边的人为他捏了一把汗，最终命运再次捉弄了他，这使得他放弃了继续读研的梦想，选择了重新寻找就业机会，最终选择了自己不满意的销售工作。这个案例告诉我们，他在两年时间里错过了很多有用的职业信息，更失去了学习书本以外的不少知识。因此，我们面对职业信息要及时做出正确的选择。

三、职业信息的分类

掌握职业信息分类是收集和利用职业信息的基础和前提，职业信息与职业紧密相连。当今社会信息点多面广，将职业信息分类的目的主要在于，将这些纷繁复杂而又数以万计的有关职业的信息进行类别的划分，形成一套职业信息体系。

(一)宏观职业信息

宏观职业信息是指与职业相关的抽象的社会信息,包括信息化的社会背景信息、国家当前的就业状况信息、国家引导就业的各项政策措施,这些信息都是与职业紧密联系的,但又不涉及具体某一项的工作岗位信息,这些抽象的职业信息就称作宏观职业信息。

1.职业信息的信息化社会背景

20世纪80年代以来,信息技术的快速发展和广泛应用,引发了一场新的全球性产业革命。信息化是当今世界经济和社会发展的大趋势,信息化水平已成为衡量一个国家和地区现代化水平的重要标志。世界信息技术革命为世界经济和社会发展带来了机遇,世界各个国家都大力推进信息化建设,这也是社会现代化建设的必然选择,是促进生产力跨越式发展、增强综合国力和国际竞争力、维护国家安全的关键环节。

信息化是建立在数字化技术、计算机技术和生物工程技术等先进技术基础上的,信息化使人类以更快更便捷的交流方式获得并传递人类创造的一切文明成果。当今职业信息处于这样的时代背景,整个职业市场的信息化背景也就组成了职业信息的一部分,有关职业的各个因素都是信息化社会的一个因子,要掌握职业信息必须首先了解整个信息化的社会背景。

2.国家经济形势和政策趋势

经济发展形势是一定时期内对国家或世界的整个经济运行状况的估价,这在很大程度上影响着职业信息的传播和个人职业的发展。例如,近几年受世界经济危机的影响,有很多的企业倒闭,相应地也造成很多工人下岗,影响整个职业市场的发展。为此,国家和地方政府对经济发展要加以宏观调节,以引导经济对职业发展的影响,这种从根本上影响职业信息的经济政策因素也是宏观职业信息的一种。

3.我国目前的整体就业形势。

大学生的就业问题关乎其尊严,关乎着民生及社会和谐,关乎着年轻一代建设祖国的积极性。大学生是国家和社会的一笔宝贵财富,他们身上凝聚着巨大的创造力和生命力。然而,在我国经济飞速发展并逐渐转型的今天却出现了非常严峻的就业形势,高校扩招后的大众化教育的毕业人数呈几何倍数的增加,再加上最近几年受世界经济危机的影响,我国大学生就业问题变得更加严峻,近年来高校毕业生人数如下图所示:

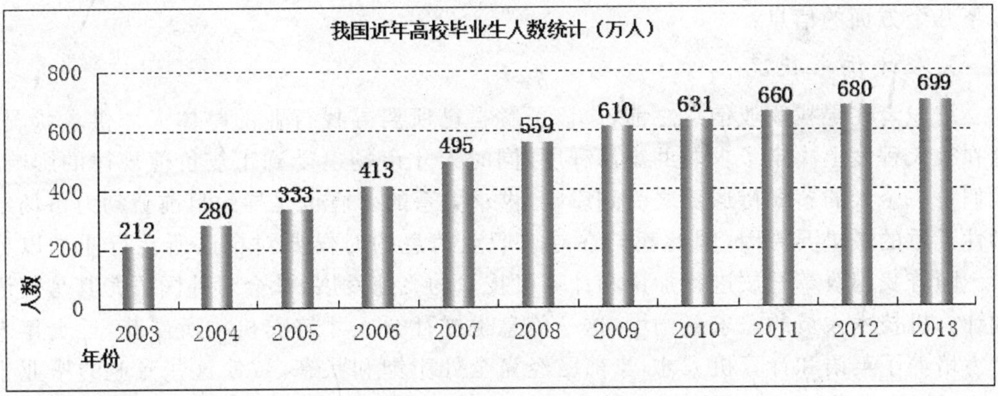

图 9-1　近年来高校毕业生人数

在毕业人数和失业率继续攀升的同时，我国就业形势越来越复杂：40～50 岁人群再就业问题没有很好地解决，20～30 岁青年一代的就业问题又浮出水面。当前，既有就业机会不足的问题，又有就业错位的问题。在大范围的经济结构调整和深化企业改革竞争过程中，出现下岗失业增加和用人需求萎缩并行的趋势，劳动力市场竞争越来越激烈，结构性就业矛盾突出。高素质、低成本、低年龄劳动力在就业竞争中占据优势，而低素质、高年龄的劳动者在劳动力市场竞争中越来越没有竞争能力，呈现出就业困难群体数量急剧增加的趋势。另一原因就是，大多数企业为了应付激烈的竞争，不愿意花时间和精力去培养适合自己的新一代的员工，而是把高素质人才的希望寄托于高校或其他教育机构，教育机构的培养总是有局限性的，不能完全满足所有企业的不同人才需求，这就造成了需要的人才不符合、符合的人才不需要这样的人才错位现象，这也是造成就业形势严峻的因素之一，这更是我们掌握职业信息所必须了解和掌握的信息之一。

4.国家就业政策形势

国家就业政策是对人们的职业影响最直接的一种宏观职业信息，无论是毕业生还是社会待业青年是否能够顺利就业，或者是否能够尽快找到适合自己的岗位信息，国家的就业政策至关重要。实施积极的就业政策，使促进就业融入经济社会发展全部进程，以增长促就业，以就业稳增长，是促进经济长期平稳较快发展、破解我国人口与资源环境矛盾的必然选择。胡锦涛总书记指出，各级党委和政府要牢固树立以人为本、执政为民理念，增强实施更加积极就业政策的自觉性和主动性，切实支持劳动者多渠道就业。多渠道就业是实现社会更加充分就业的现实路径，我们在收集和处理职业信息时必须要了解这一职业信息政策背景。

(二)微观职业信息

微观职业信息指的是大学生收集就业市场和岗位需求信息状况的资料，主要包括以下几个方面的信息：

1.人才供求状况

求职者在寻找职业信息之前，应该了解自己所要寻找行业的整体人才供求状况，这在很大程度上决定了求职的难易程度，同时人才市场也受到市场价值规律的影响，我们每一个人的薪酬待遇随之受到影响，供求关系的矛盾也是导致目前劳动力市场结构性矛盾的最重要原因，因此我们在寻求职业信息的时候要对自己所在行业加以分析。随着我国改革开放进程加快和计算机技术的飞速发展，社会对外国语尤其是英语和计算机技术人员的需求量剧增，这一信息也被社会人才培养机构所俘获，近十年来大力培养了英语和计算机人才，当前已经完全处于饱和状态，致使这些专业的毕业生找到对口的工作十分困难，同时这也说明，收集职业信息是在了解人才供求信息基础上的一个长期过程。

2.所在学校的就业政策

相对于国家的就业政策而言，学生所在学校对学生就业的指导政策已经是一种与学生自己切身利益相关的微观信息了。近年来，建设和完善一批投资小、见效快的大学生创业园和微型企业孵化基地这样的形势在全国各个高校纷纷开展起来，这样为不少学生提供了就业机会和政策支持，也培养了一大批的企业人才，学生受益匪浅。

3.高校就业指导政策

每一所高校都有着自己独具特色的就业指导方针，众多大学都开设了专门的就业指导课程，为了达到课程要求，还必须要求就业指导课举行考试，以此检查学生对就业指导课的掌握情况。无论是指导大学生创业还是就业，适时的就业指导课有利于大学生尽早做好职业规划，为就业做打算。

4.各类型的培训和考试

众多求职者通过培训与考试寻求到自己满意的岗位，这是求职者应该重视的一种微观职业信息。这类培训信息包括职业资格证考试培训、外语技能水平培训、研招考试培训等，考试信息包括各级各类公招考试、岗位录用考试等，求职者通过这些职业信息业可以走上自己的岗位。

5.用人单位的用工制度

劳动用工制度是规范企业和劳动者双方行为，维护企业和职工双方的合法权益的措施，我国劳动法明确规定职工享有取得劳动报酬、休息休假、获得劳动安全卫生保护，享受社会保险和福利等劳动权利，同时应当履行完成劳动任务、遵守企业规章制度和职业道德等劳动义务；企业负有支付职工劳动报酬、为职工提供劳动和生活条件、保护职工合法劳动权益等义务，同时享有生产经营决策权、劳动用工和人事管理权、工资奖金分配权、依法制定规章制度权等权利。但是在竞争激烈的市场经济背景下，有少数企业在用工制度上投机倒把，想方设法侵害工人的权利。我们在收集职业信息的时候，对单位的用工信息及其相关信息要仔细分析和考究，以确定信息的可靠性和权威性。

6.工作性质

工作性质一般通过工作内容和事件予以体现，求职者在收集就业信息时，首先要明确这个工作岗位的工作性质如何，再结合自己的人格特性，对其进行匹配，是否能够满足岗位要求。

7.岗位要求

它包括了工作要求、求职者学历要求、专业技能要求、个人素质要求、思想政治要求、身体素质要求等，可以说是求职者进入用工单位的门槛。

8.薪酬待遇

薪资待遇是众多求职者优先考虑的信息之一，也是职业信息中相当重要的信息，是关系到求职者生存的大事。近年来，工资指导价和最低工资标准相关政策相继出台，在就业形势极其严峻的今天，这是保护求职者合法权利的一项重大举措，求职者在收集职业信息过程中不能忽略此项，否则合法权益可能受到损害。

9.其他微观职业信息

其他微观职业信息主要包括用人单位的合法性、机构性质、雇佣和发展前景等具体信息。

复习巩固

1.什么是职业信息？结合本节知识加以阐述。

2.职业信息具有什么特点？结合本节知识用自己的语言对各项特点加以阐释。

3.职业信息有哪些类型？

第二节　职业信息收集的方法与途径

一、职业信息收集的方法与途径

职业信息收集无论对大学生还是其他就业人员都是至关重要的。就业是毕业生告别学生生涯，开始职业生涯的重要转折点，再就业则是人生的一大拐点。对职业信息能够做到有效的采集及合理的利用不仅可以让毕业生更好地掌握和运用当前国家及地方各种促进就业的政策，而且可以更好地了解和融入当地及满意城市的人才需求环境，还可以更好地寻找和确定就业单位。因此应该高度重视职业信息的收集，并树立正确的就业观，了解相关的法规政策，做好心理调适，广泛收集就业相关信息，提高就业技巧，为成功就业打下坚实基础。

（一）目前影响职业信息收集的主要因素

1.学生的职业信息收集意识不强

当前的就业形势严峻，多数学生感觉到就业压力的存在，对就业前途一片迷茫。这主要是因为大学生没有培养职业信息收集的意识，不能主动收集适合自己的职业信息，而主要依靠学校的就业宣讲、双选会、单位进校招聘等形式；其次是部分学生对就业形式无所谓的心态所致，这一代的学生大多是独生子女，自己的各项事情都有父母为其操心操办，无须担心自己的前途和未来，所以他们认为不需要自己出去收集整理任何职业信息。

2.信息交流渠道堵塞

目前就业形势依然严峻，出现了企事业单位舍近求远、学生好高骛远的现象。近年来，不少企事业单位对于人才引进提高了要求，招聘形式总是全国性的，时常有单位开着轿车走遍祖国寻找企业未来的精英，到头来招聘成了旅游，出现了要的人才不来，来的人才不要的现象。对于学生求职来讲，也出现了不少的“面霸”和“考霸”，他们是哪儿有好单位就去，哪儿有考试就报名，甚至是哪儿都能与单位谈妥赢得面试，最终只能选择一个岗位，浪费了一大批的岗位信息。单位为何舍近求远？学生为何好高骛远？主要还是信息交流不畅的原因，不能对自己周边的职业信息有效收集，以迫使企业不能就地取材、学生不能就地生根。

3.人才需求良莠不齐，需求信息真假难辨

首先，人才供过于求，给招聘单位带来了一定的困难，甚至有时自己也搞不清楚到底需要的是哪一类人才，这样一来，有些单位为了装点门面，盲目追求高学历高学位，这就让大多数即使是有专长和技能的优秀人才也被拒之门外。其次，参加过双选会的人都知道，双选会里面的单位更是良莠不齐，招聘洗碗工、服务员的单位屡见不鲜，这种岗位又何以需要大学生来从事呢？再次，虚假信息铺天盖地，让人真假难辨，符合要求的人才简直就是海底捞针，或者有人称之为“萝卜招聘”，人们面对这些职业信息不知如何是好。

4.职业信息收集的渠道有限

目前影响一所学校的发展主要有生源和就业率这两大因素，面对严峻的就业形势，所有高校在就业这一方面更是你超我赶，都有自己的方法来提升自己的就业率，但是不少单位在提供就业信息的过程中存在着一系列的问题，其主要是信息收集的渠道局限性。不少学校收集职业信息都是依靠企业的主动上门，或是多年来的合作伙伴单位。其次是大多数的就业指导老师也是身兼多职，哪能专心研究和收集整理职业信息？

（二）职业信息收集的方法

1.全面收集法

在职业信息收集过程中，面对纷繁复杂的信息，我们有必要将自己所能得到的所有信息加以收集，随后进行分析并划分出不同的类别，以供自己需要时参考。采用这种方法收集到的职业信息内容宽泛、类型各异，需要自己有较强的分类整理能力。通过这种方法收集职业信息，措施和途径比较宽广，可以是网络、报刊、新闻，也可以是招聘现场、亲戚朋友介绍等，其缺点是收集过程比较浪费时间，不能抓住重点，收集过程比较漫长。

2.定向收集法

相对于全面收集方法的就是定向收集法，它是在收集职业信息之前，先将自己的方向确定，再以自己的职业方向和职业领域，对职业信息进行有目的和有范围的收集整理。这种方法能够让职业信息收集者拥有明确的目的和方向，是依据自己的专业知识、兴趣爱好、能力倾向为依据的，能够帮助求职者按照自己的意愿尽快找到适合自己特点、更能发挥自己特长的单位，不会让求职者漫无目的的收集信息。当然这种方法也有自己的缺点：那就是有可能让求职者大大缩小求职范围，尤其是自己确定的职业方向为热门工作的时候，求职的竞争将会异常的激烈，这就大大缩小了自己选择的余地，有可能影响自己就业成功的概率，甚至最后不得不另起炉灶，寻求其他职业。

3.分领域或地区收集法

分领域收集职业信息也叫分地区收集法，是指求职者根据自己的喜好对某个或某几个地区的职业信息进行收集整理，对职业的方向和范围的要求较少，有人说这是一种重地区轻专业的收集方法，在日常职业信息收集过程中，这种方法很大程度上影响着年轻一代的求职者。其原因有二：首先，现在大多是独生子女，因不习惯独立生活而不愿意远离自己的家乡；其次，现在许多毕业生各种背景条件优厚，回家乡就业更具有选择的优势。因此，地域性对职业信息的收集是有很大影响的，所以，可以采用分地域的方法进行职业信息的收集和利用。

4.分阶段收集法

职业信息的分阶段收集法主要是针对高校毕业生设计，当然其他求职者也可以借鉴使用。分阶段收集法就是对职业信息收集的整个体系进行阶段性的划分，明确各个阶段所要做的事情。众所周知，大多数高校毕业生的唯一出路就是就业，那么在毕业之前就应该学会对职业信息的收集，在此以大学本科生为例，说明高校学生应该如何学习和使用职业信息的分阶段收集法。在对某高校外国语学院商务专业中200名大学生中的大学四年跟踪调查显示，对职业信息的关注早晚各不相同，具体数据如下（表9-1）：

表9-1　某大学不同阶段学生对职业信息关注所占比例情况表

年级	调查总人数（人）	关注职业信息人数所占比例
大一	200	39.5%
大二	200	41%
大三	200	77.5%
大四	200	94.5%

以上调查表明，即使是低年级的大学生，也有不少人开始关注职业信息。同样，即使是大四阶段的毕业生，也有少部分学生不关注职业信息收集。大学生的分阶段收集法是把大学四年的整个过程分为三个阶段，在每一个阶段通过学习不同的职业知识，了解和掌握职业信息的收集方法，并不断收集和积累有用的职业信息帮助学生顺利就业的方法。

5.分渠道收集法

信息时代获取信息的途径和方法众多，究竟采用哪一种方法是要根据自己的精力和时间而论，必须得有所侧重。在信息众多的社会要在坚持信息便捷、权威的原则下，选择以下一些渠道进行收集：(1)学校就业主管部门，主要是一些单位来校的招聘宣讲会，这种信息精准可靠，单位性质多样，信息来源有保障，不会出现虚假、怪相招聘；(2)人才服务部门的双选会，每年各个地区的人才服务部门都会定期举办专场的大中小型的双选会，包括分行业、分地区、分层次的各个类型；(3)网络、广播、电视等各类媒体渠道，这类渠道的信息传播及时，传播量大，但容易出现虚假职业信息，在收集过程中要注意低辨别真伪，比如公务员招考、各类事业单位招聘等信息一般都是通过网络发布；(4)书籍、杂志、报纸等，这类信息时效性较强，读者难以把握其中职业信息的时效性；(5)实习、实践等社会活动，这种渠道是以自身投入的形式获得职业信息并及时获得就业的机会；(6)求职者积极主动与单位对接，单位的每一次招聘活动是相当耗费时间和精力的，如果有合适的求职者能够主动找到单位，这也省去了很多的精力。

6.分类型收集法

分类型收集法是将职业信息进行人为的类型划分，确定某个职业类型为自己所需要的。我国职业类型划分为以下几个大类：

第一大类：国家机关、党群组织、企业、事业单位负责人；

第二大类：专业技术人员；

第三大类：办事人员和有关人员；

第四大类：商业和服务业人员；

第五大类：农、林、牧、渔、水利生产人员；

第六大类：生产、运输设备操作人员及有关人员；

第七大类：军人；

第八大类：不便分类的其他业务人员。

综上各类收集方法，都有自己的缺点和优点，收集到的信息各种各样，求职者必须自己对信息进行分析整理，去粗取精，去伪存真，有目的、有针对性地加以筛选处理，也可以对收集到的信息进行再次的分等级处理，以免因为收集到的信息杂乱无章，自己难以抉择，这样才能使获得的信息具有准确性、全面性和有效性，使之更好地为自己的求职服务。

(三)职业信息收集的途径

毕业生顺利就业是我们共同的期待，能否成功就业于理想的单位，在竞争激烈的信息时代的今天，这已不仅仅取决于自身所学的专业基础知识和个人的工作能力，还取决于个人对就业信息量的掌握。拥有丰富就业信息量的人，一定是会收集信息的人。就业竞争在一定程度上就是拥有信息量的竞争，掌握的信息影响着学生的就业视野，也决定了其在竞争中是否能获得主动权。因此，求职者在掌握了一定的职业信息收集方法之后，必须拓宽和改变职业信息收集的途径和策略，准确地收集和利用职业信息，为就业做好充分准备。在竞争日趋激烈的就业环境中，即使一个毕业生拥有很强的实力，如果不能获得相当“数量”和“质量”的信息，也将在无形中丧失优势。这也说明，在今天就业选择自由度较大，无论是就业指导者还是求职者都必须相应地从众多途径去获得有用的职业信息。获得信息越广泛、质量越高、有的放矢，才能保证新职业信息应用得越充分，这样职业指导和求职者就业才有更大的把握性和成功率，获取职业信息主要有以下几种重要途径：

1.学校就业指导服务中心等就业服务部门的就业指导

学校就业指导服务中心是在学校就业领导小组领导下负责全校毕业生就业工作的专门服务机构，主要是宣传国家关于毕业生就业的各项方针政策和规章制度，负责制订学校的就业相关政策以及实施意见，结合本年度就业形势确定就业工作计划和日程安排，为学生提供毕业生就业信息服务和咨询与指导，做好就业服务工作。为学生提供更多的职业信息收集来源对学校整体就业情况有一定的保障作用，也是就业部门对学生最好的服务，因此，在为学生提供职业信息收集服务的同时必须采取以下措施来保障自身发展，以保证更好地为学生提供信息收集途径：

(1)加强队伍建设，强化部门职责。信息化社会正在促进就业服务工作向着正规化、专业化迈进，因此我们必须建立和发展一支高效、专业的就业服务队伍，强化各项职能职责，有序开展职业指导工作。就业指导工作包括信息收集、政策宣讲和解读、职业咨询、职业规划指导、择业技巧等，整体看来，这已是相当巨大的一项系统工程，系统性的过程哪一个环节都不能缺少，学校要在各个方面保证就业服务工作的正常进行。我国高校的职业指导工作应当借鉴发达国家的职业指导实践经验，尽快建立一支职业化、专业化、正规化的职业指导教师队伍，学校可以通过对现有职业指导教师进行系统的专业理论培训，加强教育学、心理学、管理学、社会学以及人力资源管理学等知识的学习，使其在相关理论指导下开展工作，也可以通过与用人单位的广泛联系，使职业指导教师及时掌握劳动力市场需求信息，提高职业指导的工作质量，充分发挥职业信息在职业指导中的指导作用。

(2)完善就业服务各项制度，形成科学合理、高效的职业指导制度，创新和发展多种就业指导服务模式，强化运行机制，加强各部门之间的交流与沟通，保证职业信息上传下达道路通畅。如今大学人才培养的规模化生产出现了高校毕业生回炉职校进行职业技能学习的现象，因此有高校创新出毕业生召回制度，为愿意回校深造的学生提供免费再培训的长期“售后”服务，这也是职业信息捕捉的一种途径。

2.强化思想教育，开展专业培训

当今大部分毕业生为独生子女，毕业时仍然处于父母的溺爱之中，前面的路都有父母为之铺砌平坦，不需自己去收集什么就业方面的信息，严重缺乏收集职业信息的主动性。要获得职业信息收集的主导权必须加强对学生的思想教育，引导学生学会去获得职业信息收集的主动权，这才是职业信息收集成功的关键。如果学生不愿意去收集任何职业信息，缺乏收集信息主动权，就业指导就是一片空白。加强思想教育，让学生主动地就业，主动地去咨询相关就业政策法规，在就业服务部门的指导和服务下，逐渐转变学生的就业观念。同时，学生在收集职业信息过程中如何发现更多的信息，这既需要对职业指导教师的技能提升培训，也需要对学生进行不断地指导和培训，充分发挥指导教师和学生的协同作用，让学生更充分地准备就业资料，提高就业机会。

3.坚持实时性和实用性，不断拓宽职业信息源

就业相关部门要对职业信息进行质保，要历尽千辛万苦广泛收集职业信息，并加以分析整理后告知求职学生，保证职业信息不断更新。同时，实时性也包括对学生职业信息收集的实时性指导。在大学第一阶段即大学一年级阶段，学校要加强对新生进行专业的职业信息指导，逐渐引入社会劳动需求信息等劳动就业指导工作；在大学二三年级阶段，指导学生对职业结构、就业形式等信息进行深入的分析，让学生认识到职业信息收集、职业、就业、择业等重要内涵，并在认识职业信息、就业政策等基础之上，根据自己的个人兴趣爱好，做出适合社会职业状况和自身发展的职业决策，以保证信息的实用性价值；大学毕业季则需要大学生将自己所学职业信息收集等技能加以运用，调整好自己求职目标，树立先就业、再择业的理念。

4.加强校企合作，组建职业信息交流中心

校企合作是大中专院校谋求自身发展、实现与市场接轨、大力提高育人质量、有针

对性地为企业培养一线实用型技术人才的重要举措，其初衷是让学生在校所学与企业实践有机结合，让学校和企业的设备、技术实现优势互补、资源共享，以切实提高育人的针对性和实效性，提高技能型人才的培养质量。在职业信息收集工程中，校企合作能够将职业信息在学校与用人单位、学生之间相互交流和使用。例如，在企业建立学生实践基地、与企业合办人才培训班、与企业合办专业等形式，都可以帮助学生了解企业用工要求，从而获得最新的职业信息，也能够帮助企业培养为我所需的专门人才，解决找不到人才的困境，达到学校、用人单位、学生三方共赢的状态，实现人职匹配的目的。同时，这些校企之间的职业信息不能就是简单的相互传阅，而是要加大经费、人员配置，安排专门职业指导人员从事信息的收集、整理、加工、储存、传递等活动，开展职业信息采集、整理分析和发布，拓宽职业信息采集应用领域，建立起完善的职业信息交流中心或平台，使职业信息采集更全面、传递更便捷、效率更精准。

5.加强多方面的各类职业信息开发

《高等教育法》《面向21世纪教育振兴行动计划》和《国务院关于大力发展职业教育的决定》等文件规定，高等学校应当为毕业生提供就业指导和服务。在社会主义市场经济体制下，毕业生的就业制度由过去的“统分统包”转变为“双向选择”的模式，无论是毕业生还是用人单位，都获得了更多互相选择的自由权利，这必将影响到学生就业选择内容和稳定性的问题，职业信息是否足够丰富和灵通，在很大程度上制约着求职者的选择范围。因此，加强多方面的职业信息开发是很有必要的。

有人说网络就是一座庞大无比的图书馆，图书馆更像是资源无比丰富的网络。在高校里面要充分利用图书馆资源，建立职业信息开发中心。图书馆有最新的职业和就业杂志，包括《大学生就业指南》《中国就业》《大学生就业指导》《出国与就业》《劳动与就业》《交际与口才》《中国人才》《南方人才报》《现代交际》《应届生》《毕业生就业指导报》《中国大学生就业》，网络则有如下站点：前程无忧、中华英才网、智联招聘、精英招聘网、中国人才热线、兼职网、58同城招聘、卓博人才网、中国俊才网、国家公务员网、人才新干线、职酷招聘、大中华人才网、八方人才网、人才职业网、马伯乐、人力资源社会保障部、21世纪人才网、万行招聘、大街校园招聘、兼职招聘网、中国人才网、数字英才网、人才网、17HR、智通人才网、中国人力资源网、若邻商务人脉网、中国人才招聘网、HR大家社区、HiAll求职社区、师范生教师招聘网、过来人求职网、528招聘网等等，面对杂乱无章的一线资料，许多求职者不知道如何筛选信息，这就需要有专门的人员对这些信息加以二次开发、整理，反馈给求职者。同时，开发职业信息必须建立完善的服务平台，职业信息开发出来还必须完善职业信息后续服务。学校可配备拥有国家职业指导师资格的专业教师，负责职业信息开发和咨询工作，为需要的读者提供尽可能全面的服务。

6.加强对毕业生的管理，引导学生主动收集职业信息

坚持学生为本的管理理念是科学发展观观的核心，坚持以学生为本就是要建立起

以就业管理工作服务于一切学生的方针，尊重所有毕业生的人格特性，加强学生的个性化指导，只有通过人性化的管理与教育，才能让学生正确认识自我，建立起正确的职业观，帮助学生树立人职匹配、人岗匹配的理念。在此基础上积极引导学生参与职业信息收集整理过程中，不断获得信息反馈和明确自己的准确定位。

二、职业信息收集需注意的几个问题

大学的就业工作是一项极其重要的系统工作，而职业信息的收集工作做得好与坏，直接关系到这项系统工程能否顺利实现。因此，在掌握了职业信息收集方法和途径的同时，需要社会、国家、学校、求职者等多方共同努力，不断寻找促进就业的新办法和新举措。如何真正把“大学毕业生找不到合适的工作，而企业也找不到合适的人才”这一矛盾解决好，还需要注意职业信息收集过程中的一些问题。

(一)职业信息收集工作计划能否正确制定

周密而翔实的职业信息收集计划是职业信息收集的蓝图，只有制定出翔实、周密又切实可行的职业信息收集计划，才能指导整个收集工作，保证信息收集工作成功进行。职业信息收集计划既包括职业信息收集指导教育的计划，也包括求职者个人和职业信息交流中心或平台的职业信息收集计划。如前所述，职业信息是一项极其复杂的系统工程，这就要求系统工程中要分配好角色并且要各司其职，才能完成好这项工作。因此，无论是教育角色，还是个体，都要做好自己的职业信息收集计划。最后计划的主体还要安排好计划实施的时间、形式、内容，将计划稳步推进，只有这样扎实地计划和推进，收集工作才可能落到实处，否则职业信息收集将成为一句空谈或凌乱不堪。

(二)注意保持信息反馈渠道畅通

职业信息对人才培养的影响并不是水到渠成、直接而明显的，而是经过各种渠道，反映到学校教育的各个方面，才能起到影响作用。信息反馈具有处理信息及时、准确，控制计划和经营管理，使之处于最佳状态功能，便于进行方案比较和择优，有助于进行预测工作等功能。职业信息具有很强的时效性，对职业信息的过快和过慢等不适时地反映都会影响到其作用的发挥，因此，必须注意职业信息收集过程中信息反馈机制的渠道畅通。

(三)保证职业信息的准确性

职业信息的准确性应该是职业信息收集系统工程的一项基本标准，职业信息要保证准确性、真实性。这就要求职业信息必须符合要求，在收集的同时还必须对收集和利用过的职业信息不断地加以检验，判断其信息的真实性和可靠性，尽量能在收集信息的源头就保证信息的准确性，尽量将信息收集的误差降到最低。

复习巩固

1.影响职业信息收集的因素有哪些？结合实践经验与本节知识内容进行阐述。

2.简述职业信息收集有哪些方法？结合本节内容再根据自己的思维进行发散。

3.结合实践经验简述在职业信息收集过程中需要注意的问题。

本章要点小结

职业信息收集是求职者的谋生之道，职业信息是指有关职业分类、各类职业劳动特点及报酬待遇、现实职业需求等方面的知识与消息。职业信息是个人形成职业意向，定向地进行职业或专业学习和职业选择的重要条件。对于无数待业人员，了解和学习职业信息的含义、特点、分类方法以及获取职业信息的方法和途径等知识可为求职铺下一条平坦的大道。职业信息分为宏观职业信息和微观职业信息两大类。职业信息的重要性主要体现在求职者收集职业信息的过程和结果之中，求职者通过学习职业信息的收集方法，以获得更多更广泛的各类型职业信息，同时也学习到在职业信息收集过程中必须面对的问题的解决策略。

拓展阅读

如何缓解求职的心理压力

案例：

山东某重点大学机械专业的一名年仅22岁、来自西部农村贫困家庭的应届毕业生，因在求职中遇到暂时挫折，趁晚上同学们到教室里上课之际，在宿舍的暖气管线上自缢身亡，结束了自己年轻的生命。

2003年四五月间，浙江大学一毕业生在考公务员时，虽通过了笔试和面试，但因身体受限，最终没有被录取，他心里极不平衡，恼羞成怒，从商店买来一把水果刀，把招聘的工作人员刺死、刺伤各一人。

小刘是2009级的市场营销专业大专生，毕业时她以某家电销售公司的销售岗位作为自己求职的目标。为了顺利应聘，她决定利用招聘会前的一周时间，为那家公司拿出一份市场调研报告。在接下来的几天里，她对该公司所有的产品做了细致的市场调查，从市场份额、产品到竞争对手等各方面的情况都了解得清清楚楚，拿出了一份有分量的市场调研报告，最后在招聘会上击败了众多学历高于她的竞聘者，被公司录用。

张华在大学学的是财会专业，在一个招聘会摊位前，他看中了一家国内著名的太阳能热水器代理公司提供的职位——营销员，但公司要求应聘者是市场营销专业毕业。张华决定碰碰运气。他问招聘人员公司为何只招聘市场营销专业的学生。招聘人员告诉他，公司要扩大业务，需要有市场开拓能力的学生。张华随即表示自己具备市场开拓能力，并列举了自己曾在某电动车厂实习时，参与开拓市场并取得不俗成绩的经历。张华的自我介绍和专业水准使招聘人员对他很满意。最后他顺利通过了面试，谋到了这个理想的职位。

分析：

如何有效缓解就业压力(引自中国NLP学院心理学课堂知识讲座)：

第一，要正确对待求职中遇到的困难和暂时失利。在求职竞争日趋激烈，有些领域专业人才相对过剩，就业形势不容乐观的今天，在求职中遇到挫折和困难是正常现象，但暂时的挫折并不是人生的“滑铁卢”，更不是人生的败笔。招聘求职是一种双向选择，就像青年男女的恋爱，谁也没有把握一炮打响，经过一次“恋爱”就大功告成，找到一个理想的“婆家”。因此，对于求职的暂时困难，应该正确对待，不要耿耿于怀，更不要心理压抑或不平衡。

第二，要降低自己求职的期望值。对于求职者来说，求职的期望值越高，如果不成功，其失落感就会越强烈，心理上承受的压力就越大。处理好就业理想与就业现实的关系，以务实的态度对待职业的选择。因此，大学毕业生要认清就业形势，正确合理地评价自己的才能，不要孤芳自赏，定位过高，人为提高就业门槛。如果暂时找不到理想的职业，不妨先就业再择业，先解决生存问题，等积累了工作经验或时机成熟时，再找一个更适合于自己的工作，这样比一次到位要减轻心理的压力，也比较实惠。

第三，不要盲目与人攀比。在求职中，人与人之间，由于许多复杂的主客观因素的存在，有许多东西是不可比的，除了增加个人的烦恼，对求职没什么帮助，也无任何实际意义。

第四，善于化解求职的心理压力，化解就业焦虑。一是要对求职有正确的认识。初次求职的暂时不顺利只是一次失利，而不是人生的失败。二是要善于调整自己的求职心态。求职就业是人生的一件大事，但又是一件十分平常的具有多种选择的事情，要以积极的心态去面对，不要把它看得举足轻重，或者只许成功不许失败。三要注意自我减压。求职特别是对于初次求职的大学生，遇到“红灯”，被自己看好的用人单位拒聘，个人的情绪可能会受到影响，产生失落感，对此要用积极的心态和积极的思考，分析求职失利的原因，找出自己存在的不足之处。

第五，学校要加强毕业生就业心理的指导。就业是学生走向社会，实现人生价值的重要关口，由于就业竞争的加剧和求职的难度加大，那些涉世未深的学子必然会出现心理的波动和失落情绪。为了确保毕业学生身心健康，学校的教育管理部门、就业指导部门和心理咨询部门，要重视毕业生就业的心理咨询和指导，通过各种方式，引导和帮助他们树立正确的就业观念，对其就业中的暂时不顺利，要给予疏导点拨，克服失落情绪，使他们以积极的心态面对现实。对求职遇到挫折，情绪不够稳定，心理出现异常的毕业生，学校要以对国家、对学生、对家长高度负责的精神，采取有效措施，有专人进行谈心和开导，做好深入细致的疏导工作，帮助学生克服心理危机，化解和减轻心理负担，以防止意外事故的发生。

本章复习题

1.以下哪几项能够在职业信息中反映出来？（　　）

A.就业现状　　B.人才质量水平　　C.人才供给情况分布

2.以下表述正确的是：（　　）

A.职业信息＝就业信息　　B.就业信息＝招聘信息

C.职业信息包含就业信息　　D.职业信息就是职业

E.就业信息包含职业信息　　F.就业信息＝职业

3.以下哪些作用是职业信息所具有的？（　　）

A.导向作用　　B.促进作用　　C.桥梁作用　　D.指导作用

4.在大学阶段职业信息分阶段收集方法中，以下表述正确的是：（　　）

A.大一实践　　B.大二引导　　C.大一引导　　D.大三实践

5.以下哪几项属于微观职业信息？（　　）

A.岗位性质　　B.薪金

C.国家就业政策　　D.某公司招聘销售一员

6.以下属于宏观职业信息的是：（　　）

A.岗位工作时间　　B.国家就业鼓励政策

C.中国2013年毕业生人数　　D.国家有关就业的经济政策

7.影响职业信息收集的主要因素有：（　　）

A.求职者信息收集能力水平　　B.社会经济稳定情况

C.所在学校级别层次　　D.信息收集渠道是否畅通

8.学校帮助学生获取职业信息都有哪些途径？（　　）

A.加强校企合作　　B.建设职业信息交流中心
C.加强职业引导和教育　　D.加强毕业生就业意向管理
E.职业信息开发　　F.择业观教育

9.职业指导队伍应该具有以下哪些特点？（　　）
A.专业化　　B.正规化　　C.职业化

第十章　家庭、学校和社会环境认知

对外部社会的认识不仅取决于我们本身，还取决于我们自身的需要、价值观和以往经验。在职业生涯规划中，对外部环境的认知很重要。为了更好地进行职业选择与职业生涯规划，必须对外部环境（包括家庭环境、学校环境和社会环境）进行分析，通过外部环境分析弄清楚环境对职业发展的要求、影响及作用，对各种影响因素加以衡量、评估，并做出反应。本章在介绍认识职业生涯规划中的家庭、学校和社会环境之前，先了解如何对外部世界进行认知，有哪些因素影响我们对外部世界的认知。这对于个体的职业生涯规划具有重要的意义。

第一节　社会认知概述

一、社会认知的概念、特征和途径

（一）什么是社会认知

社会知觉的概念最初是由美国心理学家布鲁纳 1947 年在其《价值与需要是知觉中有组织的事实》一文中提出的，用以指知觉的社会决定性，即知觉不仅决定于客体本身，也决定于知觉者的目的、需要、态度、价值观和过去经验。这种用法与社会心理学中的用法有所不同。在社会心理学中，社会知觉主要用来表示对己、对人和对社会群体的知觉。

随着社会心理学对人际知觉领域研究热潮的兴起，社会知觉概念被等同于人际知觉（interpersonal perception），指关于他人或自我所具有的各种属性或特征的整体反映，其结果即形成关于他人或自我的印象。20 世纪 60 年代后，随着认知心理学的兴起及其对社会心理学的影响，社会知觉被社会认知一词所取代。

社会认知主要指个体在人际活动中，对认知对象的外在特征的认知，推测、判断其内在属性的过程。对认知对象的认知范围很广，包括对他人表情的认知，对他人性格的认知，对人与人关系的认知，对人的行为原因的认知。社会认知的过程既是根据认知者的经验及对有关线索的分析而进行的，又必须通过认知者的思维活动（包括某种程度上的信息加工、推理、分类和归纳）来进行。社会认知是个体行为的基础，个体的社会行为是社会认知过程中做出各种裁决的结果。

（二）社会认知的理论假设

在对社会认知的研究中，存在一些隐喻，它是对个体的社会认知特点的总看法，它们实际上是社会认知研究的前提假设，对于社会认知的研究有重要的影响。社会认知研究理论假设的发展，到目前为止大致经过了三个阶段：

1.“朴素的科学家”假设

20 世纪 70 年代以前，社会认知研究的前提是“朴素的科学家”假设。这种假设认为，个体是一个“朴素的科学家”，在社会认知的过程中，像科学家一样，寻找、确定事件产生的原因，以达到预测和控制的目的。在“朴素的科学家”假设的基础上，社会心理学家提出了一些认知理论和模型，如凯利的三度归因理论。

2."认知吝啬者"假设

随着社会认知研究的深入,社会心理学家越来越多地发现,人在社会认知的过程中并不能完全地、精确地运用所获得的信息,从而导致社会认知、社会判断中出现大量偏差,特别是随着信息加工心理学对社会心理学研究的影响,从20世纪70年代开始,社会认知中"朴素科学家"的假设开始向"认知吝啬者"转变。

"认知吝啬者"认为,人们在社会认知过程中,面临的信息往往是不确定的、不完全的、复杂的,在对它们进行加工的过程中,达到最满意的合理性是困难的。个体的认知资源是有限的,因此在社会认知的过程中常常偏爱策略性捷径,而不是采用精细的统计学的分析,以尽量节省时间和加工资源。个体偏爱用最小限度的观察去产生社会判断的策略加工,这是社会认知偏差产生的根源。

3."目标明确的策略家"假设

从20世纪90年代开始,社会认知的研究假设转变为人是"目标明确的策略家"(motivated tactician),被认为有多种信息加工的策略,在目标、动机、需要和环境力量的基础上,对策略进行选择。认知者能够实用地采取加工策略以适应当时情境的需要,努力使事情完成。因此,在需要时,他们会更多地注意复杂的信息,进行系统的、费力的加工;当目标不存在这种需要时,则会依赖于认知捷径、简单的策略和先前的知识结构。该理论假设认为个体能够灵活地调节自己的认知过程以适应情境的需要。

(三)社会认知的特征

作为一种特殊的社会心理过程,社会认知具有如下几个基本特征:

互动性:在社会认知过程中,知觉者和被知觉者处于对等的主体地位,不仅被知觉者影响知觉者,而且知觉者也会影响被知觉者,从而使社会知觉过程的发生不是单向的,而是双向的。

间接性:社会认知不仅是知觉者对他人外部属性的直接反映,更主要的是通过对他人直接可感的外部特征如行为表现等,达到对他人内部人格特征的间接把握或反映。

选择性:每个人都要经常面临外界刺激,但是对于同样和同量的刺激,每个人所做出的反应程度不尽相同。原因在于每个人都有独特的经验和认知结构,并依此做出自己的反应:选择某一部分的刺激信息,忽略或逃避其他信息。大致说来,人们的认知选择决定两种因素:第一,以往对报偿和惩罚原则的体验。第二,刺激物的作用强度。一方面,如果某种刺激物能给主体带来愉悦,即带来报偿时,就会引发积极的认知倾向。相反,对于那些令人不快和压抑的人和事,个人将极力逃避或置之不理。另一方面,刺激的强度也影响着认知者。一般说来,刺激量越大,越易引起认知者的注意,而微弱的刺激作用则可能使人毫无知觉。

防御性：个人为了与外界环境获得平衡，适应社会，从而运用认知机制抑制某些刺激物的作用就是认知的防御性。当代社会心理学家普遍认为社会认知和防卫机能息息相关。个体在情绪困扰的状态下对于社会客体的反应，与在中性情绪的作用下所产生的反应显然是不同的，换言之，情绪不同的人对于同一刺激会有不同的反应。因为个人是在特定的情绪状态下，根据已有的认知结构来辨明刺激物的意义和重要性，从而决定是否逃避。个人的认知防御，主要目的在于维持自我的完整。

认知的完形特性：人们在社会认知过程中，自觉或不自觉地贯彻了完形原则（或格式塔原则），即个人倾向于把有关认知客体的各方面特征材料加以规则化，形成完整的印象。这种倾向在判断一个人的时候表现得尤为突出。当我们看到一个人既是好的又是坏的，既是诚实的又是虚伪的，既是热情的又是冷酷的时候，便觉得不可思议，认为自己还没有完全认识这个人。我们总是无法容忍自相矛盾的判断。桑普森（E.E. Sampson）把这种判断的出现称为"认知分离"。他认为个人智力和知识的局限性构成认知的剥夺体验，造成个人认知和认知对象之间的分离。为了消除这种分离，个人一方面会加强其探求信息的欲望和动力，寻求更多的信息，摆脱认知剥夺。同时可能向幻想化的方向发展，即利用想当然的办法给认知对象添补细节，使认知带有浓厚的主观色彩。

（四）社会认知的途径

从动态上看，社会认知是一个由表及里的过程。最初，认知者只能接收到有关对象外部特征的信息。在这个基础上，认知者不断拓展认知范围，开始涉及对象的内在属性。与此同时，在认知过程中，人们总是有意无意地将认知对象与周围的人加以对照，试图了解他们之间的相互关系。另一方面，认知者并不忽略对自己的认知，他们往往把自己同一定的认知对象置于某种关系网络之中，并形成对这种关系的判断。社会认知的途径包括如下几个方面：

1.对他人外部特征的认知

外部特征包括一个人的仪表、表情等肉眼可见的特性。其中表情一般可以分为面部表情、身段表情、眼神（合称非言语表情）和言语表情。

仪表（appearance）是人的各种特征的重要组成部分，构成了人的具体形象。初次和一个人接触，我们先看到的是这个人的衣着、高矮、胖瘦、肤色以及肢体是否有缺陷等等。将这些属于物理方面的特征加以整合，我们就能直截了当地对对方做出某些判断。仪表认知虽然以有关他人的感受材料为基础，却不只是凭感觉器官的活动来进行的。在这里个人固有的经验、知识以及性格等等，同时渗入了认知活动。因此，认知者不是把他人的仪表特征当作单纯的物理现象，而是把它们看作是他人向自己提供的有价值的认知信息，力图从中发现其意义。

面部表情(facial expression)是以面部的肌肉变化为标志的。研究结果表明,通过观察面部各种肌肉的变化测定人的情绪是可能的。埃克曼说,人们能够比较准确地从面部表情上辨别出各种情绪,包括快活、悲哀、惊奇、恐惧、愤怒和懊恼等。不过,一个人的面部表情所能显示的情绪不止这 6 种,个人的情绪体验也往往不是其中单独的某一种,而是多种不同情绪的混合。此外,上述 6 种情绪还各有着高低强弱的差异。

身段表情(body expression)又称姿势。个体的情绪状态可以在身体姿态的变化中流露出来,如点头、招手、鞠躬致意等等。社会心理学家发现,在身段表情中双手最富于表情,从双手动作上认知他人情绪,其准确率不亚于从面部表情认知。眼神的情绪表达功能更是人人熟悉。把眼睛比作"心灵的窗口"是很恰当的。社会心理学家发现,几乎所有的内在体验都可以表达在眼神之中。人们在认知活动中,一般都不会忽略眼神的奥妙。

言语表情(speech expression)不是指言语本身,而是说话时的音量、声调、节奏等特征,专家们称之为一种辅助语言。日常生活中,我们常常通过别人说话的方式判断其内心状态。所谓"听话听音"就是这种经验的总结。研究也表明,言语表情所传达的信息比言语本身更为可靠。

2.对他人性格的认知

性格除了包括情绪反应的特征外,更主要的还包括意志反应的特征。了解一个人的性格,必须了解这个人对现实所采取的态度,以及与此相应的习惯化的行为方式。从这里可以看出,通过仪表、表情判断出一个人的情绪不等于同时了解这个人的性格。在实际生活中,人们却经常从别人的情绪表露中,甚至从相貌上判定他的性格。这种认知方法当然是有其局限性的。在性格认知过程中,认知者需要更多有关对方各方面的信息资料,实际上人们对他人性格的认知,更多的是通过与他人的实际交往。长期的、认真的交往,才是实现性格认知的基本条件。

3.对人际关系的认知

这种认知包括认知者对自己与他人关系的认知和他人与他人关系的认知。实际上,对他人的认知包含着选择自己对他人的关系形式,如对某些人反感、疏远,对某些人喜欢、亲近。这种选择直接影响认知者的交往动机。经研究证实,一个人更愿意和与自己性格相似的人接近。一个人在选择交往对象时,颇为注意对方与自己是否相似。因此,这种相似程度构成认知的重要项目。

二、社会认知的影响因素

影响个体社会认知的因素主要有三个方面,即认知者因素、认知对象因素和认知情境因素。具体如下:

(一)认知者因素

1.原有经验

原有的经验对认知过程产生着特殊的影响。个体在一定的认知基础上,形成某些概括对象特征的标准、原型,从而使认知判断更加简捷、明了。如果我们没有关于"聪明""大方"的原型,我们无法很快地将对象认定为聪明、大方的人。更明显的是个体原有的经验能够制约我们的认知角度。对于同一座建筑物,建筑师可能更多地着眼于它的构造、轮廓,而木匠则可能更注重于它的木料的质地及工程的优劣。

不少学者认为,人们之所以能够认知对象的意义,是因为对关于该对象的经验已形成了观念,这种观念参与了认知过程。巴克(K.Back,1984)称之为"概念应用"。比如,一个学生的学习成绩好,人们可能判断他"有出息";一个学生根据他在大学的化学成绩,可能认为自己是当医生的料。在这里原先形成的概念帮助他做出了判断。

2.价值观念

个人如何评判社会事物在自己心目中的意义或重要性,直接受其价值观影响。而事件的价值则能增强个人对该事件的敏感性。奥尔波特(Allport,1931)等人做过一个实验,目的是检测各个背景不同的被试对理论、经济、艺术、宗教、社会和政治的兴趣。实验者将与这些部门有关的词汇呈现于被试面前,让他们识别。测验结果发现,不同的被试对这些词汇做出反应的敏感程度也不同;背景不同的被试由于对词汇价值的看法不同,识别能力显出很大差异。

3.情感状态

个人的情感体验如何直接影响其认知活动的积极性,巴特利特(F.Bartlett,1932)证明,应征入伍的人比未应征的人把军官的照片看得更可怕,并且还能指出哪位军官有较强的指挥能力。莫瑞(H.A.Murray)证实,处于恐惧状态下的人,对恐惧更为敏感。在一次实验中,他先让一些女孩做一种很吓人的游戏,再让她们和其他女孩一起判断一些面部照片。结果是做过游戏的女孩比没做过游戏的人把面部照片判定得更为可怕。日常生活中的许多现象也表明,情绪饱满的人,活动领域也比较开阔,往往消息灵通;一个人情绪低落,则更容易把周围看得灰暗一片。此外,菲德勒(F.E.Fiedler)的研究还发现,好恶感会影响对他人个性的认识。当我们对某人怀有好感时,容易在对方身上看到自己相似的个性特点。比如,谈到一个好朋友,我们往往说他和自己"志趣相投";而对于和自己"格格不入"的人,我们便会觉得他处处和自己不同。

(二)认知对象因素

1.魅力

构成个体魅力的因素既有外表特征和行为反应方式方面,又有内在的性格特点方面。说一个人有魅力，意味着他具有一系列积极属性，如容貌美、有能力、正直、聪明、友好等等。

但是，在实际的认知过程中，个人往往只需具备其中的某一两个特性就可能被认为有吸引力，如前面所谈到的光环作用。

美貌通常最快被人认知，且直接形成人的魅力，从而往往导致光环作用。戴恩(K. Dion)等人在实验中让被试通过外表上魅力不同的人物照片来评定每个人其他方面的特性。结果发现，有魅力的人得到的评价最高，而缺乏魅力的人得到的评价最低。

2.知名度

一个人知名度的大小也影响着别人对他的认知。在一个人有一定知名度的情况下，人们通过某种社会传播媒介或周围其他人传递的有关他的信息，实际上已经开始了对个人的认知。这时，人们所依据的都是间接材料，受他人暗示的成分较大。无论是否相信这些材料，都已经形成了一定的判断，所以一旦真正接触到知名人士，认知者必须首先检验原有的看法。一般说来，知名度高、社会评价积极的人，对于认知者的心理有特殊的影响力。人们常常把这样的人先入为主地看成是有吸引力的人。

3.自我表演

在多数情况下，认知对象并不是认知活动中完全被动的一方，而是"让"别人认知的一方。因此，认知对象的主观意图势必要影响他人对自己的判断。

按照戈夫曼(Goffman)的理论，每个人都在通过"表演"，即强调自己许多属性中的某些属性而隐瞒其他的属性，试图控制别人对自己的印象。这种办法有时很成功，使得不同的认知者对同一个人形成完全不同的印象，或者使同一个认知者在不同的时间和场合下对同一个人得出不一致的看法。比如，对同一个人，有人觉得他心胸开阔、热情大方，有人则认为他固执、沉静；有时使人感到深不可测，有时则使人觉得他诚挚、坦率。在这里，认知对象的自我表演对于认知者的作用是不可否认的。认知对象透过语言与非语言信息的表达，试图操纵、控制知觉者对他形成良好印象的过程被称作印象整饰或印象管理。

印象整饰在日常生活中有重要的作用，良好的印象整饰是人际关系的润滑剂。常见的印象整饰策略有按照社会常规管理自己、使自己的言行符合角色的社会规范、隐藏自己和投人所好等。

(三)认知情境因素

1.空间距离

空间距离显示交往双方的接近程度。在认知活动中，它构成一种情境因素。霍尔(E.Hull)认为人际空间距离可分为4种：亲昵距离(0～45厘米)，表现在夫妇、恋人之间。个人距离(45～120厘米)，表现在朋友之间。社会距离(120～360厘米)，表现在熟人之间。公众距离(360～750 厘米),表现在陌生人之间或一般公开的正式交往场合。这些距离是人们在无意之中确定的,却能影响认知判断。比如,我们希望陌生人不要过于接近自己,但是如果他莫名其妙地一步一步地向自己靠近,就会感到窘迫、紧张甚至恐惧,同时我们会断定这个人缺乏教养,不懂礼貌或者有侵犯性。特别是在认知他人之间的关系时,空间尺度往往成为一种判断依据,看到两个人在低声交谈,我们就知道他们所说的事不愿意让别人听见,并推断他们可能有较深的关系等。

2.背景参考

在认知活动中,对象所处的场合、背景也常常成为判断的参考系统。巴克(K. Back)指出,对象周围的"环境"常常会引起我们对其一定行为的联想,从而影响我们的认知。人们往往以为,出现于特定环境背景下的人必然是从事某种行为的,他的个性特征也可以通过环境加以认定。

生活中的心理学

几种常见的社会认知偏差

社会认知偏差(social cognitive bias)。在社会认知过程中,由于认知主体与认知客体及环境因素的作用,社会认知往往会发生这样或那样的偏差。主要有:

首因效应:也叫"第一印象"效应,它是人们第一次与某物或某人相接触时会留下深刻印象,从而影响个体对该认知对象以后的认识。

近因效应:所谓"近因",是指个体最近获得的信息,与首因效应相反。交往过程中,我们对他人最近、最新的认识占了主体地位,掩盖了以往形成的对他人的评价。

晕轮效应:指个体对认知对象的一些品质一旦有了某种倾向性的印象,就会用这种倾向性印象评价该对象的其余品质。例如,对某人的外表有了良好的印象后,会对此人的个性品质倾向于做出肯定性的评价或忽略其不好的品质。

社会刻板印象:指人们对某个社会群体形成的一种概括而固定的看法。一般来说,生活在同一地域或同一社会文化背景中的人,在心理和行为方面总会有一些相似性;同一职业或同一年龄段的人,他们的观念、社会态度和行为也可能比较接近。如在职业方面,人们会自然想到教师的文质彬彬、医生的严谨或地质勘探队员的粗放等。人们在认识社会时,会自然地概括这些特征,并把这些特征固定化,这样便产生了社会刻板印象。

复习巩固

1.什么叫社会认知?

2.社会认知的特征有哪几个?

3.影响社会认知的因素有哪些?

第二节 家庭环境认知

一、家庭环境分析

家庭环境对个体职业发展有着重要影响。任何人的成长以及个性和品质的形成都离不开家庭环境的影响,大学生在进行职业生涯规划时,考虑更多的是家庭的经济状况、家人期望和意见、家族文化、离家远近等因素。个人职业发展规划的确立,总是同自身的成长经历和家庭环境相关联的。个人在成长过程中,在不同时期也会根据自己的成长经历和所受教育的情况,不断修正、调整,并最终确立职业理想和职业计划。正确而全面地评估家庭情况才能有针对性地设计适合自己的职业规划。

家庭环境分析是指对家庭软、硬环境的分析。家庭软环境主要指家庭的心理环境,是指笼罩着特定场合的特殊气氛或氛围,它诉诸人的内在情绪和感受,对人起着潜移默化的作用,是人的个性和社会化发展的"温床"。家庭硬环境是指可以用量化指标来评判和衡量的环境因素,比如,家庭的成员结构、家庭资源分配、生活方式等。良好的家庭硬环境无疑有利于学生的成长,反之则会影响学生的成长。家庭环境的影响是多方面的、多层次和深远的,往往一个好的家庭环境能够影响人的一生。

(一)家庭软环境

家庭软环境即心理环境,作为家庭环境的核心,是人的个性和社会化发展的"温床"。包括家庭结构、家庭成员的关系、父母的教育方式等,这些方面对亲子关系、人的自我概念的发展、师生关系、自身行为问题均有较大影响。

1.家庭结构

家庭结构(family structure):家庭中成员的构成及其相互作用、相互影响的状态,以及由这种状态形成的相对稳定的联系模式。家庭结构包括两个基本方面:一是家庭人口要素。家庭由多少人组成,家庭规模大小;二是家庭模式要素。家庭成员之间怎样相互联系，以及因联系方式不同而形成的不同的家庭模式。

随着社会经济、生产力的发展，家庭结构也在发生变化。如离异家庭、独生子女家庭越来越多。

一般来说，离异和离异重组家庭存在两个主要问题：一是父母关系不和。父母双方经常打架、互相谩骂、不尊重对方。在这样的家庭环境成长起来的学生可能产生严重的紧张情绪，并且他们内心对他人、对世界的美好感受受到破坏，成天神思恍惚，情绪低落，无法安心学习，对自己的未来也比较迷茫。二是离异和离异重组家庭的父母对子女要求容易走向两个极端：要么过分严厉，要么放任不管。父母对子女过分严厉，经常打骂，易使其产生胆怯、自卑及强烈的逆反心理；而放任不管，则会使其被社会上不入流的习气所影响，自暴自弃，心理总有一种"没人管"的心态。长此以往，父母对孩子失去信心，孩子会痛恨学习、痛恨父母，同时也会对自己、对生活失去信心，自暴自弃，毫无目标可言，就更谈不上什么职业生涯规划了。

2.父母教养方式

父母是孩子的第一任老师，是孩子学习的榜样，父母良好的教养方式是孩子良好心理素质形成的关键，良好的教养态度和教育方法直接影响个体的行为和心理。父母的教养方式，大致可分为四类：

第一类是专横的遵循封建旧规的家庭。这类家庭常常强调辈分，强调绝对服从父母的意志，因此稍有不听从就加以惩罚。这类父母持过分严厉的教养态度，因此稍有不听从就加以惩罚。在这类父母的教养态度下，孩子自身缺少自主权，要看父母脸色做人，这就可能形成胆小、自卑的心理，缺乏自信和独立性，或者另一方面会形成暴戾、横蛮、撒谎、逆反心理强的性格，并往往会在捉弄别人、寻找报复中得到心理上的补偿和平衡。

第二类是过分娇宠，有求必应，家长只想为儿童提供无所不到的帮助和保护。由于父母过分包办代替，使孩子有了极大的依赖性，就会形成自私、任性、放肆、易发脾气、好夸口的品性。

第三类是放任自流，不过问的教养态度。在这种忽略型家庭中，儿童会因为得不到关心、得不到父爱与母爱而产生孤独感，逐渐会形成富于攻击、冷酷、显示自我甚至放荡的不良品质，常常会有情绪不安、反复无常、容易触怒、对周围的事物漠不关心的心态。

第四类是以民主、平常的态度教育儿童，这类家庭常常强调宽容、平等、随和、谅解、互相爱护、关心，父母能多给子女鼓励和诱导，并对子女的缺点、错误能恰如其分地批评指正，提高子女的认识，改正缺点。这样就逐渐培养了孩子对别人坦诚友好，自尊、自立、热情、大方，能接受批评、经受压力、关心他人的品质，有独立处事的能力。

可见，不同类型的家庭教养态度对个体个性品格形成、心理素质养成及个人成绩提高的影响是不同的。

（二）家庭硬环境

主要指家庭中可以用量化指标来评判和衡量的环境因素，比如家庭经济条件、家庭资源分配、父母文化水平及职业状况等。成长不良学生的家庭硬环境或存在家庭结构缺陷、家庭资源配置不合理、父母道德文化水平低下和职业状况较为不良等情况，这些不良的家庭硬环境严重影响着他们的道德修养、学习习惯、行为方式等，从而导致学生品行不佳。

1.家庭资源

家庭资源可以影响儿童的学习动机，家庭资源的合理配置可以为儿童铺设良好的物理环境，使他们在压力适中、条件优越的家庭环境中，发展独立性和自我管理能力，增进学习的愿望和主动性。如家庭中很少藏书，父母较少给子女买适合他们看的书，很少对他们看电视的时间及节目进行限制，很少过问作业或其他学习活动，很少在学习上给予支持和指导，对孩子的评价多数消极，只挑毛病不看进步，期望过高或不抱期望，为孩子提供的学习场所和条件比较差等。在日常生活中，我们可以看到这样的场景：有的家长电视一开长坐不起，有的通宵打麻将，有的终日醉醺醺，家里环境嘈杂不堪。学生没有一个安静的环境学习，这样的父母的行为对学生产生潜移默化的影响，从而使他们丧失学习兴趣，更不善于规划自己的未来。

2.父母的文化水平和职业状况

父母的文化水平和职业状况对子女的学习也会产生影响，父母的文化水平直接影响其教养方式。有研究表明，母亲文化程度越低，对子女的态度越严厉、惩罚越多。而父亲文化程度越高，越能给子女更多的情感温暖与理解。父母的文化水平和职业状况直接影响着子女的专业选择和未来行业选择。

二、家庭环境对个人职业发展的影响

家庭对个人职业生涯规划的影响，不纯粹是父母或长辈对自己抱有期望和限制。很多例子显示，一些子女有意违抗父母的心愿，选择与“正统”背道而驰的职业道路。结果所从事的工作既没能满足父母的心愿，也不能让自己感到满意。

家庭对个人职业规划的影响不一而足。有人被引导与父母竞争，也有人试图弥补父母的遗憾。另外，也有人选择某工作领域的原因，是希望借此吸引父母的注意，或让他们感到光荣。现实生活中有很多女性朋友就是如此，她们都非常聪明，能力也很强，但由于是女性，她们未能得到应有的鼓励和肯定。

这里有一个案例：黄某是一个非常聪明能干的姑娘，但她却没有得到掌管家族房地产企业的父亲的认可，从来没有像两位兄弟一样被考虑参与经营家族事业。于是，她下定决心要出人头地，以获得父亲的肯定。她在大学毕业后继续攻读MBA学位，以第一名的成绩毕业于顶尖学府，毕业后努力进入一家知名的公司，从事房地产开发建设的工作。任何人都能够明显感受到她的企图，她自己也坦言不讳。事实上，就个人兴趣而言，这一行业并不是她真正喜欢的，但是父亲对她的忽视使她产生了微妙的心理变化，这种心理蒙蔽了她的理智，使她完全不考虑其他可能更适合的工作，将自己的职业规划列车开向坑洼的路面。

有些时候，被家人认可的心理不仅可以左右其对工作的选择，还会导致其在职业生涯规划上的错误。

复习巩固

1.什么叫家庭环境分析？

2.家庭软环境、家庭硬环境分别指什么？

3.家庭教养方式有哪些？

第三节　学校和社会环境认知

一、学校环境的分析

学校环境是指所在学校的办学特色与教学优势、专业的设置、社会实践经验等。高校的扩招和扩建，就业形势严峻，很多大学毕业生抱怨找不到专业对口的工作。一方面，高校教育并非完全按照社会所需设置专业，毕业生的职业发展受到市场供需比例的影响；另一方面，高校在专业设置上太宽泛，而社会职业太精细，导致毕业生较难找到绝对专业对口的工作。

因此，大学生在规划个人职业发展时可以先根据自己所在学校的特色与优势、自己所学专业，再结合自身优势以及学校给自己创造的社会实践条件做出比较具体的分析。

(一)学校SWOT分析

对学校的优势、劣势进行分析有利于更好地利用学校资源，合理地配置资源，从而更好地利用学校现有条件为个人职业发展提供服务。

学校的优势、劣势分析可以从这些方面进行，如：学校的历史和知名度、学校地理位置、学校性质、学校的特色和教育理念、学校规模、硬件设施、教学资源、学校的专业设置、学校的人才培养方案、教师和学生的精神面貌、学校人文环境氛围等。

以上这些方面存在哪些优势或劣势？有哪些优势可以为我们使用，有哪些劣势需要我们在其他方面加以弥补。同时，自己所在学校存在哪些竞争优势和发展机会？哪些是可以为自己所用的，发现它并开始利用它。

当然，学校所给的只是一个环境、一个平台，如何利用这样的环境、这样的平台将对我们产生重要影响。只有在对其进行全面、充分、客观的认识和了解下才能更好地利用它的资源，才能最大限度地发挥学校环境对职业发展的效用。

二、社会环境的分析

人脱离不了社会，对社会环境进行了解和分析也是职业生涯规划的重要内容之一。

所谓社会环境分析，就是对我们所处的社会政治环境、经济环境、法制环境、科技环境、文化环境等宏观因素的分析。社会环境对我们职业生涯乃至人生发展都有重大影响。通过对社会大环境包括国际、国内与所在地区 3 个层次的分析，来了解和认清国际、国内和自己所在地区的政治、经济、科技、文化、法制建设、政策要求及发展方向，以更好地寻求各种发展机会。

总体来说，我们现在面临一个非常好的宏观环境：社会安定，政治稳定，经济发展迅速，并与全球一体化接轨，法制建设不断完善，文化繁荣自由，尖端技术、高新技术突飞猛进。因此，在这个大前提之下，需要特别注意的是就业环境的变化。

就业环境是指与大学毕业生择业有关的政治、经济、文化等社会环境，是在时间和空间上以直接或间接的方式对就业起激励、约束、导向作用的主客观和社会发展因素的总和。就业环境对毕业生择业的影响作用是多方面的，有些是直接的、现实的，有些则是间接的、潜在的，有些是积极的、正面的，有些则是消极的、负面的。影响就业环境的因素有：知识经济对我国的就业影响与挑战；经济结构与产业结构调整；区域经济发展状况。

就业环境是一种社会存在。毕业生在择业前正确认识并分析自己所处的就业环境，寻找有利因素，避免不利因素，有助于帮助毕业生制订出符合社会实际的择业目标。

对社会环境因素的了解主要包括以下几个方面：

社会政策，主要是就业政策、人事政策和劳动政策。在制定职业生涯规划前，我们要了解相关的国家人事政策和劳动政策，避免在职业发展中走弯路。

社会变迁，比如知识经济和信息化社会的发展，就会对人的职业生涯发展产生较大的影响。

社会价值观，价值观会随着社会的不断发展和进步而发生不同程度的变化，从而会影响社会对人的认识和对职业的要求。

科学技术的发展，科技的发展会带来理论的更新、观念的转变、思维的变革、技能的补充等，而这些都是职业生涯规划中不可或缺的要素。

拓展阅读

近期就业形势分析

1.2013年700万大学生毕业，就业形势更加严峻

近日，教育部发布关于做好2013年全国普通高等学校毕业生就业工作的通知。通知指出，当前，国内经济趋稳的基础还不够稳固，全社会宏观就业压力增大。2013年，全国普通高校毕业生规模达到700万人，比2012年增加19万人，高校毕业生就业形势更加复杂严峻。为了实现2013年高校毕业生初次就业率基本稳定，实现就业人数持续增加，要引导和鼓励高校毕业生到城乡基层、中小企业、中西部地区和艰苦边远地区就业。要高度重视教育部直属师范大学免费师范毕业生就业工作，切实组织好双选活动，落实好有关政策，确保到中小学任教有编有岗，高校要继续做好重大科研项目聘用高校毕业生担任科研助理工作。

2.习近平勉励大学生转变择业观念，勉励大学生志存高远脚踏实地

2013年5月14日至15日，中共中央总书记、国家主席、中央军委主席习近平在天津考察工作。他在天津人力资源发展促进中心与应聘者亲切交谈。他指出：当代大学生要志存高远、脚踏实地，转变择业观念，坚持从实际出发，勇于到基层一线和艰苦地方去，把人生的路一步步走稳走实，善于在平凡岗位上创造不平凡的业绩。

复习巩固

1.学校环境指什么？

2.SWOT分析的含义是什么？

3.影响职业发展的社会环境因素有哪些？

本章要点小结

1.社会认知是指人对社会性客体及其相互关系的认知，以及对这种认知与人的社会行为之间的关系的理解和推断。作为一种特殊的社会心理过程，社会认知具有选择性、互动性、间接性、防御性、认知的完形特性等特征。

2.家庭环境分析指的是对家庭软、硬环境的分析。家庭软环境主要指家庭的心理环境，是指笼罩着特定场合的特殊气氛或氛围，它诉诸人的内在情绪和感受，对人起着潜移默化的作用，是人的个性和社会化发展的"温床"。家庭硬环境是指可以用量化指标来评判和衡量的环境因素。

3.学校环境是指所在学校的办学特色与教学优势、专业的设置、社会实践经验等。人脱离不了社会，所谓社会环境分析，就是对我们所处的社会政治环境、经济环境、法制环境、科技环境、文化环境等宏观因素的分析。

关键术语表

社会认知　社会认知偏差　职业环境　家庭环境　学校环境　SWOT 分析

本章复习题

1.社会认知具有哪些基本特征？（　　）

A.互动性　B.选择性　C.间接性　D.防御性

2.家庭软环境包括（　　）。

A.家庭结构　B.家庭成员的关系

C.父母的教育方式　D.家庭经济情况

3.SWOT 分析法中的"S""W""O""T"分别指（　　）。

A.strength，优势　B.weakness，弱势

C.threat，威胁　D.opportunity，机会

4.影响职业发展的社会环境因素有哪些？（　　）

A.社会政治环境　B.经济环境

C.法制环境　D.科技环境与文化环境

5.家庭教养方式有哪些？（　　）

A.专制型　B.放任型　C.民主型　D.自主型

6.影响社会认知的因素有哪些？（　　）

A.认知者因素　B.认知对象因素

C.认知情境因素　D.社会背景

7.学校环境主要指（　　）。

A.学校的办学特色与教学优势　　B.学校专业设置及优势
C.社会实践经验　　D.校园文化与校园氛围
8.对社会环境因素的了解主要有哪些？（　　）
A.社会政策　　B.社会变迁
C.社会价值观　　D.科学技术的发展
9.社会认知的理论假设，到目前为止大致经历了哪些阶段？（　　）
A.“朴素的科学家”假设阶段
B.“认知吝啬者”假设阶段
C.“目标明确的策略家”假设阶段
D.信息加工阶段

第十一章　社会职场探索与社会能力

初入职场的新手都会有一些期待，职场中会发生什么样的事情呢？是像电影里演的那样人与人之间冲突激烈，还是日常生活中朝九晚五、平平淡淡？下面进行一项练习：(1)如果你正在聆听求职培训，你希望了解什么？(2)如果你即将面试，你觉得有必要了解什么？(3)如果你即将进入职场，你觉得会面临什么？现在就这三个问题分别评价你的焦虑状态，以 1～10 评分，1 代表完全不焦虑，10 代表完全焦虑。由此可见，在进入职场之前，对社会职场进行必要的探索是尤为重要的。在本章你将学到进行职场探索要关注的焦点以及探索的方法。在对职场有所了解之后，就要检查自身的社会能力，不仅需要掌握特定的技术，还需要学会适应并融入职场。

第一节　社会职场探索

职场探索不仅对职场新手来说尤为重要，对于老职员的升职、离职也具有重要意义。下面首先介绍职场探索的基本内容。

一、基本内容

职场探索一般被定义为对专业、职业、行业、企业和职位等职业世界进行实际调研和理论分析的过程。它所涵盖的内容极为广泛，从宏观角度来说包括区域分析，即社会经济、文化、价值观体系和人才环境的探索，经济全球化、从工业时代进步到信息时代的转换更迭，诸多企业再造、导致组织结构更趋扁平化，中层主管人数随之减少，员工和公司之间相对稳固的社会契约不复存在，不再像过去只要努力工作就能终生得到雇佣（提摩西·巴特勒，詹姆士·沃德鲁普著，赵剑非译，2004），对职场环境宏观方面的考察会让你发现职业环境在不停地变动，你需要不断地补充新知识才不至于被环境所抛弃。从中观角度出发包括行业分析，即行业简介、人才结构及需求分析、行业发展前景分析。行业分析首先要了解行业的分类，行业是指从事国民经济中同性质的生产或其他经济社会的经营单位或者个体的组织结构体系的详细划分，我国将国民经济行业分为20类，诸如农、林、牧、渔业、采矿业、制造业等。在了解基本行业分类后，针对自身所处或者即将所处的行业进行深入探索，包括这个行业是什么、国内外最著名的业内公司（标杆公司）及介绍、行业的人力资源需求状况及趋势等。比如餐饮业近年来快速发展，但是员工流失率极高，一项统计表明，北京、上海、广东等地区的餐饮企业员工平均流失率达到30%，有些企业甚至高达45%，其中具有大学学历的员工流失率高达70%以上（郝春霞，2011）。最后从微观角度，包括企业及岗位分析，即企业基本概况、发展阶段、岗位描述及要求。职场新手要从以下两个方面认识职业：一是了解和熟悉你的单位与工作，包括单位的历史、传统、实力、现状、使命、前景发展规划等，工作场所和工作设施，单位的组织文化、核心价值观、用人理念和工作氛围，单位的法律文件、规章制度及其他规定，单位的产品、服务，工作程序和工作流程，客户和市场竞争的情况，单位的组织系统和架构；二是了解、熟悉自己的本职工作，包括了解你的工作岗位、单位和上司对你的工作期待等等（阎观潮，张玉波，2005）。

对社会职场的探索应该具有全面性和发展性，如在校学生对未来职场的探索、员工对所在职场以及潜在职场的探索。“知己知彼，百战不殆”，个体职业发展的各个阶段都离不开对社会职场的探索，它能够帮助个体更好地调整自身以适应职场。

二、职场礼仪

礼是中国传统文化的核心，礼的中心思想是社会关系，不同的社会关系中礼的形式和内容均有不同。礼仪是人际交往中的通行证，泛指有良好教养并在交往和公共场合能遵循公共的规矩和礼节。大致包括形象礼仪、称呼礼仪、交际礼仪、沟通礼仪、公关礼仪、会议与庆典礼仪、谈判礼仪。

职场作为一种特殊的社会关系场合，存在一套自身的礼仪模式。首先是仪表礼仪，仪表指个人的外表，包括内容、举止、姿态、风度等。人际交往过程中效果有20%是由语言决定，另外80%是由个人的举止、言行所决定。根据首因原则，第一印象在陌生人的交往中极为鲜明、巩固。在职场中，与客户交往、与其他部门的人员接触，很多时候不会过于深入，此时第一印象往往是靠个人的仪表。

某些公司明文规定职员穿正装、化淡妆，而在有些职场你需要从他人的仪表中加以了解。无论具体情况如何，首先，整洁是基本要求。其次是谈话礼仪，职场中存在上下级或同级关系，与不同的人交往时称呼、内容的随意度有一定的差异，但是诸如"请""谢谢"等礼貌用语是不可缺少的，而谈话过程中距离的把握也有一定的原则，人际交往距离可分为亲密距离、个人距离、社交距离和公共距离(金盛华，2010)。

在人际交往过程中，一旦超过适宜的距离就会产生不适感。当然这一范围的波动度较大，在实际情况下可以自行调整。而工作礼仪包括对办公软件的使用，日常用语的使用等，不同职位的员工所需要掌握的专业礼仪不同，例如服务业员工就需要了解斟酒的方式、频率等，其中最简单也是最重要的一条礼仪就是准时上下班，"准时"能够体现一个员工对于工作的真诚度，而真诚又是人际吸引的最重要特质(金盛华，2010)。

三、职场文化

职场文化包括显文化、潜文化以及所属的社会文化。

文化差异一直是影响个体适应的重要因素，每一个组织都存在于自身独特的文化中。组织文化是一个组织长期以来形成的不可言传而靠自身行为来体现的信仰、价值观和行为态度等的总和。只有了解并认同组织文化，才能获得彼此的协同发展。职业满意度取决于个人的信仰和价值观与组织文化的"匹配"程度。

一个企业的显文化可以通过企业的核心价值观来了解，诸如企业文化标语。潜文化是企业在发展中所形成的"潜规则"，企业中除了明文规定的员工守则以外，进入职场后你会发现员工之间、员工与领导之间的工作模式、交往方式会具有一定的同质性，例如某些公司的作息时间一般是晚到晚退(比方说，中午开始上班、晚上加班)。最后，无论是显文化还是潜文化都受到企业所属的社会文化的影响。不论在国内还是在国外求职，对该企业所属的社会文化的认识都极为重要。例如，英国商人说“一点都不坏”的时候表明他不感兴趣，日本商人说“我们会考虑”的时候其实意味着“不”，瑞典人不喜欢在工作中讨论冲突，亚洲人不喜欢吹嘘自己的成就等等。

文化价值观共 7 个维度(都布林著，姚翔，陆昌勘等译，2008)：

(1)集体主义和个人主义，个人主义文化中人们首先关注自我，最看重自我利益。处于个人主义环境中的员工往往更注重自己的职业发展，相反集体主义倾向的企业注重组织或团队合作。随着美国文化越来越强调团队合作，越来越多的美国公司也开始宣扬集体主义文化。

(2)对权力与权威的服从。某些文化群体的人会有这样的观点：“组织内部的员工应该拥有不同等级的权力和权威”，在崇尚权力和权威文化的组织中会存在较为森严的等级制度，员工不可越级进行报告，管理者会更多进行自行决策，员工也会乐意服从，这时一旦有人对管理者的决策加以反抗就会脱离这一文化。而较不接受权力和权威文化的组织中，员工和管理者之间的关系比较平等，只有当员工认为管理者的决策是正确的时候才会加以实施，管理者也会适当下放权力，例如在“海底捞”，员工可以给客人免一个菜或加一个菜，甚至免一餐。

(3)物质主义与关注他人。这一连续体的一端物质主义是指对金钱、物质性东西的重视，在这样的文化中企业更加重视结果以及员工能够为企业带来的利益，员工之间与工作无关的交流较少；关注他人强调对他人幸福的关注，这与积极心理学大师彼得森所说的“other people matter”的观点一致，也就是说员工之间、员工与领导之间除了正常的工作交流外，还会存在其他的内容的传递诸如情感的交流、生活情况的交流等。

(4)仪式化和非仪式化。一个强调仪式化的企业会相当重视礼节、传统和等级。而非仪式化的企业比较随意，行为态度比较变通。

(5)紧急时间取向和随意时间取向。紧急时间取向企业中通常会规定最终期限，员工也会急于着手做事，而随意时间取向的企业中员工更加崇奉的是耐心、“慢慢来”的理念。

(6)工作取向和闲暇取向。主要关注人们期望投入在工作、闲暇或其他非工作活动中的每周小时数和每年星期数，诸如比利时、瑞典等国家的工作时间低于日本。

(7)高情境与低情境文化。高情境文化中企业重视事情发生的背景或情境，愿意接纳由特殊原因所导致的任务失误，而低情境文化中的企业不会花时间去建立关系与营造信任，任何事情都不能存在借口。

四、冲突

冲突广泛存在于生活的各个方面，主要包括以下六个来源(都布林著，姚翔，陆昌勘等译，2008)：

(一)有限资源的竞争

不是所有人都可以得到自己想要的东西，以个人导向的企业会要求员工竞争那些基于个人努力的奖赏，此时冲突就产生了。当经济危机公司准备削减开支的时候，员工与员工之间的冲突就更加强烈。

(二)代际和个性冲突

人们不同的价值观和个性会导致工作上的冲突。最常见的是新老员工之间的冲突，单从年龄进行划分，不同时代的人所经历的社会历史事件不同所形成的观念也存在不同，老员工可能更加倾向于保守的工作原则，而新人往往具有初生牛犊不怕虎的气质，活动更具有冒险性，一旦合作完成某个项目或仅仅在同一部门工作都会产生冲突。

(三)好斗的个性

包括以强欺弱。同事之间自然会存在不同的观点、建议，但是有些人习惯把这种不同转化为对他人的攻击。

(四)文化多元的团队

不同的教育背景、工作特长的员工之间对信息的处理角度会存在不同，在团队任务中自然而然会产生冲突。

(五)工作和家庭需求之间的竞争

工作和家庭的平衡是员工需要处理的重要问题，这类属于员工本身的冲突，一旦处理不当往往会影响家庭生活和工作。

(六)性别冲突

不同性别的员工所遇到的冲突类型、表现形式会有一定的不同。针对女性的职业研究发现"性骚扰"是一项重大的冲突(彼得森，冈萨雷斯著，时勘等译，2007)。性骚扰如今已经成为影响女性员工工作效率的重要问题和导致她们工作压力的主要因素。性骚扰被定义为"故意和/或重复的，不受欢迎、未曾被要求也没有回馈的包含着性意图或指向性的行为"，性骚扰带来的冲突对女性员工影响极为严重。

身处职场，冲突在所难免。而冲突也能带来一定的益处，在面对冲突时，人们往往更有创造力，这是一种压力情境下对自身潜力的激发，冲突也可以使得团队内部更加团结，能够避免企业内部的盲目跟风，促使企业健康、积极地成长。

在冲突的不同来源中，工作和家庭的冲突是所有职场人在职业发展中不得不面对的问题，而对职场的探索不能仅仅限定在工作场所，更要关注与工作有关的闲暇。

五、休闲活动

以前，一个人追求闲暇、做一些与工作无关紧要的事情是被认为对组织的不负责，但现在的工作场所鼓励这样的做法。从长远观点来看，一个感觉满意的、平衡的个体才会是一个富有成效的雇员，闲暇活动可以使人轻松、自然，也可以培养创造力、自我表达能力，促进个人的自我发展，这些都能够提升个体在工作中的表现，抵消工作压力所带来的负面影响。在过去5年里，48%的美国人说他们自发地减少了工作上面的时间分配以便能够过一种均衡的生活。闲暇作为一种积极的发展态势，也受到了极大的关注。工作和休闲之间一直存在相互作用的关系（艾泽欧著，谢彦君译，2010）。首先工作能够影响休闲行为，是能够促进优秀工作绩效的因素，对个体休闲行为和休闲满意度也有积极的影响；在工作中员工讨论自己的休闲体验会影响他人的休闲偏好和参与度，而相似的休闲兴趣能够增进彼此之间的友谊，减少冲突的产生，增加合作，从而增加工作满意度。其次，休闲对工作也会产生影响，不同的休闲活动对工作的影响不同，如果一个人的休闲活动是通宵聚会喝酒，这可能会增加生理疲劳从而影响第二天的工作效率。

工作满意度是工业心理学家极为关注的指标，与"工作是完全孤立于其他的生活领域"的假设不同，现在的工业心理学家肯定工作与闲暇之间具有紧密的联系，因为工作不可能存在于一个真空的环境中，设想一下有两个人，从事的都是具有挑战和能提高能力的工作，能赚取大量的钱，但是一个人工作在没有任何休闲服务的环境中，另一个人的工作环境能够提供多种不同的休闲服务，那么哪一个人的工作满意度更高？选择毋庸置疑。当前国外越来越多的公司开始施行雇佣游憩专家计划、组织、管理雇员的休闲活动，休憩管理学十分符合当今社会的需求，CNN Money 将这个领域的工作列为拯救世界的最佳工作之一。随着积极心理学、积极组织行为学的发展，"正能量"这一概念逐渐出现在各大企业，通过将工作环境设计得更为休闲自然能使员工更为轻松并感受到企业对员工本身的关注。

除了员工非在职时间的休闲活动以外，还存在诸如年会、员工运动会等企业组织的员工之间一同参与的休闲活动，这既能够增进员工之间的情感联系、团结合作能力，也能作为一种奖励机制对员工的工作进行正向的激励。

休闲活动的探索也包括对工作时间的了解，国际上通用八小时工作制，但是在我国为了减少上下班的交通堵塞问题，每个公司的上下班时间是有一定的差异的，如有些公司从 9:30 开始上班，而另一些公司则从 8:30 开始。

到现在为止，我们了解了很多职场探索的内容，那么如何探索职场信息，如何尽可能全面深入地了解你即将进入的职业世界呢？接下来简单介绍一些探索方法。

六、探索的方法

当你把兴趣集中到了某一职业领域，接下来就要展开对以上内容的深入探索。信息的获取途径主要分为三种(戴安娜·萨克尼克，威廉·本达特，莉萨·劳夫曼著，周文霞，潘静洲等译，2011)，首先是学校，各大高校都会有就业指导中心，不仅能够提供招聘信息，还能提供就业的一系列相关帮助，诸如职业辅导、入职辅导等。其次是个人的社会关系，关于社会关系的经典研究发现无论社会网络资本水平高低，都倾向于用关系来找工作(Mouw, 2003)，社会关系确实能够帮助个体寻找职业，你可以通过有相关经历的熟人了解相应的职业信息，很多公司也采用熟人推荐的入职方式。最后还可以通过传媒，如报纸、杂志、广播电视以及网络等途径，见习和实习更是职场探索的最直接方法。

尽管不同行业、企业的具体活动各不相同，但是都会有着普遍性的功能型需求以及相似的组织结构，例如，几乎所有组织都需要会计人员，管理、财务、人力资源、市场营销、公共关系、管理信息系统等知识对所有工作领域几乎都适用。工作职能一般分为四类：核心职能、专业职能、管理职能和一般职能。一些大型公司会对公司内部的这些职能有详细的描述，你可以先通过职能在企业中的具体表现来熟悉它们，然后再扩张到其他公司、行业。

最后，我们总结一下探索的步骤以及可能出现的问题。在决定了你想要选择的领域之后，最初应该选择那些能够在很小的范围内给你足够的信息，让你能确定是否对该职业领域感兴趣的资源。了解关于职业最新的事件和信息，杂志、报纸、网络等都富含大量的信息资源，会介绍当前的行业形势、相关的新技术、核心的公司和组织以及工作的增长情况。你可以通过以下问题了解工作：这项工作的责任和义务是什么，这个领域典型的职业发展路径是什么，这个行业将来的发展前景怎么样，在这个领域工作的人的平均工资水平如何，最高的工资又有多少，这个领域有哪些典型的雇主，这个领域有哪些主要的专业和行业协会，这个领域的工作环境怎么样，需要经常出差吗……

生活中的心理学

角色扮演技术在冲突解决中的作用

角色扮演是一种使人暂时置身于他人的社会位置，并按这一位置所要求的方式和态度行事，以增进人们对他人社会角色、自身原有角色的理解，从而学会更有效地履行自己角色的社会心理学技术。社会心理学家莫雷诺（Moreno）于20世纪30年代创立该技术，主要是以个人为中心探讨其内心世界，研究个体人格，后来发展为“社会剧”，主要以团体为对象，目的在于了解及解决个体在团体内的生活问题，偏重于团体成员相互间的人际关系。心理学研究发现，在人际冲突发生时，交往双方往往会进行外归因。人们总是存在自我主义偏向，即无法站在别人的角度看待问题，这样就使人际沟通产生断层，角色扮演使人们能够亲身实践他人的角色，从而更好地正确理解他人处境，体验他人在各种状况下的内心情感，只有与他人拥有相同或类似的体验才能更好地促进社会理解能力、改善人际关系。角色扮演技术主要有哑剧表演、心理剧、“空椅子”等方法，一般根据活动的目的及扮演者需要体验的情景而选择不同的方法。

复习巩固

1.作为职场新人，你需要从哪些方面来了解职场的基本情况？

2.文化差异包括哪几个方面，在职场中的表现如何？

3.冲突的来源有哪些，具体表现是什么？

4.休闲活动和工作的关系是怎么样的，有什么作用？

第二节　社会能力

社会能力是个体有效地适应社会和满足环境需要，在工作、学习、生活及社会交往中做出适当判断与行为的能力，一般包括适应性行为和社会技能。不同的职业类型对于个体所需要掌握的社会能力的要求不同，表11-1列举了五类不同职业的员工所需要的社会能力。

表 11-1　五类不同职业的员工所具有的能力素质

职位类型	能力素质
管理人员	计划能力、组织能力、领导能力、控制能力、专业技术能力、商务能力、金融能力、安全能力、财务能力、会计能力、自我认知能力、换位思考能力、自我激励能力
技术人员	主动性、独创性、严密性、疑问性、变通性、洞察力、想象力、持久力、自信心、勇气、兴趣相对专一
操作人员	较高的务实性、较高的乐群性、较好的身体素质、较强的服从性、较强的适应性、较低的文化水平
营销人员	具有独立性和自我管理能力较强、善于捕捉信息、灵活应变、时间观念强、善解人意、劝说能力强、诚实、守信用、喜怒不形于色、性格外向、人际交往能力强、口头表达能力和洞察能力强
人力资源人员	熟悉人力资源业务、对公司人才战略的考虑、成为带动变革的先锋、能做管理者和员工之间的桥梁

一、社会技能

社会技能是个体在人际关系层面上同他人相互作用的能力，它既是个体心理发展的重要内容，也是判定个体人格是否健全的重要指标。Riggio(1986)认为完整的社会技能应该是一个包含了社会信息的接受、解释和传递等技能在内的多维结构体，这些基本技能从功能上分为表达、感受和控制三类，并且在非言语的(或称为情感的)沟通与言语的(或称为社会的)沟通两个层面进行操作。具体分为情绪表达能力(情感、态度以及状态之间的交流)、情绪敏感性能力(解读他人情绪、信念、态度以及状态线索的能力)、情绪控制力(调节情绪交流和非语言活动的能力)、社会表达性(语言表达、语言灵活性以及开启对话的能力)、社会敏感性(接受、理解语言信息和知识以及对于社会线索、规范的关注)、社会控制力(角色扮演的能力、言语行为的调节和自我呈现的技能)。

根据具体内容技能通常被分为三种类型：功能型、工作内容型和适应型(洛克著，钟谷兰，曾垂凯，时勘译，2006)。前两者是与工作本身相关的。功能型技能是那些并不与某个特殊工作相关的技能，仅仅是被用于完成一般的任务或者工作，诸如识字能力、诊断、解决问题的能力、时间管理能力。工作内容型技能是对于某个工作特定的、专业化的技能，例如医生能够解释病理情况、码农的数据编码能力等。适应型技能更多地被描述为个性特质或者软技能，这一内容将在下一部分社会适应性中加以详细解释。除了个人素质外，基本的技能可以包括文书技能、技术技能、公共技能、农艺技能、销售技能、手工技能、管理技能、沟通技能、研究技能、财政技能、服务技能这十一个方面。除了以上分类以外，现在职场上极为重视可转换技能，即你所具备的某个方面的基本工作技能，在其他工作领域也可灵活运用。可转换技能可分为三大类：有关信息方面、有关与人打交道方面、有关事情处理方面。社会技能的习得对社会生活有着重要作用，功能型的社会技能是个体生活的前提，人在社会化的过程中也在不停地摄取这些知识，而工作内容型的社会技能是个体与职场紧密相关的学习内容，在进入职场之后更会受到更大的提升，所具有的技能水平越高，你的选择职业的自由度越大，求职中的竞争力就越大。例如在高校教育领域，一般只有受过高层次教育的博士才有可能胜任，而且不同的教育领域还要有不同的专项技能。

社会技能也可以分为硬件技能(hard skills)和软件技能(soft skills)，其中硬件技能包括：学历，诸如学校、专业、学位等；执照，现在职业越来越专业化，法律、会计、医学、心理学等行业均对执照有要求；专业技能；听说读写算，这不是学校里的英语能力，而是得体说话术、邮件撰写技术等，还有办公室软件的运用，在招聘条件中往往有"熟练运用办公软件，如 Powerpoint、Excel 等"。而软件技能(soft skills)是问题解决的能力，对内外客户员工的沟通服务能力，包括：性格特质，智商、情商、抗压性三者并重；历练，诸如医学专业学生毕业进入医院最初需要进行轮转，使其有机会在不同部门和各个部门医生有一定的交流；人脉，人际网络一直以来是国内企业中较为重视的内容；形象管理，这在职场礼仪中已有提及；信息情报能力，信息时代更新换代迅速，如果无法及时掌握最新的信息，会遭到社会的淘汰。

(一)测量

如何评估自身的技能呢？目前对社会技能的测量主要有以下几种，首先是纸笔测验，这也是最为大众化的测量方式，这里主要介绍社会技能量表(Social Skill Inventory, SSI)，该量表被分为三个维度，即传送技能、接收技能、调节或控制技能，这三种技能在两个层次上进行操作：言语或社会的沟通与非言语或情感的沟通。研究发现领导者的 SSI 分数越高越可以提升组织成员间相互作用的质量以及成员对领导的满意程度。当然，SSI 更是一种有效的人事选拔工具，不同的工作所要求的优势的社会技能有所不同。其次是情境测量法，斯坦福大学心理学家理查德·拉皮尔对态度与行为的研究发现，一个人的态度和行为可以是不一致的，因此自我报告可能更多测量了对社会技能的理解，而情境测量主要通过设计一些生活中的情境来测量解决问题的能力，最后是行为记录法，这是一种系统观察法，可以通过日志记录法或者体验抽样法(Experience Sample Method, ESM)来进行日常行为记录(刘翔平，陈尧坤，1995)。

现在你来尝试测量一下你自身所拥有的社会技能，下面列出一些作为动词的技能（部分），你对这些技能了解得越多，越有利于你明确自己想要具备的技能是什么，在你喜欢应用的技能旁边画“×”，你运用得非常好的技能旁边画“√”，你从没用过的技能下面画“—”，最后在你想要发展或者拥有的技能旁边画个“○”。

教育方面的技能：

传授　训练　解释　评估　建议　澄清　交流　指导　演示　交谈
演讲　发展　深入　浅出　负责　启发　推理　挑战　发现　纠正
影响　预见　督导　辅导

帮助方面的技能：

协调　阐明　倾听　诊断　同感　疏导　鼓励　示范　整理　追踪
建议　护理　创新　改变　引导　调解　教练　陪伴　教育　对质
计划　主张　促进　扶助

创造方面的技能：

策划　行动　设计　改造　综合　想象　美化　塑造　发明　雕刻
编制　剪裁　构思　创作　建立　装饰　布局　烹调　组合　图示
表演　选择　研究　分析

服务方面的技能：

了解　设立　回答　排除　清洁　投递　移动　安排　销售　解释
筹备　接受　维修　通知　收集　转介　说明　解决　发送　检查
给予　打印　翻译　找回

交流方面的技能：

表达　鼓动　说服　发言　会见　接待　辩论　谈判　激发　劝说
宣传　起草　质疑　编辑　致辞　写作　推销　倡导　沟通　传播
归纳　回忆　记忆　察觉

管理方面的技能：

把握　组织　凝聚　布置　分配　总结　增长　提高　委派　招聘
指导　主持　流通　检查　提拔　回顾　决策　选择　协调　控制
预测　报告　重建　处理

技术方面的技能：

生产　联结　组装　设计　操作　建筑　试验　测量　计算　编程
制造　修理　维修　排除　铸造　加工　检修　验证　承包　指挥
使用　选购　记录　驾驶

在结束以上步骤之后，回顾那些既被标记了“×”又被标记了“√”的选项，这些技

能反映了你掌握的领域以及你非常感兴趣的领域，只要有可能就在工作中运用这些技能，并且寻找其他途径去应用它们，你就会从工作中感到更多的乐趣和满意度。

(二)培养

在了解自身的技能以及自己还需要完善的技能之后，下面介绍一种较为广泛的习得方式，即体育活动，学校体育主要通过体育课、课外体育活动、运动竞赛等表现形式来完成其体育教学任务，这一过程中，学校体育能有效地促进学生社会技能的形成和发展。这一培养方式是基于游戏理论，发展心理学家一致认为游戏对儿童情感和社会性发展具有重大价值，孩子通过游戏自然而然地获得了幼儿期必需的大部分能力，如运动能力、情绪控制能力等。体育课可以根据学生不同年龄阶段及各年龄阶段的发展规律组织各种体育游戏、竞赛以促进学生技能的发展。技能的获得不仅仅靠学习更需要应用，因此各专业都会鼓励学生去实习以真正掌握技能。

最后，我们对时间管理能力进行分析，以便你能够对社会技能有更深入的了解。时间的不可逆性使时间一旦浪费所造成的不良后果将无法弥补，因此时间管理能力作为功能型技能对个体生活工作有重要意义，管理学家德鲁克认为"不能管理时间，便什么也不能管理"。如何掌握时间管理能力，主要有四点法则：设立明确的目标，可以通过列清单的方法；确定轻重缓急和优先顺序，ABC 管理法是较为有效的方法，主要是根据事情的重要程度把它们分为 ABC 三类，并制定工作优先顺序表；制定计划；珍惜当下。现在你可以进入相应的链接进行练习以获得更好的时间管理能力。

在社会交往的情境中，个体运用已有的社会知识经验，通过观察、模仿而形成能带来最大社会适应效能的活动方式，也就是社会技能的习得能够保证人们适应社会环境。接下来我们从技能和职场互动的角度来了解适应性。

二、社会适应性

适应与发展是个体人生发展的基本任务，个体的成长是一个不断适应社会、发展自我的过程。社会适应是个体的社会化与个性化的过程，个体学习和掌握社会技能、应对社会环境变化、遵循社会规范的过程。适应(adaptation)在心理学上一般指个体调整自己的机体和心理状态，使之与环境条件的要求相符合。适应性(adaptability)则指个体在这种使自己的机体和心理状态适应环境要求时表现出来的特征(郑溪璐，2009)。个体的适应性特征，既带有种族的进化痕迹，又具有明显的遗传特点，还受到后天环境的极大影响。社会适应状况是通过个体的适应性行为表现的，适应性行为的定义繁多，主要表现为个体为了满足外在社会环境、文化的要求和内在身心发展的需要，而在实际生活领域中学会处理日常生活和承担社会责任的能力。前文中我们已经提到适应性内容更多地涉及个性特征和软实力。那么关于社会适应有哪些相关依据呢？

对社会适应的研究离不开与人格的联系，人格是一种多层次、多层面的复杂心理特征的整合，是构成一个人的思想、情感及行为的特有模式，这个独特模式包含了一个人区别于他人的稳定而统一的心理品质（彭聃龄，2004）。许多心理学家认为人格是个体适应行为的内在依据。人格心理学家从大五人格理论的角度对社会适应行为做出了解释（聂衍刚，林崇德，郑雪，丁莉，彭以松，2008）：社会交往与外倾性相关，在这方面较好的人往往善于交际、较能接纳他人、有信心、渴望成功；社会容让与宜人性相关，这方面较好的人与环境相匹配，容纳他人和环境，不易产生冲突；责任心与尽责性相关，这方面较好的人愿意承担责任，有道义感，富有同情心；稳定性与神经质相关，高稳定性的人比较自律和克制，情绪反应平缓、接受规则；开放探索与开放性相关，高分者对新事物敏感，喜欢独特和创新，易于沟通，自我感觉良好，乐于接纳自己，也希望给外界留下好印象。

除了人格因素以外，认知心理学家更强调智力在个体社会适应中的作用，其中情绪智力在社会适应中的作用尤为显著。情绪智力理论是由美国哈佛大学教授丹尼尔·戈尔曼提出的，他将情绪智力概括为五个方面的内容，而这五个方面的内容与社会适应息息相关（丹尼尔·戈尔曼著，耿文秀，查波译，1997）：了解自我，对自我情绪变化的监测，观察自己的内心世界，只有认知自我才能调试自我；自我管理，调控自己的情绪，使之适时适度地得到表达，自我管理能力强的人能够根据环境进行即时的调控；自我激励，依据活动的目标，调动自身情绪以获得积极的状态；识别他人的情绪，能够通过细微社会线索，敏感而正确地感知他人的需求与欲望，才能够认知他人的情绪，与他人正常地交往；处理人际关系，调控与他人相处的情绪反应的技巧，具体指受社会欢迎程度、领导权威、人际互动效能等。在社会生活的各个领域，适应的影响无处不在，接下来我们将针对职业适应性进行详细的分析。以便提升个体的职场适应能力。

职业适应性的形成与发展是个体社会化的一项基本任务，是每个准备走上工作岗位、进入社会生活领域的职业人必须解决的一个重要问题。从不同角度分析，职业适应性的概念有所不同，从人力资源管理的角度分析，职业适应性是一个人从事某项工作所必须具备的生理、心理素质特征，它是在先天因素和后天环境相互作用基础上形成和发展起来的；从心理学角度分析，职业适应性可以理解为个体的职业素养及其发展水平与所选职业或所任职务对从业者的要求的一致性程度（黄强，2004）。总之，职业适应主要涉及个体的生理、心理对未来工作环境、任务的准备以及和谐一致的状态，即职场中个体与环境的相互作用。职业适应性包括职业环境适应、职业角色适应、职业技能适应、职业人际适应和职业心态适应等（谭明，方翰青，2012）。职业适应性的培养首先要探索职场即职业环境适应、职业技能适应、职业角色适应、职业人际适应，这一点在上一节已经进行了详细叙述。在对职场进行详细了解之后，要进行心态上的调试，初入职场，由于社会环境、角色转换必不可少地会带来心理上的挑战，研究指出环境改变、角色转换会使人出现短暂的生理上的不适应，主要是对工作时间、劳动强度以及紧张程度的生理不适应(郭平，2006)，根据相关调查，人在职场适应中可能出现的心理问题主要有怀旧、依赖、自傲、自卑、浮躁、孤独等。

拓展阅读

体验抽样法(experience sample method)

体验抽样法(experience sample method, ESM)是一种收集个体日常生活环境、内容等信息的手段。ESM与以往的研究方法不同。ESM被广泛地用于研究工作场所中的个人体验。这一方法可以更好地了解员工如何在工作中分配时间以及了解当完成工作中的不同任务时员工的感受，另外ESM也可被用于比较不同职业中的员工(比如经理人和蓝领职员)在注意力、娱乐或者心流方面的体验，也可以用于了解员工对不同工作情境的心理反应。ESM用于工作研究的优势之一是它能够评估员工工作时的主观体验，使用ESM可以表明个体对特定工作以及员工不同情境中的感知实质性的变化，而理解工作时员工的感受对于幸福感有重要意义。

复习巩固

1.使用本节中的技能测评，测量你的优势技能以及需要进一步提升的技能。
2.如果你是领导者，设计一种情境测评来测量职员的问题解决能力。
3.职业适应性主要包括哪些方面，你需要如何培养职业适应能力?

本章要点小结

宏观角度的职场探索包括区域分析即社会经济、文化、价值观体系和人才环境的探索。中观角度的职场探索包括行业分析即行业简介、人才结构及需求分析、行业发展前景分析。微观角度的职场探索包括企业及岗位分析即企业基本概况、发展阶段、岗位描述及要求。

职场文化包括显文化、潜文化以及所属的社会文化。冲突主要包括以下六个来源:有限资源的竞争;代际和个性冲突;好斗的个性;文化多元的团队;工作和家庭需求之间的竞争;性别冲突。

社会关系是人与人之间复杂关系的总称。社会能力是个体有效地适应社会和环境需要，在工作、学习、生活及社会交往中做出适当判断与行为的能力，一般包括适应性行为和社会技能。根据具体内容技能通常被分为三种类型：功能型、工作内容型和适应型。社会技能测量主要包括纸笔测量、情境测量以及行为记录。职业适应性包括职业环境适应、职业角色适应、职业技能适应、职业人际适应和职业心态适应等。

关键术语表

职场探索　职场文化　工作取向和闲暇取向　冲突　有限资源的竞争　代际和个性冲突　社会能力　文化多元　工作和家庭的平衡

本章复习题

1.职场探索的中观角度包括(　　)。

A.区域分析　　B.行业分析　　C.企业分析　　D.岗位分析

2.职场潜文化的重要指标是(　　)。

A.企业文化标语　　B."潜规则"　　C.员工守则　　D.指导手册

3.以下哪些不属于文化价值观的维度？(　　)

A.集体主义、个人主义；物质主义、关注他人

B.对权力与权威的服从；仪式化和非仪式化

C.草根文化、精英文化

D.紧急时间取向、随意时间取向；工作、闲暇；高情境、低情境

4.甲和乙同属于设计部门，领导希望两个人能够给出各自的设计方案加以选择，此时的冲突最有可能来源于(　　)。

A.有限资源的竞争　　B.好斗的个性

C.工作和家庭需求之间的竞争　　D.文化多元的团队

5.工作和休闲之间的关系是(　　)。

A.休闲活动减少工作时间和投入

B.工作的投入导致休闲活动的减少

C.工作和休闲是此消彼长

D.工作和休闲之间存在一定积极的相互作用

6.你可以从哪些地方获取职业信息？(　　)

A.学校　　B.朋友　　C.媒体　　D.家人

7.甲在对自己进行职业能力调查后发现，自己在计划能力、组织能力、领导能力等方面极强，甲最适合以下哪一职位？(　　)

A.技术人员　　B.操作人员　　C.营销人员　　D.管理人员

8.可转移技能属于以下哪一认知过程？(　　)

A.定势　　B.迁移　　C.功能固着　　D.适应

9.在某公司的面试中，有一道情境测量的题目“你所属的部门接到一个新任务，领导让你担任主管，在团队中有更老资历的员工。因此他们对你的决定有不服从的情况，这时你该如何处理”，这道情境题最有可能考察员工的哪方面能力？(　　)

A.执行力　　B.协调能力　　C.合作能力　　D.决断力

10.适应性与“大五”人格匹配情况不正确的是(　　)。

A.社会交往—外倾性；社会容让—宜人性

B.责任心—尽责性　　C.稳定性—外倾性　　D.开放探索—开放性

第十二章　职业生涯目标

在职业生涯规划中，正确合理的目标至关重要。有效的职业生涯规划需要切实可行的目标，以排除不必要的干扰，全心致力于目标的实现。职业生涯目标的设定是职业生涯规划的核心。个人事业的成败，很大程度上取决于有无正确适当的目标。目标的设定是在继职业选择、职业生涯路线选择后，对人生目标做出的抉择。其抉择是以自己的最佳才能、最优性格、最大兴趣、最有利的环境等信息为依据。尽管职业生涯目标的设定关系到个人职业生涯的成败，但在现实生活中，不论是尚未就业的年轻人，还是有一定职业经历的人，对个人发展的道路是什么、应该如何设定目标等问题往往是迷茫的。本章论述职业生涯目标的概念、影响因素和确立方法，并提供一些有效设定目标的指南。

第一节　职业生涯目标概述

一位哲学家到一个建筑工地分别问三个正在砌筑的工人:“你在干什么?”第一个工人头也不抬地说:“我在砌砖。”第二个工人抬了抬头说:“我在砌一堵墙。”第三个工人热情洋溢、满怀憧憬地说:“我在建一座教堂!”听完回答,哲学家马上就判断了这三人的未来……第一个眼中只有砖,他一辈子能把砖砌好就很不错了;第二个眼中有墙,心中有墙,好好干或许能当一位工长或技术员;唯有第三位必有大出息,因为他有“远见”,他的心中有一座殿堂。

歌德曾说过:“决定一个人的一生以及整个命运的,只是一瞬。”无数的事实证明,一个人能否成就一番事业,在很大程度上取决于是否拥有明确而适当的人生目标。明确而适当的目标,就如同人生路上的启明灯,引导着我们克服重重困难,走向成功的彼岸。如果没有人生目标,将找不到生活的意义和方向,导致浑浑噩噩,一事无成;如果目标选择不正确,即使再努力,也只会与成功南辕北辙,白白浪费时间精力;如果目标没有方向性,缺乏清晰的思路,今天学这个,明天又想学那个,不仅会错失大好时机,还会丧失自己的核心竞争力,最终消耗了自己。由此可见,正确、明确、清晰的目标,是走向成功的前提条件和必经之路。

一、什么是职业生涯目标

(一)目标

在生活中常常听说,有人宣称 30 岁成为公司 CEO 或百万富翁,刚走出校门的大学生往往踌躇满志,想在职场大放异彩或在创业中闯出一片天。我们小时候对未来事业也都有过美好憧憬:“我要成为科学家”“我想当明星”,即使很多退休的老年人,仍然计划着参加各种工作或志愿活动,在其中发挥余热。

这些例子无一不指向一个共同的主题:职业生涯目标。目标是指一个人行动的预期目的。有目标才有动力,有目标才有方向,目标通过指导和调整个人行动影响一个人的成就。研究一些成功者的成功轨迹,就会发现他们走向成功之前大都有着自己的明确目标。美国成功学家拿破仑·希尔在《一年致富》中有这样一句名言:一切成就的起点都是渴望。一个人追求的目标愈高,他的才能发展就愈快。一心向着自己目标前进的人,整个世界都给他让路。希尔认为,所有成功,都必须先确立一个明确的目标,当对目标的追求变成一种执着时,你就会发现所有的行动都会带领你朝着这个目标迈进。

目标就是力量，奋斗才会成功。古今中外凡在智能上有所发展、事业上有所成就的人，无不有着明确而坚定的目标英国前首相本杰明·迪斯累里原本是一名并不成功的作家，出版数部作品却无一给人留下深刻印象。后来迪斯累里涉足政坛，决心成为英国首相。他克服重重阻力，先后当选议员、下议院主席、高等法院首席法官，直至1868年实现既定目标成为英国首相。对于自己的成功，在一次简短的演说中迪斯累里一言以蔽之："成功的秘诀在于坚持目标。"明确而坚定的目标是赢得成功、有所作为的基本前提，因为坚定目标的意义，不仅在于面对种种挫折与困难时能百折不挠，抓住成功的契机，让梦想一步步变为现实，更重要的还在于身处逆境能产生巨大的奋进的激情，使自己的潜能得到最大限度地发掘与释放。目标对个人的影响是多方面的：

目标使人产生积极的心态。

目标使人看清使命，产生动力。

目标使人感受到生存的意义和价值。

目标使人把重点从过程转到结果。

目标有助于人分清轻重缓急，把握重点。

目标使人集中精力，把握现在。

目标能提高激情，有助于评估进展。

目标使人产生信心、勇气和胆量。

目标使人自我完善，永不停步。

目标使人成为一个成功的人。

人们常说"有志者事竟成""天下无难事，只怕有心人"，可是现实情况却并非如此。的确，"想干什么"与"能干什么"不是一回事，每个人的能力、天赋和悟性都有所不同，确立了一个目标，未必就能够百分百达到，但是，如果没有一个目标，则更加不容易获得成功。国外有句谚语得好：如果连你自己也不知道你要到哪里，往往你哪里也到不了。中国也有句古语：欲得其中，必求其上；欲得其上，必求上上。所以，不管制定的目标是否能够达到，目标对成功都有着重要的积极意义。

（二）职业生涯目标

上面例子中的目标均围绕未来的职业展开，是在职业范围内设定的目标，即职业生涯目标。由此，职业生涯目标可以理解为：个人希望从自己的职业生涯中获得的成果。

职业生涯目标的确定包括人生目标、长期目标、中期目标与短期目标的确定，它们分别与人生规划、长期规划、中期规划和短期规划相对应。一般，我们首先要根据个人的专业、性格、气质和价值观以及社会的发展趋势确定自己的人生目标和长期目标，然后再把人生目标和长期目标进行分化，根据个人的经历和所处的组织环境制定相应的中期目标和短期目标。

1.人生目标

整个职业生涯的规划，时间长至40年左右，设定整个人生的发展目标。如规划成为一个有数亿资产的公司董事。

2.长期目标

5～10年的规划，主要设定较长远的目标。如规划30岁时成为一家中型公司的部门经理，规划40岁时成为一家大型公司副总经理等等。

长期规划是职业生涯目标设定的重要一步。概念上，长期目标需要考虑个人的需要、价值观、兴趣、才能和期望，因此，应包括工作职责、自主程度、与他人交往的类型与频度、物质环境以及生活方式等方面；行动上，长期目标是把概念目标具体化为某一特定的工作或职位，这就需要对环境进行考察，即考虑什么样的具体职位才能给你提供机会，符合你的重要价值观、兴趣、才能和生活方式的要求。

3.中期目标

一般为2～5年内的目标与任务。如规划到不同业务部门做经理，规划从大型公司部门经理到小公司做总经理等等。

4.短期目标

2年以内的规划，主要是确定近期目标，规划近期完成的任务。如对专业知识的学习，2年内掌握哪些业务知识等等。

短期目标作为一种手段，能够支持长期目标和中期目标，它是中长期目标的系统分解。需要注意的是，我们不能把短期目标只看作一个阶段的终点，而要考虑它能否给人提供应有的回报，能否有助于长期目标的实现，能否带来有意义的工作任务，能否实现所希望的生活方式，因此，短期目标与长期目标一样，也应该与个人偏好的工作环境的主要因素相一致。

二、影响职业生涯目标的因素

影响个人职业生涯目标选择和设计的因素有很多。从总体上一般可分为以下两类：

(一)外部因素

1.社会环境

(1)经济发展水平

从宏观上看，一个国家在经济上发展迅速，必然在科技上就会不断进步，就能对人才产生极大的需求，并能为人才的成长提供多方面的条件。而经济衰退、科技停滞，人才就很难产生。改革开放以来，随着我国市场经济体制的建立，为人们的成才提供了很多机会，也为人的发展提供了良好的社会环境。从微观上看，在经济发展水平高的地区，企业相对集中，优秀企业也比较多，个人职业选择的机会就比较多，因而就有利于个人职业发展和目标选择；反之，在经济落后地区，个人职业发展也会受到限制。

(2)社会文化环境

包括教育条件和水平、社会文化设施等。在良好的社会文化环境中，个人能受到良好的教育和熏陶，从而为职业发展打下更好的基础。教育是赋予个人才能、塑造个人人格、促进个人发展的社会活动，它奠定了一个人的基本素质，对人生有着巨大的影响。有时候，一个企业会拒绝未达到某一教育水准的人。有些人拥有的技术已过时或者过于专业化，结果因为市场对他们的才能需求削减，他们在职业上的处境就将较为不利了。现在树立终身教育的观念，不断学习成为人们的主要任务。教育上的成功与社会阶层的晋升有明显的关联，教育是改变社会阶层的主要动力，教育是一项工具，能够帮助他们突出于庸碌的同事之上。人们的专业、职业种类，对于其职业生涯目标有着重大的影响，往往成为其职业生涯的前中部分以至一生的职业类别，即使人们转换职业，也往往与其所学专业有一定联系。

(3)政治制度和氛围

政治和经济是相互影响的，政治不仅影响到一国的经济体制，而且影响着企业的组织体制，从而直接影响到个人的职业目标。政治制度和氛围还会潜移默化地影响个人的追求，从而对职业生涯目标产生影响。它主要指政策、法律等政治因素，特别是在我国目前条件下，法律、法规尚在逐步建设过程中，政策制度变化也很大，而一些政策、法律的变化，不仅对企、事业单位盛衰影响很大，而且可能影响到整个行业的兴衰。所以，我们在进行职业生涯目标的设计和选择时，一定要了解政策法规，并注意它们的发展趋势。

(4)社会价值观念

一个人生活在社会环境中，必然会受到社会价值观念的影响，大多数人的价值取向，甚至都是为社会主体价值取向所左右的。一个人的思想发展、成熟的过程，其实就是认可、接受社会主体价值观念的过程。社会价值观念正是通过影响个人价值观而影响个人的职业目标选择。

2.组织环境

(1)企业文化

前面我们已经提到过，企业文化决定了一个企业如何看待她的员工，所以，员工的职业生涯目标，是为企业文化所左右的。一个主张员工参与管理的企业显然比一个独裁的企业能为员工提供更多的发展机会，而渴望发展、追求挑战的员工也很难在论资排辈的企业中受到重用。

(2)管理制度

员工的职业目标，归根到底要靠管理制度来保障，包括合理的培训制度、晋升制度、考核制度、奖惩制度等等。企业价值观、企业经营哲学也只有渗透到制度中，才能得到切实的贯彻执行。没有制度或者制度定得不合理、不到位、员工的职业目标就难以实现，甚至可能流于空谈。

(3)领导者素质和价值观

一个企业的文化和管理风格与其领导者的素质和价值观有直接的关系，企业经营哲学往往就是企业家的经营哲学。如果企业领导者重视员工发展，给员工提供充分自由发展的机会和条件，鼓励员工制定长期和短期职业目标，对于员工职业生涯目标的制定和实施都是十分有利的。相反，如果公司不重视员工的职业发展，或因担心人才流失而限制员工的职业目标规划，都会消减员工制定目标的积极性和主动性。

(二)个人因素

1.能力

能力是一个人能否从事某种职业、能否在职业生涯旅程中顺利成长和获得成功的重要条件。对于不同的人来说，能力有高有低，对于个人来说，每个人都有能力的强项和弱项。因此，在进行职业生涯目标的选择和设计时，要根据自身能力的客观条件，从实际出发，坚持“人岗匹配”的基本原则，尽量扬长避短，充分发挥自己能力的强项。一个人如果能在自己的强项上不断进步和充分发挥，就会取得巨大的成就，达到职业生涯的终极目标。

有这样一则小故事：有一天，一群动物聚在一起，彼此羡慕对方的优点，抱怨自己的缺点，于是决定成立一所学校，希望透过训练，使自己成为一个通才。他们设计了一套课程，包括奔跑、游泳、飞翔和攀登。所有动物都注了册，选修了所有的科目。结果是：小兔子在奔跑方面，名列前茅，但一到游泳课就浑身发抖；小鸭子在游泳方面，成绩优异，飞翔也还差强人意，但是奔跑与攀登的成绩却惨不忍睹；小麻雀在飞翔方面轻松愉快，但就不能正经奔跑，碰到水就几乎精神崩溃；至于小松鼠，固然爬树的本领高人一等，奔跑的成绩也还不错，却在飞翔课中学会了溜课。大家越学越迷惑，越学越痛苦，终于决定：停止盲目学习别人，好好发挥自己的长处。他们不再抱怨自己、羡慕别人，因此又恢复了往日的活泼和快乐。由此可见，在树立自己的目标时，要认真思考自己擅长的是什么，而非一味地与他人比较或羡慕别人。

此外，能力虽具有客观稳定性，但并非一成不变的，它在一定程度上具有主观能动性，即个人通过不断努力，可以使能力不断提高，甚至使弱项变成强项。因此，个人在尽力发挥能力强项的同时，也要努力完善自己各个方面的能力，提高在职场中的竞争力，不断拓宽自己的职业目标，这样才能充分发挥自身价值，有把握、有实力抓住实现目标的机会。

2.价值观

价值观是人们希望获得哪些结果的一种抽象说法。它揭示着人们看待工作或职业回报、薪酬或其他问题的不同态度。各种职业都有各自的特性。不同的人对职业的特性可能有不同的评价和取向，这就是所谓的职业价值观，也称择业观。价值观对人的一生有着重要的影响。作为人们对待职业的一种信念和态度，职业价值观往往决定着人们的职业期望，影响着人们对职业方向和职业目标的选择。生涯规划中，我们常常需要做出这些选择：是要工作舒适轻松，还是要高标准的工资待遇，要成就一番事业，还是要安稳太平。当两者有矛盾冲突时，最终影响我们决策的是存在于内心的职业价值观。可见价值观对职业生涯目标的影响是高层次的、深远的。

有一种理论将个人的价值观分为六大类型：理论的价值观、经济的价值观、审美价值观、宗教价值观、社会价值观和政治价值观。尽管有些人把获得权力（属于政治价值观）或帮助他人（属于社会价值观）放在首要位置，但也有人更关注为世界创造美（属于审美价值观）或做学问（理论的价值观）。可能每个人都有几种自己认为重要的价值观，并形成独特的组合。了解自己的职业价值观，也就明确了自己的职业生涯志向。举个极端的例子，一个非常务实且有极强政治欲望的人，不可能对一个低工资且无法发挥自己领导才能的工作感兴趣。又如，人人平等的价值理念，鼓舞"圣雄"甘地带领印度人民走向独立；怀大爱心、做小事情的信念，使诺贝尔和平奖获得者德兰修女，创办了20世纪世界上最大的慈善机构，帮助了无数的人。

不同的人有不同的价值观，而不同的价值观适合从事不同的职业或岗位。如果在制定职业生涯规划选择职业时，没有考虑自己的价值观，选择了不适合自己的职业，也就很难在这个岗位上工作下去，当然也就谈不上事业发展的成功。

工作价值观通常都是与某种职业紧密相连的，并且工作价值观也可以作为在你和工作之间进行匹配的基础。举个例子来说吧，假如创造性对你来说是一项重要的工作价值，那么，建筑师、设计师、广告创意人员、工程师和表演艺术家可以作为你的职业选择；如果你认为帮助他人有意义，你应该经营服务取向的生意；如果你生性喜欢冒险，可以选择充满刺激的行业；如果安全在你心目中是第一位的，则应尽量避免那些风险大的职业。当你认为某项很重要的价值在一项职业里缺失的时候，就会出现职业错位的现象。

另外，知识经济时代要求从业者具备终身学习能力，从业者能力的提高必然带来择业机会的增多，而后者直接导致从业者在面对职业选择机会时困惑的加剧。职业困惑部分源于外在因素对价值观的影响，更有一部分是因为困惑者对自身需求的不了解。为此，发现你的价值观，对于职业生涯目标就有重要意义。

3.兴趣意志

兴趣是职业目标选择的重要依据，当一个人对某种职业发生兴趣时，他就能发挥整个身心的积极性，就能积极地感知和关注该职业知识动态。兴趣可以提高人们的工作效率，兴趣可以调动人的全部精力，让人们以敏锐的观察力、高度的注意力、深刻的思维和丰富的想象力投入工作，进而大大提高工作效率。在其他条件相似的情况下，从事自己感兴趣的职业不但让你感到满意，而且能够让你的工作单位感到满意，并由此导致工作的长期性和稳定性。此外，多方面的兴趣可以使人善于应付多变的环境，如果变换工作，只要自己感兴趣，就能够很快地学会这门工作技能，求职成功，并能够在新的岗位上很快地熟悉和适应新的工作。人们不仅需要知道自己有能力从事什么样的工作，更重要的是需要知道自己对哪类工作感兴趣，只有将能力和兴趣结合起来考虑，才能规划好职业目标并取得职业目标的成功。

意志是一个人自觉地确定目标，支配与调节自己的行动，克服各种困难，从而达到预期目标的心理状态，包括自觉性、果断性、坚韧性、自制力和勤奋性五个方面。一个人要对自己行动的目的有着正确、充分的认识，善于明辨是非，能当机立断做出决定并予以执行，有坚韧的毅力、百折不挠的精神，在行动中善于控制自己的情绪，约束自己的言行，干事情有刻苦执着的精神等，这样有助于职业目标获得成功。职业生涯规划的自觉性、进行职业抉择的果敢性、为实现长期职业目标而努力的坚韧性、职业目标规划和决策中的自制性、为完善职业生涯目标做出大量努力等方面都有益于达到职业生涯目标的科学性和合理性。就像一位哲人所说的那样："伟人都是熬出来的，对信念的执着不能靠一时的小聪明。在遇到困难时，多数人是再选择而不是将原来的选择坚持到底。成功者与常人的差别并不是智商而是一种毅力。这种固执会产生一种力量，使人勇往直前。"没有坚强的意志，人就会在顺境中得意忘形，在逆境中消沉颓废，最终不能实现自己的职业生涯目标。意志强弱对于一个人的职业生涯目标来说有着重大的影响作用。

4.机遇

机会，是一种随机出现的、具有偶然性的事物。在一个人一生当中会遇到许多偶然的机会，有利的偶然机会就是机遇。如果社会上出现了给一个人提供个人发展、向上流动的职业环境，对于职业发展而言，那就是出现了机遇，这对一个人的职业生涯规划有积极的推动作用。把握机遇的前提是完善自我、提高素质、具备职业发展的潜质。不具备这种前提，那机遇就不会青睐这种人，这种人就会与机遇擦肩而过。具备了这种前提还要善于发现机遇，如果漠视机遇，那这种人只能是英雄无用武之地，找不到职业发展的方向。抓住机遇是关键，只有抓住了机遇，才能有一个施展才华、快速成长的机会。机遇对于任何人都是平等的，又总是降临于素质高、有准备的人的身上，谁素质高、准备充分，谁就能够抓住机遇，获得机会。

生活中的心理学

几种有趣的定律

① 当下定律：人不能控制过去，也不能控制将来，人能控制的只是此时此刻的心念、语言和行为。根据吸引定律，如果人总是悼念过去，就会被内疚和后悔牢牢套在想改变的旧现实中无法解脱。如果人总担心将来，人的担心就会把不想发生的情况吸引进现实中。

② 80/20定律：人在达成目标前80%的时间和努力，只能获得20%的成果。80%的成果在后20%的时间和努力中获得。

③ 间接定律：要提高自我价值，包括物质和精神两方面，必须通过提高他人价值间接实现。你要提高自己的自尊，必须通过首先提高别人的自尊间接实现。你要有所成就，必先通过成就别人间接达成。间接定律中提高自我价值和提高他人价值往往是同时发生，即当你在提高别人价值的时候，你的自我价值马上就提高。

复习巩固

1.职业生涯目标的概念是什么？
2.职业生涯目标包括哪几部分？
3.影响职业生涯目标的因素包括哪几部分？

第二节 职业生涯目标确立的方法

一、确立职业生涯目标的意义

目标，像分水岭一样，把资质相似的人分成少数的精英和多数的平庸之辈。前者主宰了自己的命运，后者随波逐流，枉度一生。当一个人下定决心之后，往往没什么能阻止他达到目标。一旦有了成功的渴求，就会产生强烈的使命感与责任感并为之拼搏。西方有句谚语：你想要的尽管拿去，只要付出相应的代价就行。有位哲人说："决心攀登高峰的人，总能找到道路。"强烈的动机可以驱使人超越诸多困境，无须扬鞭自奋蹄。如果你至今仍不清楚自己希望达到怎样的人生高度，那么请把你的目标写下来，矢志不渝地向着心中的目标拼搏进取，如此，你就会敏锐地捕捉到成功的契机，顺利抵达理想的境地。

所以，我们要敢于梦想，敢于制定富有挑战性的目标，这样，我们的潜能才能最大限度地激发出来，才更加容易在未来的职场上获得成功。在职业生涯中，设定目标的具体意义主要体现在以下两方面：

（一）对于大学生

从学校走向社会，大学生将会面对一个全新的世界，在这个社会里，使大学生能够立足的是所选职业，它不仅是生活的基础，更重要的是它能体现出每个人存在的价值。

但调查发现，相当大的一部分大学生对于自己将来的职业没有一个非常明确的定位，不知道自己将来一定要做什么。他们从学校走向社会，许多人一开始根本没有考虑到事业发展会怎么样，在找工作时一个是看哪个单位的牌子大，再就是哪个单位能出国，还有就是挑哪家单位待遇高，而并没有考虑到自身的发展问题。因此，进行职业生涯目标规划，针对个人特点，确立未来的发展方向，对一个人的一生来说，显得格外重要。但职业怎么发展，是有一系列科学讲究的，这个科学实际上就是职业生涯目标设计的过程或者方法。大学生们要根据职业生涯规划理论与原则以及职业成功的标准，掌握正确的职业生涯设计方法，准确地进行自我定位，合理规划职业人生，列出具体措施和日程，通过具有前瞻性的职业生涯目标设计，减少在人生路上的徘徊犹豫，避免浪费时光，为主动迎接未来职业发展的挑战做好充分准备。

大学生制定职业生涯目标规划，有利于自我定位、认识自我、了解自我，明确自己的方向，明确自己的人生目标。他们在进行规划的时候，都会问："我想干什么？我能干什么？现在准备什么？就业环境如何？"这样，就有助于在校生的个性化发展和创新人才的培养。个性张扬，而非"个色"发挥。在校生可以自己找点事情做，如自己对写作感兴趣并有一定的能力，可以试着写一本书。找出自己特长的东西，并发挥这种特长。

因此，大学生及早制定属于自己的职业生涯目标规划是十分必要的，而制定职业生涯目标规划也需要遵循一定的原则，对自己的认识和定位是重要的。在全球化的竞争之下，每个人都要发挥出自己的特长。从事热爱的工作，这样的人才是最幸福和最快乐的人，他们最容易在事业上取得最大的成功。"知己"十分重要，"知彼"也是同等重要的。

（二）对于员工

1.促进员工对自己的了解

有自我生涯目标的人会有清晰的发展目标，每个人的人生不仅与收入有关，还与自己的生涯规划发展有关。有目标的人才能抗拒短期的诱惑，有目标的人才会坚定地朝着自己的方向前进，有目标的人才会感觉充实。每个人只有找准自己的角色定位才能取得最大的成功，做自己喜欢的事情，做到极致，最容易成功。很多时候失败的人不代表没有能力，而是角色定位的失败。个人生涯规划正是对个人角色的有效定位的方式。

如果人们不充分了解自己的能力、价值观、兴趣爱好和生活偏好，就很难设定合理和合适的职业生涯目标。其实，职业目标的确定和设计过程有助于员工对自我的思考和了解，当员工对自己有了深入的了解，并与其他有见识的人，尤其是自己的上级讨论修正时，会极大地促进他们职业目标的实现。

2.促进员工对环境的了解

为设定现实而有效的职业生涯目标，员工必须广泛收集环境的信息。在这一过程中，员工可以实现对工作环境、组织环境乃至地区就业环境的充分了解。通过对环境的熟悉和了解，不仅有助于员工做好当前本职工作，更给了员工更广阔的发展空间。在如今迅速发展的职场环境下，很多员工希望加深对不同领域职能的了解，有了目标就有了动力，制定长远的目标，有助于员工扩大自己的事业，学习组织内部及其他组织和领域的知识，促进职业生涯成功。

生活中的心理学

目标对人生影响的跟踪调查

哈佛大学有一个非常著名的关于目标对人生影响的跟踪调查。调查的对象是一群智力、学历、环境等条件都差不多的大学毕业生。结果是这样的：27%的人，没有目标；60%的人，目标模糊；10%的人，有清晰但比较短期的目标；3%的人，有清晰而长远的目标。以后的25年，他们开始了自己的职业生涯。25年后，哈佛再次对这群学生进行了跟踪调查。结果是这样的：3%的人，25年间他们朝着一个方向不懈努力，几乎都成为社会各界的成功人士，其中不乏行业领袖、社会精英；10%的人，他们的短期目标不断地实现，成为各个领域中的专业人士，大都生活在社会的中上层；60%的人，他们安稳的生活与工作，但都没有什么特别的成绩，几乎都生活在社会的中下层；剩下27%的人，他们的生活没有目标，过得很不如意，并且常常抱怨他人、抱怨社会、抱怨这个“不肯给他们机会”的世界。其实，他们之间的差别仅仅在于：25年前，他们中的一些人知道自己到底要什么，而另一些人则不清楚或不很清楚。

二、确立职业生涯目标的原则

要想职业生涯目标能够顺利落实，就必须遵守一些基本原则。

1.SCI(ENCE)-ART(科学与艺术原则)

Specific(明确的):就是指你的目标尽量以一种能够用数字加以衡量的方式来表达,而尽量不要用宽泛的、一般的、模糊的或抽象的形式。只是说"我会更加努力地打好网球比赛"或是"我的目标是更好地利用时间"是远远不够的。你怎样衡量"更加努力"和"更好"呢?你需要用一种可以衡量的方式来表达自己的目标,例如"我的目标是在下个星期二晚上11点之前写完11页实验报告"。当下个星期二到来的时候,你就会知道你是否实现了自己的目标,因为在设立目标的时候你使用了可以测量的单位。你要有一个可以衡量的成功或者失败的标准,以此来准确评价自己的目标。然后你可以把当前的目标保持下去,或是对部分目标进行调整,如果你认为有必要,也可以把它彻底地放弃。如:我要在3年内赚200万>我要变富有。

Clear(清晰的):考虑目标、措施是否清晰、明确实现目标的步骤是否直截了当。你的目标必须是以普通人都能理解的口头语言或书面语言表达。一个长期目标的用词必须仔细推敲,这样才有可能将它进一步分解为一系列的环节或短期目标。有时你会感到要表述一个目标非常困难,因为那需要你把抽象的感觉变为具体、清晰的陈述。如:我要成为行业第一名>我要成为高手。

Image(景象化的):能够把目标转换成视觉形象>模糊的文字表述。

Acif-now(现在时的):如:我要成为一名培训师>我是一名培训师。

Realistic(可实现的):规划的设计应有明确的标准,以便评量、检查,使自己随时掌握执行状况,并为规划的修正提供参考依据。如:有检验标准>没有检验标准。

Timed(有时限的):如:我想在4年内当上老板>我的理想是当老板。

(二)A+B(积极平衡原则)

Active(积极的):不仅目标内容要正面积极,而且表达目标的方式也要积极。用肯定的预期来预测你的结果,说出你希望的而非不希望的。如"我不要整天无所事事"就是否定的表达方式,不可取!可以改为"我要每天都过得充实"。这是为什么呢?因为你关注什么就会得到什么,你抗拒什么,你也将收获什么,用负面的词汇表达,最终你将收获负面的内容。这是吸引力法则的作用效果。

Balanced(平衡的):需要考虑职业目标与生活目标方面的平衡,也要考虑自己目标与他人的互利共赢。想一想你的目标是否损害你周围人的利益,是否对社会有利,有没有违背法律?这一条绝对不是可有可无的,当我们的目标是对自己和他人都有利的时候,我们称之为双赢,当我们的目标对自己、他人和社会都有利时,我们称之为三赢。三赢是使你的成功持久的关键,我们可以通过一时的欺诈得到自己想要的,但我们不可能长久的这样做。诚信与良心,是一块温柔的枕头,也是人生美满的重要基石。

(二)先理智后情感原则

人的大多数决定过程是先情感决定，后理智证实。之于职业目标应该反其道而行之，先充分考虑可能的选择，然后用自己的感觉去评估决定。

(四)实事求是原则

准确的自我认识和自我评价是制定个人职业计划的前提。面对现实，不说大道理，自己的前途，自己来把握。当我们追求理想时，当然不能忽略了实际问题。最完美的是能将理想和实际相结合，找一份你最爱的工作。当理想和实际有分歧时要面对现实，分析现实就业形势和自身条件，从实际出发，制定切实可行的目标，逐步实现理想。理想与实际是可以兼得的，但是你必须有计划，必须付出，必须执着。三百六十行，行行出状元，所以不能说什么工作好什么工作不好。许多做出成就的人其实都是从小事做起，兢兢业业，然后才取得成功的。一个工作只要你喜欢，而且这个工作又特别适合你，能最大限度地发挥你的长处，那么，这就是个好工作。在就业的同时能实现择业当然好，但是，在就业形势比较严峻的形势下，很难在就业的同时实现择业。在这种情况下，先就业后择业未必就不是一件好事，在这个过程中你会发现自己积累了很多社会经验，积累了许多职业技能，应该说哪一行都不好做，只要努力哪一行都能做好！

(五)切实可行原则

首先，个人的职业目标一定要同自己的能力、个人特质及工作适应性相符合，一个学历不高又无专业特长的员工，却一心想进入管理层，在现代企业中显然不切实际。其次，个人职业目标和职业道路确定，要考虑到客观环境条件。例如，在一个论资排辈的企业里，刚毕业的大学生就不宜把担当重要管理工作确定为自己的短期职业目标。

(六)协调一致原则

个人职业计划目标要与企业目标协调一致。员工是借助于企业而实现自己的职业目标的，其职业计划必须要在为企业目标奋斗的过程中实现。离开企业的目标，便没有个人的职业发展，甚至难以在企业中立足。所以，员工在制定自己的计划时，要与企业目标协调一致。

了解了以上内容后，我们就可依此进行自身的职业规划了。当然实际操作中你可能会遇到很多困难，如“我究竟是个什么样的人?”“我的职业信息太少，没法决策!”“怎样的行动方案才更适合我?”等等一系列问题。其实这很正常，现实中真正能全部解决这些问题的是很少的。当我们自己操作遇到困难时，明智的做法是寻求专业职业规划咨询机构的帮助。这样既省时又高效，最关键的是，这样大大地提高了我们职业成功的概率。

三、确立职业生涯目标的方法

职业目标关乎你一生的职业生涯方向的确定，所以适不适合自己，适不适合自己的发展尤其重要，那么怎么样才能明确职业目标呢？具体步骤如下：

（一）自我分析

职业目标确定的前提是自我认知，只有在自我认知透彻之后才能明确自己的目标，这样结合自己的情况做出的选择会更适合个人的职业生涯发展。自我认知也就是所谓的对自身的分析，各方面的分析包括自己的兴趣爱好、特长优势、自己的缺点、自己所擅长的方面等等，总之对自己的了解越是深入，最后的结果越是准确，因为选择的方向目标都是自己所擅长的，或者说自己的优势所在，这样制定出来的职业规划也会更加适合个人的职业发展。

如果一个人清楚地知道了自己想做什么，适合做什么，能做什么，就一定能够找到发展自己的人生舞台，并演绎你多彩的职业人生。盘点自己主要是：个人的能力；个人的兴趣与爱好；个人的性格与气质；个人的学识水平；个人的技能。进而综合评价职业自我。可采用 SWOT 方法进行自我分析，见第七章 SWOT 自我分析法。

当初步确定了自己的职业目标和职业定位之后，下一步就应该围绕着职业目标和职业定位，设计合理的“职业发展路线图”，最终实现职业目标。

（二）职业目标路线选择

基于以上对自我的分析，确定自己的职业发展路线，询问自己：想往哪一条路线发展？我适合往哪一路线发展？我可以往哪一路线发展？

1.选择方法

选择，或者说确定自己的职业生涯发展目标，需要用预测、衡量和比较的方法。

(1)预测。预测是设想各种方案并对各种方案的可能性进行评估。“我能成为总统吗？”“我能成为将军吗？”“我能成为董事长吗？”“我能成为总经理吗？”“我能成为高级技师吗？”“我能成为一名企业骨干吗？”这些就是预测，恐怕最有可能成功的是后面的技师、经理与骨干。因为它们最接近现实，通过奋斗最有可能实现。

(2)衡量。即考虑事物的轻重得失，对目标进行考量。需要从三个方面进行衡量：第一，主要考虑本人现实条件与目标匹配的程度。第二，考量目标究竟能给自己带来什么好处、实惠和回报，如果目标得以实现，那么自己有何种满足程度，如果目标实现了，自己也不会感到满足，那么，这样的发展目标就应该修正。第三，要考虑目标对外部环境的要求，目标是不是符合外部环境发展趋势，目标有没有实现的机遇。这些都要考虑，如果不合时势，没有实现的可能和机遇。那就要重新调整发展目标。

(3)比较。就是把多种发展目标的优劣进行比一比，取其实现可能性大、对自身奋斗回报高的目标，从而把它确定为最优目标，这样职业生涯发展目标就得以选择和确定。

2.选择路线

职业目标路线，包括一个个职业阶梯，我们可以从低到高一步步上升。由于每个人的自身条件不同，适合的职业目标路线也不同，有的人适合搞研究，能够在专攻领域求得突破；有的人适合做管理，能够成为优秀的管理人才。在确定职业目标路线时，需要对职业进行定位，这里就需要提到职业锚的概念。所谓职业锚，又称职业系留点。锚，是使船只停泊定位用的铁制器具。职业锚，实际就是人们选择和发展自己的职业时所围绕的中心，是指当一个人不得不做出选择的时候，他无论如何都不会放弃的职业中的那种至关重要的东西或价值观。

职业锚，也是自我意向的一个习得部分。个人进入早期工作情境后，由习得的实际工作经验所决定，与在经验中自省的动机、价值观、才干相符合，达到自我满足和补偿的一种稳定的职业定位。职业锚强调个人能力、动机和价值观三方面的相互作用与整合。职业锚是个人同工作环境互动作用的产物，在实际工作中是不断调整的。

对自己的职业观进行定位后，要依据自身特点选择目标路线。一般来讲，有以下几种路线可供我们选择：

(1)技术／职能型路线(technical functional competence)：专业技术型发展路线是指工程、财会、生产、销售、法律等职业性专业方向。适合技术/职能型路线的人，追求在技术/职能领域的成长和技能的不断提高，以及应用这种技术/职能的机会。他们对自己的认可来自他们的专业水平，他们喜欢面对来自专业领域的挑战。他们一般不喜欢从事一般的管理工作，因为这将意味着他们放弃在技术/职能领域的成就。

(2)管理型路线(general managerial competence)：适合管理型的人追求并致力于工作晋升，倾心于全面管理，独自负责一个部分，可以跨部门整合其他人的努力成果，他们想去承担整个部分的责任，并将公司的成功与否看成自己的工作。具体的技术/功能工作仅仅被看作是通向更高、更全面管理层的必经之路。行政管理型发展路线对个人素质、人际关系技巧要求很高。

(3)自主／独立型路线(autonomy independence)：自主/独立型的人希望随心所欲安排自己的工作方式、工作习惯和生活方式。追求能施展个人能力的工作环境，最大限度地摆脱组织的限制和制约。他们情愿放弃提升或工作扩展机会，也不愿意放弃自由与独立。适合的职业路线包括编辑、艺术类工作方向。

(4)安全／稳定型路线(security stability)：安全/稳定型的人追求工作中的稳定与安全感。他们可以预测将来的成功从而感到放松。他们关心财务安全，例如：退休金和退休计划。稳定感包括诚信、忠诚以及完成老板交代的工作。尽管有时他们可以达到一个高的职位，但他们并不关心具体的职位和具体的工作内容。

(5)创业型路线(entrepreneurial creativity)。现在,不少人开始选择自我创业或走自由职业者的道路。适合创业型的人希望使用自己能力去创建属于自己的公司或创建完全属于自己的产品(或服务),而且愿意去冒风险,并克服面临的障碍。他们想向世界证明公司是他们靠自己的努力创建的。他们可能正在别人的公司工作,但同时他们在学习并评估将来的机会。一旦他们感觉时机到了,他们便会自己走出去创建自己的事业。创业自有快乐,但创业的艰难也非常人能够想象的。因此,要想创业,要做好物质和心理方面的准备,较好的途径是到相关领域组织中从事研究开发和市场营销。

(6)服务型路线(service dedication to a cause)。服务型的路线指追求认可的核心价值,例如:帮助他人,改善人们的安全,通过新的产品消除疾病。追求服务型路线的人一直追寻这种机会,即使这意味着变换公司,他们也不会接受不允许他们实现这种价值的工作变换或工作提升。

(7)挑战型路线(pure challenge)。适合挑战型路线的人喜欢解决看上去无法解决的问题,战胜强硬的对手,克服无法克服的困难障碍等。对他们而言,参加工作或职业的原因是工作允许他们去战胜各种不可能。新奇、变化和困难是他们的终极目标。如果事情非常容易,它马上变得非常令人厌烦。

(8)生活型路线(lifestyle)。生活型路线允许人们平衡并结合个人的需要、家庭的需要和职业的需要的工作环境,将生活的各个主要方面整合为一个整体。正因为如此,需要一个能够提供足够的弹性让人们实现这一目标的职业环境。有时需要牺牲职业的一些方面,如:提升带来的职业转换。适合这一路线的人认为自己在如何去生活,在那里居住,以及如何处理家庭事情及在组织中的发展道路是与众不同的。

需要强调的是,不管你选择哪种职业目标发展路线,最重要的是一定要结合实际,综合考虑自己的个性、价值观、兴趣、能力等自身条件和社会环境。另外,在实际选择路线过程中,以上路线只是作为参考,并且它们之间存在很多交叉,所以需要结合实际灵活选择。

(三)职业目标分解

目标分解是将目标清晰化、具体化的过程,是将目标量化成可操作的实施方案的有效手段。目标分解就是根据观念、知识、能力差别,将职业生涯的远大目标分解为有时间规定的长、中、短期分目标,直至将目标分解为在某个确定日期可以采取的具体步骤。目标分解程序如下:

1.确定长期目标

在经过自我识别定位和职业环境分析,选定了职业路线之后,我们就需要确定一个长远目标。时间为五年以上的目标,它通常比较粗、不具体,可能随着企业内外部形势的变化而变化,在设计时以画轮廓为主。它的主要特征有:(1)目标是自己认真选择的,和组织、社会的发展需求相结合;(2)目标很符合自己的兴趣、价值观,能为自己的选择感到骄傲;(3)目标能用明确的语言定性说明;(4)有实现的可能,并有更大的挑战性;(5)目标与志向相吻合,能够立志通过努力实现理想;(6)目标与人生目标相融为一,指导自己为创造美好未来坚持不懈。

2.确定中期目标

长期目标确定后,需要将之分解为数个中期目标。中期目标一般为三到五年,它相对长期目标要具体一些,如参加一些旨在提高技术水平的培训并获得等级证书等。其特征主要有:(1)目标是结合自己的志愿、组织的环境及要求制订的,与长期目标相一致;(2)目标基本符合自己的兴趣、价值观,使人充满信心,且愿意公之于众;(3)目标切合实际,并且未来的发展有所创新,有一定的挑战性;(4)目标能用明确的语言定量与定性说明;(5)目标有比较明确的执行时间,根据外部环境变化可做适当的调整;(6)目标可以发挥自己的能动性,实现的可能性非常大。

3.确定短期目标

中期目标继续分解为短期目标,通常是指时间在一至两年内的目标,是中期目标和长期目标的具体化、现实化和可操作化,是最清楚的目标。其主要特征主要有:(1)目标表述清晰、明确;(2)目标对于本人具有意义,与自我价值观和中长期目标一致,有可能暂时不能完全满足自己的兴趣要求,但可"以迂为直";(3)目标切合实际,并非幻想;(4)有明确的具体完成时间;(5)有明确的努力方向,通过努力能达到适合环境需要的能力,实现起来完全有把握;(6)目标精练。

四、确立职业生涯目标的注意事项

(一)明晰职业规划,确定职业目标——价值观和人生定位

自我的人生价值和角色定位、人生主要目标的设定等等,简单地说就是:你准备做一个什么样的人?你的人生准备达成哪些目标?这些看似与具体压力无关的东西其实对我们的影响却总是十分巨大,对很多压力的反思最后往往都要归结到这个方面。卡耐基说:"我非常相信,这是获得心理平静的最大秘密之一——要有正确的价值观念。而我也相信,只要我们能定出一种个人的标准来——就是和我们的生活比起来,什么样的事情才值得的标准,我们的忧虑有50%可以立刻消除。"

(二)心态调整——以积极乐观的心态拥抱压力

法国作家雨果曾说过:"思想可以使天堂变成地狱,也可以使地狱变成天堂。"我们要认识到危机即是转机,遇到困难,产生压力,一方面可能是自己的能力不足,因此整个问题处理过程,就成为增强自己能力、促进成长重要的机会;另一方面也可能是环境

或他人的因素，则可以理性沟通解决，如果无法解决，也可宽恕一切，尽量以正向乐观的态度去面对每一件事。如同有人研究所谓乐观系数，也就是说一个人常保持正向乐观的心，处理问题时，他就会比一般人多出20%的机会得到满意的结果。因此正向乐观的态度不仅会平息由压力带来的紊乱情绪，也较能使问题导向正面的结果。

（三）理性反思——自我反省和压力日记

对于一个积极进取的人而言，面对压力时可以自问，“如果没做成又如何？”这样的想法并非找借口，而是一种有效疏解压力的方式。但如果本身个性较容易趋向于逃避，则应该要求自己以较积极的态度面对压力，告诉自己，适度的压力能够帮助自我成长。同时，记压力日记也是一种简单有效的理性反思方法。它可以帮助你确定是什么刺激引起了压力，通过检查你的日记，你可以发现你是怎么应对压力的。

（四）建立平衡——留出休整的空间，不要把工作上的压力带回家

我们要主动管理自己的情绪，注重业余生活，不要把工作上的压力带回家。留出休整的空间：与他人共享时光、交谈、倾诉、阅读、冥想、听音乐、处理家务、参与体力劳动都是获得内心安宁的绝好方式，选择适宜的运动，锻炼忍耐力、灵敏度或体力，持之以恒地交替应用你喜爱的方式并建立理性的习惯，逐渐体会它对你身心的裨益。

（五）时间管理——关键是不要让你的安排左右你，你要自己安排你的事

工作压力的产生往往与时间的紧张感相生相伴，总是觉得很多事情十分紧迫，时间不够用。解决这种紧迫感的有效方法是时间管理，关键是不要让你的安排左右你，你要自己安排你的事。在进行时间安排时，应权衡各种事情的优先顺序，要学会“弹钢琴”对工作要有前瞻能力，把重要但不一定紧急的事放到首位，防患于未然，如果总是在忙于救火，那将使我们的工作永远处于被动之中。

（六）加强沟通——不要试图一个人就把所有压力承担下来

平时要积极改善人际关系，特别是要加强与上级、同事及下属的沟通，要随时切记，压力过大时要寻求主管的协助，不要试图一个人就把所有压力承担下来。同时在压力到来时，还可主动寻求心理援助，如与家人朋友倾诉交流、进行心理咨询等方式来积极应对。

（七）提升能力——疏解压力最直接有效的方法是设法提升自身的能力

既然压力的来源是自身对事物的不熟悉、不确定感，或是对于目标的达成感到力不从心所致，那么，疏解压力最直接有效的方法，便是去了解、掌握状况，并且设法提升自身的能力。通过自学、参加培训等途径，一旦“会了”“熟了”“清楚了”，压力自然就会

减低、消除，可见压力并不是一件可怕的事。逃避之所以不能疏解压力，则是因为本身的能力并未提升，使得既有的压力依旧存在，强度也未减弱。

（八）活在今天——集中你所有的智慧、热忱，把今天的工作做得尽善尽美

压力，其实都有一个相同的特质，就是突出表现在对明天和将来的焦虑和担心。而要应对压力，我们首要做的事情不是去观望遥远的将来，而是去做手边的清晰之事，做好准备的最佳办法就是集中你所有的智慧、热忱，把今天的工作做得尽善尽美。

（九）生理调节——保持健康，学会放松

另外一个管理压力的方法集中在控制一些生理变化，如：逐步肌肉放松、深呼吸、加强锻炼、充足完整的睡眠、保持健康和营养。通过保持你的健康，你可以增加精力和耐力，帮助你与压力引起的疲劳斗争。

（十）日常减压

以下是帮助你在日常生活中减轻压力的十种具体方法，简单方便，经常运用可以起到很好的效果：一是早睡早起。在你的家人醒来前一小时起床，做好一天的准备工作。二是同你的家人和同事共同分享工作的快乐。三是一天中要多休息，从而使头脑清醒，呼吸通畅。四是利用空闲时间锻炼身体。五是不要急切地、过多地表现自己。六是提醒自己任何事不可能都是尽善尽美的。七是学会说“不”。八是生活中的顾虑不要太多。九是偶尔可听音乐放松自己。十是培养豁达的心胸。

拓展阅读

没有目标的跳槽，越跳越糟

每年三四月份和九十月份都是职场的一个“波动期”，无论大公司还是小公司，员工跳槽的比例都大幅度增加，大家把跳槽看作晋升、加薪、提高的一种手段，认为想改变现状就得跳槽。但是，频繁的跳槽其实并不利于工作经验的积累，也不利于职业生涯目标的发展。有些人在跳槽中越跳越迷茫，跳到最后竟然迷失了方向，连自己能做什么工作都不知道了。由此，职场专家告诫职场人：在跳槽前，请先明确自己的职业目标。有个目标，就不会让自己像无头苍蝇到处乱撞了。

职业专家认为，跳槽无罪，但是自己的职业生涯需要经营，跳槽切忌漫无目标。经营自己的职业生涯时，不妨从这几个问题入手：针对下一步发展，我有清晰的职业计划吗？我将如何一步步实现它们？对于职业目标是否有充分了解？自己的志向适合自我的发展需要吗？

事实上,跳槽并不是目的,那只是接近个人职业目标的方法之一。职业专家认为,如果能在跳槽前做好职业定位,充分考虑自己的内在职业取向和独特的商业价值,了解新公司的企业实力、环境和文化背景,对自己即将从事的岗位进行充分调动和全面了解,做到心中有数,充分做好准备再去应聘,这样获得的新工作就自然会变得稳定许多。

复习巩固

1.确立职业生涯目标的意义是什么?

2.确立职业生涯目标的原则有哪些?

3.确立职业生涯目标的具体步骤包括哪几部分?

4.长期、中期和短期目标的特征分别是什么?

本章要点小结

个人事业的成败,很大程度上取决于有无正确适当的目标。职业生涯目标是指个人希望从自己的职业生涯中获得的成果,包括人生目标、长期目标、中期目标与短期目标。影响个人职业生涯目标选择的外部因素主要包括社会环境和组织环境,个人因素主要包括能力、价值观念、兴趣意志、机遇等。职业生涯目标的设定,是在遵循基本原则的基础上,充分认识自我、对生涯机会进行评估后,对职业发展方向做出的抉择。职业生涯目标的抉择是以自己的最佳才能、最优性格、最大兴趣和最有利环境等条件为依据的。同时要根据外界环境的变化,及时修正自己的目标。

关键术语表

职业生涯目标　匹配　价值观　意志　SWOT 方法　职业锚

本章复习题

1.长期目标一般年限为(　　)。

A.40 年左右　　B.5～10 年　　C.2～5 年　　D.少于 2 年

2.中期目标一般年限为(　　)。

A.40 年左右　　B.5～10 年　　C.2～5 年　　D.少于 2 年

3.追求认可的核心价值,例如:帮助他人,改善人们的安全,通过新的产品消除疾病服务型路线的人,适合的职业生涯路线是(　　)。

A.创业型路线　　B.服务型路线

C.安全/稳定型路线　　　　　　　　D.管理型路线

4.可能随着企业内外部形势的变化而变化，在设计时以画轮廓为主的目标是(　　)。

A.人生目标　　B.长期目标　　C.中期目标　　D.短期目标

5.有明确的努力方向，通过努力能达到适合环境需要的能力，实现起来完全有把握的目标是(　　)。

A.人生目标　　B.长期目标　　C.中期目标　　D.短期目标

6.职业生涯目标包括(　　)。

A.人生目标　　B.长期目标　　C.中期目标

D.短期目标　　E.暂时目标

7.影响职业生涯目标的社会环境因素包括(　　)。

A.经济发展水平　　　　　　　　B.社会文化环境

C.企业文化　　　　　　　　　　D.政治制度和氛围

E.社会价值观念

8.影响职业生涯目标的个人因素包括(　　)。

A.能力　　B.运气　　C.价值观念

D.兴趣意志　　E.机遇

9.确定职业生涯目标时的SWOT方法包括(　　)。

A.优势分析　　B.劣势分析　　C.机会分析

D.性格分析　　E.挑战分析

第十三章　职业生涯的心理辅导

择业求职是大学生的重要人生课题，但是一些学生在职业生涯规划过程中却存在着不同程度的困惑与迷茫，甚至出现一些心理偏差与误区。为了科学合理地规划职业生涯，克服职业生涯中的心理问题，本章将学习职业生涯心理辅导的含义、职业生涯心理辅导的原理与技术、职业生涯心理辅导的策略、职业生涯心理辅导的个别咨询模式、团体咨询模式和环境支持模式、心理健康判断标准的确立依据、心理健康的标准、心理健康的特点、心理异常的主要表现等内容。

第一节　职业生涯心理辅导概述

职业生涯规划是个体人生发展中的重要课题。职业生涯心理辅导对个体的职业生涯发展具有重要的作用和意义。

一、职业生涯心理辅导的含义

职业生涯心理辅导是指按照个体职业心理发展的特点和规律，着眼于职业生涯发展过程，促进受辅者职业生涯良好适应与发展的过程。职业生涯心理辅导能够帮助受辅者明确自我职业生涯发展的方向，整合和运用多种职业知识经验去解决职业生涯发展中的问题。职业生涯心理辅导主要涉及制定个体职业生涯规划、选择个体职业生涯、澄清自我需要和价值观、激发个体职业潜能、解决工作适应不良及其引发的心理障碍等方面的问题。

大学生的职业生涯心理辅导是指辅导人员运用其专业知识技能，帮助学生正确认识自我，根据自身条件确立有益于个人与社会的职业目标，克服成长中的障碍，充分发挥个人潜能，实现职业生涯的良好适应。学校内的职业生涯心理辅导既是大学生心理健康教育的组成部分，也是大学生就业指导工作不可或缺的环节。与生涯教育相比，大学生的职业生涯心理辅导更具个别化，能够满足学生的个体需要，因此在实施时更专业、更复杂。其主要内容是协助学生了解自己的能力倾向、职业兴趣与价值观，获取就业政策和人才需求信息，掌握择业决策技巧，正确处理个人职业兴趣和社会需要的关系等。

二、职业生涯心理辅导的原理和技术

（一）职业生涯心理辅导的原理

1.发展性与整体性原则相结合

职业生涯心理辅导的实施必须遵循个体生理和心理的成长与发展、职业和社会的发展与变化的规律，通过个体职业生涯和职业心理发展有关问题的诊断与评价等心理辅导活动，解决职业生涯发展各阶段中出现的问题，实现个体的生涯发展目标与任务。例如，从发展的角度看，职业生涯心理辅导具体可以分为五个阶段（黄德祥，1991）：幼儿园到小学六年级的生涯认知阶段，其主要任务是个体初步认识到自我、职业角色、工作中的社会角色、社会行为及自身责任等，从而使生涯意识初步觉醒；小学六年级到高一的生涯探索阶段，其主要任务是个体发展有关自我和职业方面的知识和技能，并探索生涯方面的知识与生涯选择的因素以及掌握生涯决策技能；初三到高一的生涯定向阶段，其主要任务是个体进一步掌握相关的职业知识并能够对工作角色进行评估，并可以进一步澄清自我概念、探索自我、了解社会与自身需求以及发展可接受的社会行为，同时还需把握生涯计划和社会需求与自身需求的关系；高一到高三的生涯准备阶段，其主要任务是个体进一步掌握某一行业的所需知识和职业道德，并进一步了解社会与自身需求以及澄清自身能力倾向与职业兴趣和价值倾向，同时还应拟定相关的教育或训练计划；高中以后的生涯安置阶段，其主要任务是个体进一步探索职业兴趣与能力倾向或重新认定职业抉择，发展生涯的专业知识与技能，建立人际关系并正式跨入选定的教育或职业征程。

职业生涯心理辅导是一项系统工程，要在整体与普遍联系中把握有关的影响因素和条件，把发展性与整体性原则结合起来，确保职业生涯心理辅导的效果。例如，职业生涯心理辅导的内容一般包括自我认知、教育认知、生涯认知、经济认知、做决定、起始的能力、就业技巧及态度与价值八个方面。由于职业生涯心理辅导的对象与目的不同，具体辅导内容可以有所侧重，但职业生涯心理辅导的内容必须具有完整性。从满足自我完善的需求来看，要注重知情意行的协调发展；就社会价值而言，应强调德智体美劳等的全面发展。

2.广泛综合性与自主性相结合

职业生涯心理辅导的内容和范围是非常广泛的，既包括人生观、世界观和职业价值观的形成与发展，又涉及对个人需要、动机、人格、情绪等的自我认知与了解，还有社会角色扮演及个体和社会需求满足的问题。例如，职业学习心理问题、人际交往问题、情绪情感问题等都是职业生涯心理辅导所要解决的。要发挥职业生涯心理辅导的积极作用，仅仅依靠职业生涯心理辅导者提供的咨询服务是不够的。因此，职业生涯心理辅导需要社会、家庭和学校、社区等各方面的广泛参与，密切合作，相互配合，形成合力，共同为职业生涯心理辅导服务。

职业生涯心理辅导是一种助人自助的过程。职业生涯心理辅导要培养个体分析自己的个性特点、自主规划和抉择职业生涯的能力，而不是由辅导者决定受辅者的职业目标和方向，更不是强制受辅者走自己不愿走的职业道路。个体具有职业抉择的能力和选择职业目标与达成目标手段的自由。因此，在职业生涯心理辅导活动中要充分尊重个体的主体地位，从培养自我认知能力、自我激励能力和自我决策能力入手，提高个体职业生涯选择的自主性。

3.教育性与实践性原则相结合

教育性原则要求职业生涯心理辅导者必须帮助个体树立正确的职业意识和求职动机，培养优良的个性心理品质，打下扎实的知识和能力基础，并进行职业理想、职业价值观和职业道德教育。只有遵循教育性原则，才能合理开发和配置人力资源，充分发挥个人的潜能，促进职业生涯的健康发展。例如，宋专茂和王涌（2009）对大学生进行以就业心理辅导为主线的全程式就业心理辅导教育活动，结果发现，参加就业心理辅导的实验组学生无论在就业率还是在对口就业率上明显好于未参加心理辅导的对照组。因此，职业生涯心理辅导与教育对于提高大学毕业生的就业竞争力具有显著作用，也使毕业生的实际就业质量得到很大的提升。

个体在职业活动的实践中能够不断提高自己的认识水平和能力素质。因此，职业生涯心理辅导必须同实践活动紧密结合，如进行工作考察和参观访问、开展社会调查和组织社会实践等，在实践活动中检验和锻炼自我，培养新观念，开拓新视野，自觉调整行为以适应不断变化的社会发展要求。

（二）职业生涯心理辅导的技术

职业生涯心理辅导需要的技术主要有角色扮演技术、心理测验技术、研讨诊断技术、交往训练技术、行为塑造技术、理性情绪技术等。

1.角色扮演技术

角色扮演技术也称情境模拟技术，是让受辅者在不同职业情境中去扮演一个具体的职业角色，通过角色扮演来体验特定环境中的职业行为变化，从而帮助受辅导者充分认识自我和社会职业，发现自身的潜能和规划自己的职业生涯。

心理剧表演是角色扮演的常见形式，其主要步骤是：设定目标，确定情景；对角色扮演进行解释，排除受辅者的各种顾虑；指导受辅者发展情节，准备剧本，设定和分派角色；辅导者在演剧时进行指导与示范，亦可扮演一个角色；事后进行分析讨论，表达感受。

角色扮演的方法还有很多，如独白法，即让扮演者以独白形式表达自己此时此刻内心的真实感受与想法，大声说出内心体验，将隐藏于内心的思想流露出来。再如角色辩论会，是指每个辩手戴着角色面具或者扮演特定的角色，就某个主题进行辩论，以增强大学生对角色的认同和体验。总之，教师在辅导过程中可以综合应用多种方法，鼓励角色扮演者自然、真诚、有创造性地进行角色扮演和探索，从而提高职业生涯心理辅导的效果。

2.心理测验技术

心理测验技术是运用标准化的心理测验工具，对个体的职业素质、职业兴趣、职业能力、气质和性格特征等进行测试，以评估个体的职业心理特点，实现心理特性与职业因素的最佳匹配，帮助个体选择适合自己的职业。

心理测验技术是通过观测个体在测验情境中的行为样本而推断其日常的一般行为，根据测验分数可以预测个体可能会存在哪些心理特征或做出哪些方面的工作成就。心理测验技术必须采用具有较高信度和效度的测量工具，根据具体情形选择自评或专家评定两种方式进行测评，从而保证测验结果的可靠性和有效性。不过，测验分数不仅决定于测量工具本身，也会受到测验过程的影响。因此，心理测验实施者应熟练掌握施测程序、具体步骤和计分方法，要严格遵照标准化测验的要求进行心理测验。

为确保心理测验的严肃性和有效性，既不能夸大心理测验的效能也不能故弄玄虚，对于规定不能公开的测验内容、器材、评分标准和测验常模都应严格保密。

3.研讨诊断技术

研讨诊断技术是对职业生涯发展过程中的一些热点问题进行研讨，根据受辅者在职业生涯选择中存在的具体问题而进行对症指导的辅导与培训。在研讨过程中可以围绕辅导者提出的问题进行讨论、分析和答疑，受辅者本人也可以作为研讨的主导者和信息源，研讨的问题较为随意，从而增强个体的职业生涯意识和准确评估自己的职业生涯活动。

研讨诊断技术可以采用团体诊断和个体诊断两种方式。前者是指对全体受辅者在职业生涯选择中所存在的共性问题进行综合分析和研判，进行集体辅导与培训；后者是指根据每个受辅者个体在职业生涯选择中所存在的特定问题进行个别诊断与辅导。

4.交往训练技术

交往训练技术又称为信心训练技术，目的是提高受辅者的社交能力和信心，支持和鼓励其敢于自然坦诚地表达自己的情感或意见，培养其积极的信息沟通能力和良好的情绪调整能力，从而增强工作的活力和业绩。

交往训练技术主要解决三个方面的问题：请求他人为自己做某件事以满足自己的合理需求；拒绝他人无理要求而又不伤害对方；真实表达自己的情感或意见。具体步骤包括设置受辅者难以应对的交往情景，以角色扮演方式进行训练并决定其他变通的方式，在职业活动中运用所学的交往方式，评价训练的效果。

进入高校后的青年大学生随着生活环境的变化和自身角色的转换，在心理上产生了强烈的交往意识和交往需求，希望自己成为人缘好并受人欢迎的人。但由于过去生活面狭窄和社会经验不足，以及面临着繁重的学习任务和较大的高考压力，他们的交往意识淡漠并缺乏基本的交往知识、交往经验和交往能力，许多人常常因处理不好人际关系而烦恼。有人曾调查大学生：你进入高校后感觉最使你烦恼的问题是什么？(1)经济问题；(2)独立生活能力差；(3)学习成绩不理想；(4)人际交往能力差；(5)其他。结果有79％的学生选择的是“人际交往能力差”，如“不知道该怎样表现和表达自己”“不知道怎样才能处理好与同宿舍同学的关系”“不知道怎样处理好与异性同学的关系以及与老师的关系”等问题。因此，大学生可采用一些自我训练方法，例如，早上起床后对着镜子进行自我积极肯定练习，把常用的礼貌用语贴在墙并每天看一次以提示自己，和同伴一起按照走姿的正确要求在校园里来回走几次并让同伴予以提示进行互相监督练习，每天记录自己的行动和细小成功并将之作为第二天早上自我肯定的内容，多参加集体活动并在活动中演示学过的礼仪与礼节等，以不断提高自己的人际交往能力。

5.行为塑造技术

行为塑造技术是指改变和矫正受辅者的不良职业行为，使之逐步接近和适应某一职业角色的要求。行为塑造技术建立在行为主义学习原理基础之上，常用的具体方法有强化法、系统脱敏法、示范法、惩罚法和生物反馈法等。

在行为塑造技术中应将各种方法结合起来进行使用。如，惩罚只能暂时抑制而很难根除不良行为，并且只能让受辅者知道什么不能做，并不明白能做什么和应该怎么做。因此，惩罚不良的职业行为应与强化良好的职业行为相结合才能取得预期的效果。

6.理性情绪技术

理性情绪技术的原理是合理的观念导致健康的情绪，不合理的观念导致消极的情绪，而这些情绪会影响个体的职业选择与发展。在职业生涯中，人有许多非理性的观念，例如，每个人终身只能有一个适合自己的职业；在家庭和事业之间只能择其一而行。因此，要改变受辅者的这些非理性想法，帮助其建立理性的想法，从而改变其不愉快的情绪和不当的职业行为。

理性情绪技术强调让个体难过和痛苦的不是事件本身，而是对事情的不正确解释和评价。事情本身无所谓好坏，但当赋予其个体的偏好、欲望和评价时，便有可能产生各种烦恼和困扰。因此只有通过理性分析和逻辑思辨，改变造成情绪困扰的不合理观念，并建立起合理的正确观念，才能克服个体的情绪问题，促进人格的健康发展。ABC 理论是理性情绪技术的核心理论，A 代表外部诱发事件，B 代表个体对这一事件的看法、解释及评价，C 代表个体对该事件的情绪和行为反应。一般情况下，人们都认为是 A 直接引起 C，但实际上 A 并不是引起 C 的直接原因，个体对 A 产生的看法以及做出的解释和评价 B 才是引起情绪和行为反应的直接原因。因此，通过改变个体的想法和观念来改变与控制其情绪和行为结果是理性情绪技术的核心。

运用理性情绪技术可以分析并改变受辅者的非理性生涯决定，具体步骤包括：发生的事件；非理性的观念或信念；不愉快的情绪与行为；驳斥个体的非理性观念并重建合理的观念。例如，某女生不仅成绩优秀，而且思想素质高，但是却总觉得自己并不完美，有点名不副实，因而有心理负担。她希望同学都应该像她那样勤奋、刻苦、乐于助人，想改变懒散的、消极的同学，但力量有限，因而心中十分痛苦。通过理性情绪技术分析可以发现，该生的不合理信念是世界一定是纯净的、万事万物都应是绝对完美的、世界上有消极事物存在是非常可怕的、自己的力量无法改变周围的消极现象就说明自己是无能的。其实，世界是充满矛盾的，任何事物都是相对的，人们正是在解决各种矛盾的过程中不断进步并促进社会文明程度提高的。同时，个人的力量是有限的，只有人人都行动起来，整个社会才能进步发展。

三、职业生涯心理辅导的策略

为了顺利实施职业生涯心理辅导，很多学者或学派提出了各自的辅导策略（沈之菲，2000）。

（一）威廉姆逊的职业生涯心理辅导策略

威廉姆逊（1939）认为，个体由于缺乏理性而无法做出职业生涯的正确抉择，因此职业生涯辅导需要对受辅者进行个性心理特质诊断，并提供各种可能有用的信息资料，帮助受辅者做出最佳的职业选择与决策。

威廉姆逊的生涯心理辅导策略比较强调理性对了解受辅者个人的重要作用，是在心理测量科学取向影响下而形成的一套独特的辅导方法。具体步骤是：

1.分析

对有关个人的兴趣、态度、能力倾向、教育程度、家庭背景和社会经济地位等资料进行主客观测量和多方收集。

2.整理

根据测验剖面图和记录要求，对个人资料加以综合，展示个人的特异性。

3.诊断

描述个人独特的问题或特征，对比各项测验剖面图与常模等资料，必要时应深入探索问题成因。

4.预测

根据各项测验结果，预测个人职业成功的可能性，或针对问题来判断其可能发生的后果和调整的可能性，以此作为职业选择和未来调整的依据。

5.咨询

协助个人了解、接受并运用各项有关个人与职业方面的资料，与其讨论有关职业选择或调整的计划。

6.追踪

帮助个体执行计划，如果产生新问题则应重复上述步骤。

威廉姆逊的职业生涯心理辅导策略是基于特质因素论而提出，比较重视个人心理特质的差异和心理测验工具的使用，以实现个人特质与职业选择的最佳匹配。但是，在具体辅导过程中应该意识到个人的特质和工作的性质并不是固定不变的，而是动态发展的，这样才能更好地帮助受辅者做出科学的职业选择。

(一)罗伊的职业生涯心理辅导策略

罗伊是一位临床心理学家，在20世纪60年代初期提出了其人格发展的理论，认为个体的早期经验会影响以后的职业选择行为，因此在心理辅导中应注重父母的养育方式和亲子关系在个体需求满足和职业选择中的作用，帮助受辅者选择适当职业以满足其需求。

罗伊的生涯心理辅导策略比较注重个人心理需求与职业选择的关系，是基于精神分析论、墨瑞人格论和马斯洛需要层次论等人格理论而形成的。具体辅导策略包括：

1.了解个体心理需求

可以通过谈话或测量等方法真实地了解个体的心理需求状况。

2.协助个体选择职业

依据罗伊的职业分类系统、各种职业所需的能力水准和责任层级，分析目前职业能否满足个体需求，帮助其选择适合需要的职业。

3.重组需求形态

经过上述分析和诊断后，如果个体的需求仍然无法得到满足，就需要以相应的咨询或治疗方式重组个体需求形态。如，辅导者可以帮助个体去了解早期经验特别是父母管教方式及态度对其心理需求的影响，亦可借助个体中心或心理动力论的方法，重组个体的需求形态，协助个体发展高层次的心理需求，再根据重组后的需求形态和罗伊的职业分类系统选择适合的职业方向。

罗伊的职业生涯心理辅导策略在注重个体心理需要的同时也培养满足其需要的能力，以克服阻碍满足需求的心理困惑或障碍。但是，心理需要不是影响职业选择的唯一因素，教育或其他外界环境也是职业生涯选择中应该考虑的重要方面。

(三)鲍丁的职业生涯心理辅导策略

鲍丁(1963)认为，内在动力与需要等动态因素的心理作用对职业选择具有重要作用，因此职业生涯心理辅导必须首先了解个体的人格动力状态，以动态的观点对个体的问题进行诊断与分析。

鲍丁的生涯心理辅导的理论基础是心理动力论，较为强调需要的满足和焦虑的降低。辅导程序是：

1.问题与诊断

只有在仔细观察及诊断的基础上，才能制订出完善的心理辅导措施。个体可能存在五种问题情形：依赖(没有独立判断与解决问题的能力，将问题的责任交付他人，根据他人指示来采取行动以获得满足)、知识缺乏(没有适当资料，表现出困惑并需要他人的态度)、自我矛盾(自我观念不协调或自我概念与环境产生冲突)、选择上的焦点

（遭遇到各种选择冲突时所产生的情绪焦虑或挫折现象）、求证（寻求咨询辅导并非有问题，而是想去验证看看自己的选择是否正确）。后来，鲍丁等人（1973）又提出一套诊断系统以有助于更深入地辨认所面临的问题：认知统整困难（无法澄清或了解真实情况）、自我认同问题（缺乏正确或全面的自我认识）、心理需求满足矛盾（对各种工作所给予的满足产生矛盾）、企求改变的倾向（不满意自己而企图以选择职业的方法进行自我改变）、明显的精神疾病（致使个体无法抉择）、不属于前五项的动机冲突、既不属于前五项的原因也没有动机的冲突。

2.辅导过程

心理动力论重视发展的历程，因此职业生涯的心理辅导过程与个体的职业发展历程类似而分为三个阶段：探索阶段（应持温暖、关切和真诚的态度，采用澄清、比较和解释等方法，协助受辅者对个人与职业间的动态关系尤其是需求、心理防御机制或幼年期经验等方面做深入的探讨分析）、人格与职业的整合阶段（探索阶段后的个体逐渐意识到理想与现实的差距，辅导者可适时提供进一步改变人格或职业的契机，从而将问题原来集中在职业选择的焦点上，现在则拓展到人格症结上）、改变阶段（从自我觉察与了解开始，一旦觉得自己的人格应该有所改变，就实施适当的改变计划。通过双方良好的咨询关系及适切的咨询技巧，协助个体重组人格结构，发展合适的职业行为）。

3.辅导方法

辅导方法具体包括：澄清（辅导初期应围绕开放式的问题协助个体描述和思考与其困扰有关的资料，澄清问题的真实情况。这种方法威胁性少，可加强彼此关系，不会因辅导者的过早解释而引发个体的抗拒反应，个体也有更多机会参与到辅导过程之中并负起责任来）、比较（找出个体有关情况的相似或相异之处，使其面对真实情况，引发对问题的进一步了解）、解释防卫机制（防卫机制的解释可使个体觉察其内在动机与职业选择问题间的关系。在解释测验结果时需要个体一同参与，并鼓励个体将测验结果和个体的自身问题联系起来做统合考虑，以便做出决定或进行深入的自我探索）。

鲍丁的职业生涯心理辅导策略比较重视个体的需要、个体的自我探索功能和职业资料的完整性，并深入分析个体的心理动力，例如，个体需求得到满足的程度以及如何获得满足。但是，在心理辅导过程中辨认个体的需求和满足方式以及进行人格的改变并非易事，同时还应该注重高层次需求的满足。

（四）库伦伯茨的职业生涯心理辅导策略

库伦伯茨（1979）认为，社会与心理对个人生涯均具有重要作用，遗传因素和特殊能力、环境状况和事件、学习经验及工作取向的技能影响个人的生涯决定，因此在职业生涯心理辅导中应强调社会影响因素和学习经验，发展行之有效的学习方式，增强个体的能力与发展。

库伦伯茨的心理辅导的理论基础是社会学习理论，其辅导策略是：

1.对生涯选择的基本看法

职业生涯的选择是相互的、复杂的、终生的、因果联系的。人选择职业的同时职业也选择人，这既是个人自主的选择结果，也反映社会所提供的就业机会与要求。个体所选择的生涯方向是由个人的遗传素质、环境的各种事物与状况、各种学习经验等复杂因素而交互决定的。生涯选择不只是发生在一生中的某一时刻，而是由从出生到离职过程中连续不断的各种事件与抉择所决定的。生涯选择不是偶发事件，而是由众多复杂前因导致的结果。个人缺乏有关生涯的学习经验，或者尚未学到系统而有步骤的前瞻性决策方法将导致其对生涯方向的把握不定，形成“生涯犹豫”现象，受辅者无须为此愧疚或抑郁。

2.辅导要点

在面对生涯抉择时，个体决策方式不正确或无法做出妥善决策的原因在于其世界观或工作取向的技能的不足，因此生涯辅导不仅仅是将个人特质和工作相匹配的过程，还应扩展受辅者的新的学习经验，鼓励其多参加与生涯有关的探索活动。同时，辅导者还应帮助个体学习合理有序的生涯决策的技能，帮助个体按照适当的顺序进行各种学习与经验探索（如实际试探、角色扮演、模拟活动、提供书面或试听教材）以及指导个体评估这些学习经验对个人的影响。

3.辅导模式

生涯决策辅导模式分为七个步骤：界定问题（必须完成的决策和估计完成该决策的所需时间）、拟定行动计划（采取哪些行动或步骤进行决策并如何实施，估计每一步骤的所需时间或完成日期）、澄清价值（采取哪些标准作为评价每一可能选择的依据）、找出可能选择（描述所有已找出的可能的选择）、评价可能选择的结果（根据所定的选择标准和评分标准对每种可能选择进行评价）、系统地删除不符合价值标准的可能选择（选取最能符合决策者的理想选择）、开始行动（将采取何行动以达到所定目标）。

库伦伯茨的职业生涯心理辅导策略十分重视社会影响因素和学习经验的作用和个体生涯决策能力的培养，并提出了系统的实施步骤和方法，这对于设计科学的训练方法以培养个体的决策能力具有较高的实用价值和参考意义。不过，在辅导过程中还应深入研究和分析个体在生涯抉择历程中的心理反应以及各种社会因素之间复杂的相互作用机制。

（五）克内菲尔坎姆和斯列皮兹的职业生涯心理辅导策略

克内菲尔坎姆和斯列皮兹是美国马里兰大学的教授，他们在20世纪70年代从认知发展的观点提出了认知发展的生涯发展模式，认为个体对于生涯发展、生涯知识和生涯抉择的看法和观点是从最简单的层级逐渐向复杂而多元化的层级推进的，并影响其整个生涯发展的方式。因此生涯心理辅导应促进个体对其生涯发展各个时期的认知，并以当前时期和阶段为基准而提供一些挑战与支持，促使其向下一时期和阶段的顺利发展，做出更满意的生涯抉择与承诺。

克内菲尔坎姆和斯列皮兹的心理辅导是基于生涯认知发展模式的四个时期（二元关系期、多元关系期、相对关系期和相对关系承诺期）而展开的，从而使个体对自我的认定、价值观与整体生活计划历程之间的互动关系有更趋整合的理解，以有利于做出恰当的职业抉择。具体辅导策略是：

1.对处于二元关系期的个体

可以充分运用测验来引导其思考不同的解释方式和各种可能的抉择途径，并通过辅导个体寻求更多不同方向的资料以突破"对与错"的二分观点。

2.对处于多元关系期或相对关系期的个体

可以协助个体解决互有冲突的资料和进行自我澄清工作，确定抉择过程中的各因素重要程度与优先顺序并作为其负责做承诺的依据，辅导的重点是各因素的解释方式和各种可能的抉择途径。

3.对处于相对关系期和相对关系承诺期的个体

可以协助个体扮演在生涯中将承担的独特角色以及对职业自我和个体自我进行整合。

克内菲尔坎姆和斯列皮兹的职业生涯心理辅导策略比较重视生涯发展历程中的认知因素，在具体辅导过程中应注意运用可靠的有效工具来测量和评估个体所处的认知发展时期，并制定和实施合理的辅导方案以提高个体的生涯认知。

复习巩固

1.什么是职业生涯心理辅导？

2.职业生涯心理辅导的原理与技术有哪些？

3.职业生涯心理辅导包括哪些策略？

第二节 职业生涯心理辅导的模式

职业生涯心理辅导是一项专业性很强的社会服务性工作，不仅需要发展良好的辅导关系，而且必须考虑弹性的辅导目标和处理技术，其最终目标是增强个体的自我了解，制定合理的行动计划，促进受辅者的职业生涯发展和成长。

职业生涯心理辅导的过程可分为四个阶段：一是准备阶段。辅导者要关注并仔细倾听受辅者以示尊重和信任，建立初步的良好辅导关系。二是探索与回应阶段。鼓励受辅者自由探索，协助其对问题进行澄清与整理，并做出适当回应。三是行动阶段。找到问题症结后引导受辅者采取适当行动，使其发生积极转变。四是追踪阶段。对已有变化进行评估，鼓励受辅者将习得经验迁移至辅导以外的情景中去。一般来说，职业生涯心理辅导的模式可分为个别咨询模式、团体咨询模式和环境支持模式。

一、个别咨询模式

个别咨询是指针对个体的自我认识和职业生涯规划等问题而开展的面对面的心理辅导。与其他辅导模式相比，个别咨询更具个别化和针对性，因而更容易满足个体对特定问题解决的需要。

(一)个别咨询的特点

第一，需要建立共同参与、相互信任的良好咨询关系，始终保持友好气氛。

第二，咨询是动态的交互过程，常以言语的方式和平等的立场进行讨论或沟通。

第三，咨询技术的运用要充分考虑咨询目标与个体的期望，灵活控制咨询主题。

第四，咨询目标必须促进个体的自我了解和职业生涯发展的合理规划。

(二)个别咨询的类型

1.问题导向型

只向个体提供各种信息资料来澄清问题，协助其解决问题，并注重不断学习和摸索。

2.自我认识型

将个人职业生涯发展视为一个长期历程，咨询重点放在增进个体的自我认识和把握上，协助其顺利面对今后可能发生的一连串人生抉择与适应。

3.自我表现型

帮助个体充分发挥自身的优势和潜能，创造未来更多可能的发展，以达到自我导向的目标。

4.能力培养型

在咨询过程的问题解决中，提高个体的决策和适应等能力。

5.共同探索和分析型

在咨询过程中个体并不知道问题解决的答案，在共同探索和分析中协助个体自己找出合适的答案。

6.辅助和引导型

在咨询过程中个体对问题已有清楚的认识和解决的方法，为了学习过程的需要而引导个体自行摸索并找到合适答案。

(三)个别咨询的基本过程

职业生涯心理辅导者由于自身的知识经验、人格特征等不同会导致咨询过程的各种差异,但个别咨询的基本过程大体可分为咨询初期、中期、后期三个阶段。

1.初期——建立关系阶段

咨询初期的主要目标是建立友好信任的咨询关系,具体内容是帮助个体愿意接受咨询并对之充满期望;双方进行充分沟通,积极创设平等信任的气氛,消除个体内心的紧张和表达的困难;以同情、鼓励的态度倾听个体的需要,用关注的语言表达愿意提供帮助的信息;建立起良好的咨询关系,了解受辅者的基本情况和主要问题,共同设定咨询的目标。

2.中期——探明问题阶段

咨询中期的主要任务是界定和分析问题,收集各种资料,了解问题的症结,找出解决问题的对策和方法;协助个体增进自我了解,学会更全面地看待自身知识和技能,探明可利用的各种资源。

3.后期——执行与评估阶段

咨询后期的主要任务是帮助个体制定解决问题的行动计划;鼓励个体在新的自我认识的基础上学习新行为并对之负责;共同寻求介入建设性的行为训练手段与方法;改变已有的不良行动及习惯,获得更有效的生活及适应新的环境变化的技能,重塑新的自我;巩固咨询成果,建立必要的经常联系,获得连续性的反馈资料,对咨询结果进行评估。

总之,个别咨询模式尽管存在费时较多等不足,但其咨询方式比较灵活,可以采取面谈的方法,也能通过电话与信函等途径进行心理辅导,从而有效减轻个体的思想顾虑,并能表达自己的真实想法,有利于对其进行耐心而深入的有针对性的心理辅导。

二、团体咨询模式

团体咨询是指在团体情境下进行共同讨论和相互交往而开展的集体辅导。与其他辅导模式相比,团体咨询能够提供与他人在共同的活动中彼此进行交往和互动的机会,有利于个体了解自己和他人的心理,增强社会适应性和促进自我成长。

(二)团体咨询的特点

第一,咨询目标是参与咨询活动的全体成员一起制定的共同目标。

第二,团体咨询是互动性的,成员担任各自的角色,可以进行双向和多向沟通。

第三，互相交流、互相帮助、共同探讨问题的气氛能够感染和影响成员，有助于个体摆脱困境。

第四，团体成员拥有各自的人际关系和有关职业问题的丰富信息，能给个体更好的启发与帮助。

第五，团体咨询效率高，省时省力，易于迁移到团体之外的现实工作中。

第六，团体咨询特别适用于人际关系适应不良的个体，如存在害羞、孤僻等社交障碍的学生。

(二)团体咨询的类型

1.团体辅导

团体辅导的主要功能是为团体成员提供大量必要的有效信息，让其进行深入讨论和分析，帮助个体更好地认识自己、他人和外部客观世界。

2.团体治疗

团体治疗比较关注团体成员已有的知识和经验，以便有针对性地提出解决问题的方案。团体治疗的目的是矫正和改变团体成员的态度和行为，提高职业的适应性。

3.问题小组

问题小组是以解决职业发展问题为目标，不选择有严重人格情绪障碍的人参与。所咨询和讨论的问题一般都带有探究性，要求辅导者具有深厚的理论素养和人生阅历。

4.兴趣小组

兴趣小组是由若干具有共同兴趣的人组成，解决的问题不很明确，咨询问题具有开放性，团体成员数量不固定，允许新成员相互间有效互动。这种方式容易在团体成员之间建立起交互作用的合作模式，也容易形成一致的看法，避免矛盾。

(三)团体咨询的基本过程

1.团体形成阶段

选择合适的成员并使之团结为一体，形成共同的咨询目标。

2.团体前期活动阶段

形成团体意识，通过讲解、座谈、交流等方式，探明团体内各成员的问题和行为，初步获得解决问题的方法。

3.团体后期行动阶段

在共同讨论和广泛互动中，通过角色扮演和情景模拟，提高自我认知能力，获得解决问题的具体方法，将决定付诸实践。

4.反馈与评估阶段

对咨询结果做出反馈并进行评价。

总之,团体咨询模式对集中解决一些大学生共同的心理问题具有明显的效果,不仅辅导效率高,而且效果易于巩固。更重要的是,团体咨询模式为个体提供了人际互动和情感支持的平台,团体成员的年龄接近,生活环境相似,有着相同或相近的问题与困惑,因此相互之间更容易沟通、交流、分享与探讨,这种自我教育的形式更易产生效能。另外,团体咨询模式也为个体的职业生涯规划提供了社会技能的实践平台。团体咨询模式以体验式和情境式的方法,通过角色扮演、情境体验、经验分享、行为训练等形式,营造了良好的社会活动场所,个体可以在开放接纳的气氛中探索团体成员的内在冲突、态度、人格和价值,学习和练习进行职业生涯规划的步骤、方法和技巧。不过,团体心理咨询也有一定的局限性,个体在多人在场的场合中容易产生顾虑,不愿暴露自己的内心想法。因此,深层的心理问题则需要通过个体咨询模式加以解决。

生活中的心理学

职业生涯规划的团体咨询案例

职业生涯规划的团体咨询可以通过团体成员的互动与增强而达到较佳的学习效果,这不仅可以帮助个体解决职业生涯规划的问题,而且还能通过学习迁移而广泛运用在一生的各种问题的解决上。库伦伯茨等人(1974)将职业生涯规划的实施分成五个循序渐进的阶段,各阶段内又有一至两个重要步骤。本案例将五个阶段分为五次聚会,在具体实施中可以依照情况将每次聚会分成一两次或多次的团体活动(金树人,1988)。

聚会一:建立个人目标及时间表

1.单元目标

(1) 每位成员能建立至少一个生涯目标;

(2)每位成员能承诺参加六个小时的团体讨论及四至六个小时的个人研究。

2.咨询过程

(1)团体成员彼此介绍;

(2)通过脑力激荡,建立团体常规;

(3)咨询员界定行为目标的范围,介绍目标发展的实际过程;

(4)团体成员每两人一组,彼此协助建立个人的目标;

(5)宣布每一个人的目标,与团体成员共同讨论,并适时给予指导强化;

(6)咨询员介绍时间表的建立对团体成员的重要性;

(7)综合整理。

聚会二:行动阶段

1.单元目标

(1)使成员熟悉生涯资料系统以及可能要用到的测量工具;

(2)解释运用测评工具及职业资料系统的目的。

2.咨询过程

(1)团体成员回忆上次聚会时个人所建立的目标;

(2)说明本次聚会的目的与目标;

(3)实施并解释职业兴趣测验;

(4)经过职业兴趣测验的讨论(咨询员也参与),每个人选定两至三种准备探索的职业或专业。

聚会三:资料搜集

1.单元目标

(1)介绍生涯资料的资源,说明其用意及使用方法;

(2)介绍生涯探索所需要的职业资料。

2.咨询过程

(1)讨论生涯资料在生涯探索及决定过程中的地位;

(2)说明各种印刷媒体的形式,确定将要访问的地点;

(3)咨询员提出体验职业经验的模拟表演方式;

(4)讨论各种体验职业经验的做法;

(5)每一团体成员均提出自己在生涯资料搜集方面的目标;

(6)通过团体内的互动,每位成员承诺在以后两周内预先看完所有职业资料;

(7)决定下次聚会时间时,检讨各人的成果及承诺。

聚会四:分享资料和预估结果

1.单元目标

(1)每个成员能分享整理后的资料;

(2)每个成员能选择一个暂时的生涯方向作为进一步探索的准备。

2.咨询过程

(1)首先界定讨论的方式以及内容格式;

(2)在口头报告时,每个团体成员与他人分享整理后的职业资料;

(3)每个团体成员均报告暂时的选择结果,说明选择原因及下一步探索的想法;

(4)咨询员综合各人的报告,介绍评估某一职业或事业方面取得成就所需的资料;

(5)咨询员随时协助团体成员估计选择某项职业成功的机会,或看看是否需要再回到前面的步骤。

聚会五:重新评价、暂作决定或循环

1.单元目标

(1)分析在不同职业中成功的概率;

(2)提供必要刺激,以确认对某项事业前程的决定,或改变方向而回到做决定过程的前一阶段;

(3)检讨所做的决定。

2.咨询过程

(1)每个成员扼要地介绍其所选择的职业,并说明其预估成功把握的可能性;

(2)团体成员预先设定下一步的做法;

(3)准备追踪辅导。

三、环境支持模式

环境支持模式是指在职业生涯的发展中为个体营造良好的有助于获得职业生涯发展成功的组织环境,让每位成员都积极关注工作成就、工作绩效与事业成功。采用环境支持模式进行职业生涯辅导,一般由企业或组织的领导者来担当咨询者,主要依赖于优良的组织文化和制度的潜移默化。因此,环境支持的主要立足点在于改善组织管理环境与转变人的观念。

(一)环境支持的特点

第一,成员能清楚理解自己的生涯目标和计划,并把它作为每天的工作基础。

第二,各部门和单位之间能有效联合和合作,以实现组织的目标。

第三,各种重要信息能快速准确在各个组织层级上传递,没有身份和性别的歧视或偏见。

第四,个体成绩的定义清晰,评价方法普遍被认可,每个人都把工作看成是发挥自己潜力的机会。

第五,重视与提倡创造性劳动,鼓励无拘无束地提出各种问题和建议。

第六,工作团队之间和职级之间的管理关系清晰,责权利明确而统一,成员在完成工作中能明显感到上层管理者的支持。

第七,组织的活力和竞争力表现为完善的制度体系,简明的目标计划,科学民主的决策,积极应变的创新精神。

(二)环境支持的主要类型及技术

1.组织发展

从发展的角度来说,组织是一个不断设计自我、改变自我和提高完善自我的过程。组织发展对个体的成长起着十分重要的作用。

组织发展的主要内容包括:建立良好的有效管理系统,各层级管理者能有效行使管理职业发展的职责;促进组织内部有效的协作和配合,包括部门间和人际间的合作,形成上下的合力;公开民主地处理有利于组织的健康发展的建设性冲突;找准影响组织落后的问题和应对策略,包括对组织结构和管理层次进行调整;深刻认识组织发展过程对成员的工作业绩的作用,实施积极的补救策略;给每位管理者及成员提供挑战自我和充分发展与挖掘自我潜能的机会。

2.管理开发

管理开发是有计划地学习职业管理经验的过程,不仅使组织充满活力,而且还能激发个体的工作潜能并提高绩效,为承担更多的工作做好准备。

管理开发的主要任务是:安排并组织实施必要的培训和行动计划;为每位成员的成功开辟通路,使其在追求职业发展过程中为自己的成长负责并提供表现才能的各种机会;给潜在的管理者(后备人才)提供多样化的工作经历,保证各职位工作具有可替代性和连续性;组织管理制度具有良好连续性,保持组织所需要的人力资源。

3.个体目标建立

在组织目标的背景中建立起个人的发展目标是个体职业生涯发展的重要环节。在实际工作中,个体的短期目标起着更为关键的作用。因此,在环境支持中,个体目标的建立主要是指个人的短期目标。

个人目标主要有:明确岗位职责和职业发展的方向;学会有效处理与工作和发展有关的众多目标,根据优先次序和重要程度进行选择与决策;理解个人目标与组织目标的一致性,制定评价职业发展目标的尺度和标准;主动承担具有挑战性的工作,把握各种发展机会并获得成就感。

复习巩固

1.个别咨询模式的特点与基本过程是什么?

2.团体咨询模式的特点与基本过程有哪些?

3.环境支持模式包括哪些主要类型及技术?

拓展阅读

大学生的焦虑心理与自我评价

焦虑是个体主观上预料将会有某种不良后果产生，但是因无法明确不良后果的性质与内容，因而无法采用有效手段加以控制时所产生的忧虑与不安的情绪体验。大学生焦虑的外部特征主要是愁眉锁眼，面部紧绷，行动刻板；内部表现是烦躁不安，闷闷不乐，怨天尤人，脾气古怪，并常常怀疑自己的能力和夸大失败，处于无缘由的紧张恐惧状态之中。

大学生在就业求职过程中普遍会出现焦虑心理。如，有的学生担心自己的理想能否实现，能否找到专业对口且环境优越的单位，自己选择的单位不能得到父母的认可时应该怎么办，自己到工作单位后能否胜任等。这些焦虑使大学生在毕业时精神负担过重，紧张烦躁，萎靡不振，心神不宁，无所适从。甚至有些人在屡遭挫折后产生恐惧感，一提到毕业求职就心理紧张。

焦虑是人处于应激状态时的正常反应，适度的焦虑可以唤起警觉和集中注意力，激发人的斗志。心理学的研究表明，中等程度的焦虑是有益的，但过高或过低的焦虑则不利于任务的完成。过度而经常的焦虑就成了神经性焦虑症。大学生可以通过自我调节、放松训练、适当降低期望值、药物治疗等多种方法来缓解焦虑。

为了解自己的焦虑倾向和焦虑程度，可以使用20个项目的焦虑自评量表进行自我评定。评定时间为过去一周内的自我状况。

焦虑自评量表

评定项目	很少有	有时有	大部分时间有	绝大多数时间有
1.我感到比往常更加神经过敏和焦虑	1	2	3	4
2.我无缘无故感到担心	1	2	3	4
3.我容易心烦意乱或感到恐慌	1	2	3	4
4.我感到我的身体好像被分成几块，支离破碎	1	2	3	4
5.我感到事事都很顺利，不会有倒霉的事情发生	4	3	2	1
6.我的四肢抖动和震颤	1	2	3	4
7.我因头痛、颈痛、背痛而烦恼	1	2	3	4
8.我感到无力且容易疲劳	1	2	3	4

续表

评定项目	很少有	有时有	大部分时间有	绝大多数时间有
9.我感到很平静,能安静坐下来	4	3	2	1
10.我感到我的心跳较快	1	2	3	4
11.我因阵阵的眩晕而不舒服	1	2	3	4
12.我有阵阵要昏倒的感觉	1	2	3	4
13.我呼吸时进气和出气都不费力	4	3	2	1
14.我的手指和脚趾感到麻木和刺痛	1	2	3	4
15.我因胃痛和消化不良而苦恼	1	2	3	4
16.我必须时常排尿	1	2	3	4
17.我的手总是很温暖而干燥	4	3	2	1
18.我觉得脸发烧发红	1	2	3	4
19.我容易入睡,晚上休息很好	4	3	2	1
20.我做噩梦	1	2	3	4

计分与解释:

评定采用1~4制计分,把20题的得分相加得总分,把总分乘以1.25,四舍五入取整数,即得标准分。

焦虑评定的分界值为50分,如果得分为50分以上,就可诊断为有焦虑倾向。测验的分值越高,说明焦虑倾向越明显。

本章要点小结

职业生涯心理辅导活动的基本原理主要是发展性与整体性原则相结合、广泛综合性与自主性原则相结合、教育性与实践性原则相结合。职业生涯心理辅导主要有角色扮演技术、心理测验技术、研讨诊断技术、交往训练技术、行为塑造技术、理性情绪技术等。职业生涯心理辅导策略有威廉姆逊的职业生涯心理辅导策略、罗伊的职业生涯心理辅导策略、鲍丁的职业生涯心理辅导策略、库伦伯茨的职业生涯心理辅导策略、克内菲尔坎姆和斯列皮兹的职业生涯心理辅导策略等。

生涯心理辅导的模式分为个别咨询模式、团体咨询模式和环境支持模式。个别咨询的基本过程分为咨询初期——建立关系阶段、中期——探明问题阶段、后期——执行与评估阶段。团体咨询的基本过程包括团体形成阶段、团体前期活动阶段、团体后期行动阶段、反馈与评估阶段。环境支持模式指在职业生涯的发展中为个体营造良好的有助于获得职业生涯发展成功的组织环境,让每位成员都关注工作成就、工作绩效与事业成功。环境支持主要有组织发展、管理开发和个体目标建立等三种类型。

关键术语表

职业生涯心理辅导　角色扮演技术　心理测验技术　研讨诊断技术　交往训练技术　行为塑造技术　理性情绪技术　个别咨询模式　团体咨询模式　环境支持模式

本章复习题

1.大学生职业生涯心理辅导的主要内容是(　　)。
A.协助个体了解自己的能力、职业兴趣与价值观
B.获取就业政策和人才需求信息
C.掌握择业的决策技巧
D.正确处理个人职业兴趣与社会需要的关系

2.职业生涯心理辅导的最终目标是(　　)。
A.增强个体的自我了解
B.由他人决定自己的职业目标
C.制定合理的行动计划
D.促进个体的职业生涯发展与成长

3.库伦伯茨的职业生涯心理辅导策略的理论基础是(　　)。
A.社会学习理论　　B.认知发展理论
C.心理动力论　　D.特质因素论

4.鲍丁的职业生涯心理辅导过程包括(　　)。
A.探索阶段　　B.人格与职业的整合阶段
C.预测阶段　　D.改变阶段

5.罗伊的职业生涯心理辅导策略有(　　)。
A.了解个体心理需求　　B.协助个体选择职业
C.重组需求形态　　D.问题与诊断

6.职业生涯心理辅导的过程是(　　)。
A.准备阶段　　B.探索与回应阶段
C.行动阶段　　D.追踪阶段

7.职业生涯心理辅导的模式包括(　　)。
A.患者中心模式　　B.个体咨询模式
C.团体咨询模式　　D.环境支持模式

8.咨询效率高,省时省力,更易于迁移到现实工作中的辅导模式是(　　)。
A.个别咨询模式　　B.团体咨询模式
C.环境支持模式　　D.心理治疗模式

第十四章　职业选择

职业选择是人们从自己的职业期望、职业理想出发，依据自己的兴趣、能力、特点等自身素质，从社会现有的职业中选择一种适合自己的职业。其特点是个人对于自己就业的种类、方向的挑选和确定。职业选择的一般步骤是：探索、意向、选择、澄清、就职、坚定或矫正、总结提高。影响职业选择的因素有个人因素，包括自身兴趣、气质、性格、能力、价值观等与职业选择是否匹配；外部因素，包括就业政策、当年的经济形势、当年用人单位需求情况以及当年毕业生情况等对职业选择的影响。一些求职者对职业选择存在困惑，需要其克服心理误区。

第一节　职业选择的概念和方法

一、职业选择的概念

所谓职业选择，是指人们从自己的职业期望、职业理想出发，依据自己的兴趣、能力、特点等自身素质，从社会现有的职业中选择一种适合自己的职业。其中，职业能力、职业意向和职业岗位是构成职业选择的三个基本因素。其特点是个人对于自己就业的种类、方向的挑选和确定。它是人们真正进入社会生活领域的重要行为，是人生的关键环节。通过职业选择，有利于人和劳动岗位的较好结合，使个人顺利进入社会劳动岗位，有利于社会化的顺利进行与实现。通过职业选择，有利于取得经济利益、社会效益等多方面共赢，促进人的全面发展。

职业选择过程中劳动者是职业选择主体，是择业行为能动的主导方面，而各种职业则是被选择的客体。职业选择是劳动者根据自身条件在劳动岗位之间互相选择、互相适应的过程，这一过程在劳动者的职业生涯中可能不止一次发生。价值观对职业选择的导向和定位起着决定性作用。正确的就业价值观应当是切合实际的、合理的，符合职业要求的限制，不能任意进行。而正确的职业选择需要与自身实际、职业需求和形势发展相适应。包括从业以前的选择和从业以后的选择，前者通过选择实现就业，后者通过选择实现职业变换。一个人职业选择是否恰当，不仅关系到个人意愿和兴趣的满足，也关系到自身才能的发挥和对社会贡献的大小。

职业选择理论探讨人们进行职业选择时的依据和规律。职业选择理论以特质—因素理论为基础，源于 19 世纪官能心理学的研究，核心是人与职业之间的匹配。后来的一些职业指导专家如帕森斯、威廉姆斯等人进一步发展了该理论，再加之心理学的发展、职业信息资料的建立，更充实丰富了职业选择理论，使之成为职业生涯管理中的奠基性理论。其中，影响较大的是霍兰德于 1971 年提出的职业倾向理论。

职业倾向理论假设人的职业选择是其人格的反应。在同等条件下，人和环境的适配性或一致性将增加个体的工作满意度、职业稳定性和职业成就感。霍兰德的理论基础主要由四个基本假设构成：大多数人的人格特质可以归纳为现实型、研究型、艺术型、社会型、管理型、常规型六种类型；工作环境也可分为现实型、研究型、艺术型、社会型、管理型、常规型六种；尽量寻找那些能运用自己的技术、体现自己的价值和能在其中扮演令自己愉快角色的职业；一个人的行为表现是职业环境类型和人格类型的相互作用的结果。基于此理论，霍兰德编制了职业倾向测验。该测验量表有助于发现和确定自己的职业兴趣和能力特长，从而更好地做出求职择业的决策。如果已经考虑好或选择好了自己的职业，该测验将使这种考虑或选择具有理论基础，或展示其他合适的职业；如果尚未确定职业方向，该测验有助于根据自己的情况选择一个恰当的职业目标。上述各种理论见第二章详细阐述。

二、职业选择的步骤和方法

就业是民生之本，就业问题是构建社会主义和谐社会的重要内容，是社会经济发展中的重大问题，也是影响个人前途与生涯的重大问题。因此，解决好就业问题历来是劳动就业服务工作的重要方面，也是当前进一步加强就业服务工作的一个重点。谈起就业，人们会想到日常生活中各种各样的劳动岗位以及与劳动岗位相关的各种职业，诸如工人、农民、教师、医生、警察、记者、部门经理、科技人员等(邵学东，2011)。因此就业和职业选择密不可分。职业选择的具体决策步骤一般如下：

(一)探索

职业探索是根据自己的常识、经验和能力，来收集各种感兴趣的有关职业信息。它是个体追求自我发展与现实局限之间不断协调的过程。这一过程描述了个体职业发展中两个方向的动态过程，一方面体现在：个体通过各种策略不断对自我和工作世界进行探索，这是对自我及未来发展广度和深度上的追求；另一方面，现实状况虽然为个体发展提供了平台和机会，但也在一定程度上给这种发展限定了范围。因此，个体为寻求一种既具有现实可行性，又符合自身特点的发展方向，在两者之间不断协调及匹配。具体来说，个体基于对于自我负责的态度，使用各种策略，如充实自己、请教他人、对目标的努力等，去探索适合未来发展的方向。这种探索最初是基于自身的兴趣、性格、价值观等方面的考虑，是一种泛化的模式。然而，在探索过程中，现实状况不断地呈现于眼前，这种探索开始转变为在某一范畴之内的探索(曲可佳，邹泓，2012)。

(二)意向

在上述基础上进行具体的定向。主要考虑所确定的职业意向的价值、目的和能够获得的报偿等因素。职业意向又称职业期望，是劳动者对某项职业的向往，也就是希望自己从事某项职业的态度倾向。职业意向是职业选择的构成因素之一，直接影响人对职业的选择。它反映一个人的理想、胸怀、情趣和价值观，影响一个人的职业目标及成就大小。

职业期望属于个性倾向性的范畴，是职业价值观的外化，也是个体人生观、世界观的折射。每种职业有各自特性，不同人对职业特性可能有不同的评价和取向，这就是所谓的职业价值观。没有意向的职业选择是盲目的。因此，在职业选择时，首先要确立意向，这是职业选择的关键。

(三)选择

所谓职业选择，是从个人的职业能力和意向出发，在社会的不同职业岗位中选择其一的过程。职业选择是就业的微观决策行为，它决定着人的职业生涯，对人一生的各个方面都有着重要影响。构成职业选择要具备三个要素：一是职业能力个性，即从事某种职业的劳动能力与个性心理特征。二是职业意向，即个人对于社会职业的评价和选择偏好。三是职业岗位需求，即微观经济单位的岗位空缺。职业选择作为个人的一种抉择行为，对个人的职业生涯有着决定性的影响。在漫长的人生道路上，职业选择往往不是一次单独的行动，而是多次抉择构成的一个链条。在职业选择时往往受其过去的经验和对今后生活长期考虑的影响。因此，决策选择具有一定的目的性和足够的信息。人们面临若干种不同的可能职业时进行职业选择决策，要对可能选择的所有结果做出评价，分析各种抉择的价值大小，分析、考虑并初步选择确定具体的职业目标(王冠宇，2009)。

(四)澄清

就是在初步选择的基础上，从多方面自我质疑，最终确定好具体的职业目标。

由于市场经济的影响，会使择业观趋向于理想化、务实化。尤其是大学生毕业之后还会产生一定的优越感，因此在确定职业目标时会过高地估计自己的能力，过多的要求用人单位的薪资、规模、地理位置、工作环境等，以至于很多求职者的职业目标会与现实情况发生冲突。通过一定范围内的调查研究表明，在应届大学生中有将近40%的人表示希望能去经济发达的城市工作，同时还要求单位给个人很大的发展空间。只有很少一部分大学生愿意从基层做起，希望通过自己的努力得到自己希望的社会地位。当然，就工作而言每一个人都希望自己的工作有比较好的个人发展、薪资水平高、公司规模大，但是要求这些的同时，求职者也应该清楚自己现在所掌握的资源是什么，能给单位带来多大的效益，即自我质疑。只有这样才能最终确定好具体的职业目标，达到用人单位与求职者的双赢局面(周美琦，2012)。

(五)就职

即按照既定职业目标尽快实施，走上工作岗位。求职者在树立与社会经济体制相适应的求职择业新观念的前提下，认识自我，准确定位，客观地评价自我是成功就业的关键。只有明确自己的位置，确定适合自己的职业目标，增强就业的信心，提高自身素质、心理承受能力，才能为成功就业奠定坚实的基础。

(六)坚定或矫正

包含两层意思：一是如果所选择的职业目标是正确的，那就坚定地走下去，努力走出名堂来；二是如果所选择的职业目标是部分不正确或完全错误的，那就适时部分地更正，或重新选择更合适的正确职业目标。

(七)总结提高

对于自己的职业选择和就业，在实践中不断自我反思、自我总结，积累职场智慧，丰富自己的职业人生。

三、影响职业选择的因素

(一)个人因素

包括自身兴趣、气质、性格、能力、价值观等与职业选择是否匹配。

1.兴趣与择业

兴趣是指一个人力求认识、掌握某种事物，并经常参与该种活动的心理倾向。兴趣与职业是否匹配，决定了个人在工作中的积极性与主动性。职业兴趣特征包括现实型、探索型、艺术型、社会型、事业型和传统型，根据这些特征可以将职业大体上分为现实型、探索型、艺术型、社会型、事业型和传统型六类。人的兴趣在职业活动中起着十分重要的作用。据有关研究资料表明，如果一个人对某一工作有兴趣，能发挥他的全部才能的80％～90％，并且长时间保持高效率不感到疲劳。相反对工作没有兴趣的人，只能发挥全部才能的20％～30％，也容易精力疲乏。

2.气质与择业

气质是个人在生活早期就表现出来的稳定的个性差异，即那些由遗传和生理决定的心理与行为特征。典型地表现于人们心理过程的速度(如知觉的快慢，思维的灵活性程度)和稳定性(如注意集中时间的长短)、心理过程的强度(如情绪的强弱，意志努力的程度)以及心理活动的指向性(有的倾向于外部事物，从外界获得参考信息；有的人倾向于内部，经常体验自己的情绪和思想)等动力方面的特点。在日常生活中，气质也被称为“性情、脾气”。人的性情、脾气差别很大，有的人脾气很急，走路、办事总是急急匆匆；有的人说话办事慢条斯理，很少发急；有的人喜形于色，大大咧咧；有的人沉默寡言，深思熟虑。这些心理特征，往往一辈子也难以改变，可谓“青山易改，禀性难移”。气质对人们所从事的职业性质和工作效率都有一定的影响。什么气质类型的人适于从事什么职业，这是古往今来许多专家研究的一门学问。比较普遍的提法是把人的气质分为四种类型：多血质型、胆汁质型、黏液质型和抑郁质型。气质类型无好坏之分，也不能决定人的社会价值大小与社会成就的高低。任何气质类型既有积极作用也有消极影响。但有些工作对气质类型有特殊的要求，气质特点可以作为职业选择的依据之一。

需要说明的是，这里不能绝对的看气质类型与职业选择的关系。实践证明，影响工作效率的主要因素有思想觉悟、工作热情、文化技术水平、实际工作经验等。

3.性格与择业

性格是一个人在对现实的稳定的态度和习惯化了的行为方式中表现出来的人格特征。一个人性格的各个方面越适应他的工作，他对自己的工作就越满意。近年来，在国外用人单位人员选拔中流行一种新观念，他们认为，性格比能力更重要。其原因是，如果一个人能力不足，可通过培训提高；但一个人的性格与职业不匹配，要改变起来，就困难多了。因此，在选择职业时，务必考虑个人的性格与职业需求是否相匹配。

需要注意的是，与气质不同，人的性格不仅有个别差异而且有好坏之分。有的人娇嗔、傲气、泼辣，有的人热情、开朗、活泼、外露，有的人深沉、内在和多思；有的人大胆自信，有的人羞怯自卑，有的人干脆果断，有的人慢条斯理等。这些差异、好坏都在不同程度上影响着个体职业选择的倾向和成功与否(程正方,2009)。

一般说来，开朗、活泼、热情、温和的性格，比较适合于从事外贸、涉外工作、文体工作、教育工作、服务工作以及其他同人群交往多的职业；多疑、好问、倔强的性格，比较适合于从事科研、治学方面的工作；深沉、严谨、认真的性格，比较适合做人事、行政、党务工作；而勇敢、沉着、果断与坚定是新型企业家和管理者不可缺少的性格。我们不可能设想让一个脾气暴烈的人去搞公关、谈生意或做服务性工作，也不可能设想让一个性格怯懦、柔弱的人去从事安全保卫工作；让做事大大咧咧、马马虎虎的人去当医生或会计，其结果必然不堪设想。因此，应根据自己的性格特征并参照此来确定自己的职业选择

4.能力与择业

能力是一种心理素质，是顺利完成某种活动的心理条件。如：观察的精确性，记忆的准确性和思维的敏捷性是完成许多活动所不可缺少的；节奏感和曲调感对从事音乐的人来说是必须具备的；缺乏充分的想象力，就很难使他与作家、艺术家结缘。能力在不同个体身上，以及同一个体的不同方面的表现都是有差异的，不同的职业根据工作性质、内容和环境的不同，对人的能力也有不同的要求和侧重。例如空间判断能力极强的人适合从事工程、建筑等工作以及内外科医生等职业；语言表达能力很强的人则适合从事教师、服务员、护士等职业。因此，在选择职业时，要对个人的能力有个客观、全面的认识。

按能力的倾向划分，可分为一般能力和特殊能力。一般能力是指在不同种类的活动中表现出来的共同能力，适用于广泛的工作范围，是有效地掌握知识和顺利地完成活动所不可缺少的心理条件。例如观察力、思维力、记忆力、注意力、语言表达能力和操作能力、想象力都属于一般能力，也就是通常所说的智力，其核心是逻辑思维能力。特殊能力是指在某些特殊领域的活动中所表现出来的能力。如节奏感、色彩鉴别力、准确估计比例关系等就属于特殊能力。特殊能力总是建立在一般能力基础上，经过一

般能力的专业性训练发展而来的。因此，一般能力必然包含在特殊能力之中。一般能力与特殊能力在发展中相互作用，构成有机整体，保证有效地完成某种活动。对自己的能力，无论是一般能力或特殊能力、现有能力或倾向能力的自我认识和评价，对求职者的职业定向与职业选择往往起着筛选和定位的作用。

当然，要顺利成功地完成某项活动，单靠某一种能力是不够的，它需要多种能力的有机结合。例如，要当作家，单有想象力是不够的，它还需要文字表达能力、观察能力、逻辑思维能力等。在从事某种活动中，各种能力的独特结合称之为才能。如果一个人的各种能力能在活动中最完备地结合，那他就能最大限度地实现自己的人生理想，从而创造出更多的社会财富。

5.价值观与择业

价值观是指一个人对周围的客观事物的意义、重要性的总评价和总看法。而职业价值观是指人生目标和人生态度在职业选择方面的具体表现，也就是一个人对职业的认识和态度以及他对职业目标的追求和向往。美国心理学家洛特克在其所著《人类价值观的本质》一书中，提出13种价值观：成就感；美感的追求；挑战；健康；收入与财富；独立性；爱、家庭、人际关系；道德感；欢乐；权力；安全感；自我成长；协助别人。

从以上13种价值观的内涵可以看出，不同的人有不同的价值观念，而不同的价值观念适合从事不同的职业或岗位。如果在制定职业生涯规划时，没有考虑自己的价值观念，选择了不适合自己的职业，也就很难在这个岗位上坚持下去，当然也就谈不上事业发展与成功（韦朝帅，2012）。

（二）外部因素

包括就业政策、当年的经济形势、当年用人单位需求情况以及当年毕业生情况等对职业选择的影响。

1.就业政策

就业政策尤其是应届毕业生就业政策是国家为实现一定时期的路线、方针而制定的人力资源配置的行动准则，体现了一定时期社会发展的需要，以及在特定时期制定的特殊政策或者补充政策，对择业者就业提供了导向、约束作用，是其就业过程中所应遵循的基本规范。

2.当年的经济形势

国家或地区一定时期内的经济状况，直接影响劳动就业状况。当前，我国的地区经济发展不平衡，城乡之间还存在差距。这直接导致地区的人才需求不平衡以及择业者流向不平衡。东部沿海地区和中心城市如北京、上海、深圳、广东等省市对人才的需求旺盛，是人才流向集中的地方；中西部地区的人才需求逐年增多，西部大开发也正在深入地进行，经济发展了，对高层次人才的需求也自然会增多。

3.当年用人单位需求情况

用人单位的自身效益以及对人才的需求是动态变化的。择业者需要根据其需求的变化调整自己的职业选择。

4.当年毕业生情况

毕业生的总人数、专业、层次等都将对毕业生就业有所影响,所以毕业生就业时要了解当年毕业生的供求形势。即哪些专业急需、哪些专业供大于求等。

复习巩固

1.什么是职业选择?职业选择的构成因素是什么?

2.职业选择的一般步骤是什么?

3.影响职业选择的因素有哪些?

第二节 职业选择的心理误区及克服

一、职业选择的误区及困惑

了解了职业选择的概念及影响因素,有些求职者还是不能顺利地或正确地进行职业选择。这是由于人们在职业选择时往往会陷入误区或存在迷惑。

通常,大多数人都是在探索——意向——选择的求职怪圈中周而复始的循环。即从多种媒体的招聘广告、招聘会场中获得有关信息,然后根据这些信息确定自己的多个求职目标,继而海量投递简历,然后静候通知,加以选择。其实,这种求职方式的成功率几乎微乎其微。残酷的现实告诉我们,在求职之路遭遇挫折的时候,我们必须重新审视自己,充分搞清楚问题到底出在哪?“知己知彼,百战不殆”,清楚地认识和把握自己才是最关键的。但这恰恰却是为大多数求职者所忽略的。由于种种原因,特别是就业教育存在的缺陷,使人们对求职择业存在一些误解和困惑。例如,找工作求高薪、求名气的心态普遍存在;相互攀比心理较重,造成期望与现实严重错位;在遭遇求职挫折后,夸大社会阴暗面,出现悲观心理和信任危机。大学生求职普遍缺乏技巧,比较注重外包装,不注重对自己求职行动的计划,盲目地在招聘摊位前拥挤,虽然有一份精美的简历和一堆证书,却不懂得针对用人单位的招聘职位展示和表现自己的能力。还有的眼高手低,不愿从基层做起。这些人当然会被拒之门外。他们舍本求末,不懂得或不愿意花时间“重新审视自己一眼”,更没有明确自我与工作之间的关系。在没有把自己的优势、劣势、机会和威胁摸清并理顺的情况下，就贸然行事实在是太盲目了。职业顾问归纳整理了下列求职种种误区。

（一）不求实际，好高骛远

有人认为在知名的大公司才是好工作，认为在那儿既赚钱多，又风光体面；也有人认为只有到紧跟时代发展、炙手可热的行业去工作，才是最好的选择，远大的前途，比短暂的"钱途"更重要；还有人厌恶变化，只想到可靠的，有稳定收入预期的行业去施展才华……当然这些想法并不为错，但他们更需要的是辨证的思维和开阔的眼光，千万不能抱定一种固有的思维模式来看待职业，所谓"好工作"是因人而异的，一份风光体面，待遇优厚，人人羡慕的职业，却不一定适合你，这只能使自己陷入误区，不能自拔。

（二）自我认识不足

求职之路上布满的荆棘会使许多人步履维艰。大家都在忙着争分夺秒地游荡于招聘会、互联网和面试考场之间，而无暇顾及对自己的重新审视和定位。正确认识自己，也就是自我剖析，在求职过程中始终应该是处于第一位的。它包含两个层面：一是审视；二是挖掘。前者着重对自我价值的了解，对个人资本的识别定位以及个人对职业生涯的态度；后者则是对个人潜在能力的挖掘。事实上，在社会活动中，显能虽然犹如一座冰山的尖角，只是人生命能量的一小部分，但它作为对个人能量的直接体现早已被人们接受。而潜能犹如冰山的水下部分，虽然庞大却孤独地沉睡在人的潜意识中。人们的潜能包括欲望、能力、气质和资源。在求职过程中对自我认识不足，得到的只能是悲剧性的结果。

（三）缺乏环境调研，仓促上阵

也许因为你刚刚毕业，缺乏对工作和事业的深刻认知；也许因为生活的压力已不允许你"瞻前顾后"；也许因为周围的环境使得形势紧迫，来不及仔细权衡，从容选择。但无论如何，对招聘信息及用人单位的必要筛选和取舍是必不可少的。

有许多求职者，在未对所处的求职环境和用人单位进行充分的分析、研究之前就仓促上阵，投入求职大潮，妄想"奇迹"发生。须知，上苍从不将机遇白白送人，总是在给予他东西时，又从他身上取走了另一种东西。机遇总是青睐有准备的人，如果能事先对环境进行扫描，对招聘单位进行仔细研究，就会在求职的成功路上多一份把握。

（四）投机心理，广种难收

许多人在求职之初错误地认为，只要投递足够数量的简历，就一定会得到工作机会的垂青。也可能天真地认为不会每次都失败，一定会有赢的时候。在一种焦灼浮躁心理状态之下，心急火燎地大量发送简历，急于把自己"推销"出去。尤其在计算机网络早已普及的今天，将一份简历进行复制、粘贴，然后群发电子邮件，简直易如反掌。但这种行为与站在街头，不分对象地散发广告和传单又有什么区别？显然，这种不肯脚踏实地地为目标奋斗而靠撞大运的投机心态，简直就是在赌博。当然赢得成功的概率也只能微乎其微了。人力资源专家曾做过统计，一个人至少要经历 6 场～10 场把握较大的不同公司面试，在 3～4 个到手的工作机会中比较筛选，才能获得一份称心如意的工作。

求职者得到一个工作机会的代价起点是 100 份简历，而要得到理想的好工作，恐怕得需 500 份以上。既然如此，看到每场招聘会结束之后，满地散落任人践踏的简历你也许会见怪不怪了。如何让自己的简历更出彩，赢得考官的青睐，为自己争得面试机会，这才是求职前期的重中之重。

近几年来，因成本低、效率高，网上求职招聘大行其道。可是成功率怎么样呢？不少知名企业收到的电子简历的数量大大超过公司以前能收到的书面简历的数量。在这种情况下，很多公司都建立了能够过滤某些电子简历的系统。下面例子可见一斑：

A 网站有 654 321 份简历，但在 3 个月里只有 1336 个用人机构看过这些简历；

B 网站有 78 901 份简历，但在 3 个月里只有 458 个用人机构光顾过；

C 网站上有 5 456 份简历，但只有 69 个用人机构浏览过。

这就是严酷的现实。有人把网上求职喻为网恋，诱惑挺大，结局难以理想。毕竟网上是虚幻的，不可信的成分居多。可见最好的求职的方法一直是(将来也还会是)人与人之间的直接交往和沟通。

当下，各种媒体上招聘广告铺天盖地，尽管如此，但机会却少得可怜。大量求职中介机构充斥市场，很多机构不讲诚信，运作也不规范。对许多公司来说，招聘渠道不断变换，刊登广告，信息也未必完整。即使你把简历送到了心仪的公司，也免不了再经磨难。据调查，一些大公司每年收到的简历多达十几万份，平均每天达数百份。人力资源部门几乎陷入了简历的汪洋大海之中。千万别指望他们会慧眼识珠，明察秋毫，认真地看每一份简历。他们为了把大堆简历减少到便于管理的数目，只能采用排除法，本来一些挺不错的简历往往因为一点点小瑕疵而被弃之如敝屣，让人深感可惜。为什么人们把简历像雪片一样撒出，却迟迟收不到面试邀请呢？恐怕这就是个中原因。有资料显示，即使在美国经济形势最好的年份，平均 245 个求职者当中也只有 1 人会接到面试的邀请，何况如我们这样一个人口大国，情况就更不容乐观了。

(五)自信心缺失

在经历了数次失败之后，不少人在心灵深处会产生一些畏怯情绪，结果导致在职业生涯中变得无所适从。

每个人都是一个矛盾的统一体，当你开始认真考虑要做某种事情时，在潜意识中经常会出现两种不同的反应在斗争，即积极的心态和消极的心态。特别是在遭受挫折后，消极心态易占上风。这时人们也许会想，那份工作不可能轮到自己，比自己优秀的大有人在，还是承认现实听天由命吧；或者想自己的学历太低，恐怕人家看不上吧；或者想年月不饶人，自己的年龄太大了；或者又会想，在这个领域自己的资历太低，无能为力……诸如此类的心理障碍的困扰，使人们自信心受到打击。这里大家要记住一句话，叫作"自助者天助"。

(六)反客为主，受制于人

人在面临事业的抉择时有两大致命弱点：一是过分依赖于外界的支持；二是让别人的意志凌驾于自己的愿望之上。

你也许常常会有这样的困扰：在父母、老师和其他人的眼中你被寄予厚望，你可能是他们的寄托所在，因此在选择职业中，时常顾及他们的感受，这将成为你职业生涯道路上的一种隐形的障碍。如果没有摆脱外力的支配以及还在童年时所接受的训导结果，这无疑会使你对世界和对自己的认识受到局限。著名作家罗兹洛·勒纳曾说过："当我还是个小孩子的时候，大人们使我懂得：不要自己思考，不要相信自己，别把自己的想法当真。父母培育了我对他们的依赖，而我对自己的聪明才智却越来越没有信心，我开始依赖他人帮我做出决定。长大以后，所有的直觉变得十分迟钝，于是我总是做出错误的选择并使自己深受其害。"这种影响显然是潜移默化的，在求职过程中极易体现出来。

(七)职业生涯规划失误

许多人把找工作看成是一件孤立的事情，有的人为钱而工作；有的人冲着有好的老板；有的人寻求公司品牌；也有的人为了追求发展空间而工作。这些人一旦找到职位就觉得万事大吉了，这只能是一种对人生不负责任的短视行为。与之相反，你应该把开始求职当作职业生涯的序曲，由它引领你奏响整个职业人生。因此，从找工作开始，就要认真规划自己的职业生涯。孔子曰："三十而立，四十不惑。"GE 董事长兼 CEO 杰克·韦尔奇也曾忠告年轻人："30 岁是一个巨大的礼物，不要浪费它！"现实中太多的人 30 岁仍找不到自己的立足之地，几乎接近不惑之年却仍然迷茫无措，惶惶不可终日，这就是职业生涯规划失误造成的恶果。

(八)缺乏有效的求职策略和方法

即使你可能已经客观深刻地认识了自己，清晰地了解了自己的个人资本，通过职业环境分析，找到了一个自己满意的工作趋向，这时千万别认为好工作已唾手可得，实际上它与你距离遥远。现实中有很多人，历尽千辛万苦终于找到了适合自己的工作踪迹，然而却得不到它。这时他们会抱怨也许被上帝愚弄了。其实是那套早已过时了的陈旧呆板又没有效率的求职方法害了他们，使他们与好工作失之交臂。实际上，可以说这些求职者对真正有效的求职方法还是一无所知，当然也就更谈不上制定一套系统化的求职策略了。如果求职者没有平日的细心积累，只是在耍花枪，根本没有令人信服的立足点，反而会起到消极的作用。

（九）价值观的局限性

在这个物欲横流的社会中，货币已经成为衡量个人价值的标准。每个求职者都不得不面对“你的价值观是什么？”“你工作的意义又在哪里？”这两个问题。当人们普遍把目光聚集在金钱和待遇上时，“薪酬”这个词无疑成为万众瞩目的焦点。每个人在社会中工作，得到回报是理所当然的事。但是如果把薪酬的多寡作为唯一的求职目标，那么你就很难找到好工作。因为货币的价值从某种意义上来说并不完全等同于工作的价值。过分地依赖薪酬，只会让你的视野局限在狭小的范围内，它会蒙蔽你的双眼，使你无法正确判断一份工作的好坏。

（十）不懂得未来形成于现在

即使是在被作家沃伦·本尼斯称为“经理时代”的当下，对许多人来说，抓住现在的时间赢得未来，仍然是个陌生的概念，这的确有些不可思议。对“现在应该做什么？”这样的问题，许多求职者居然都回答不上来。他们从来就没有认真地考虑过未来形成于现在，未来必须从现在开始塑造，将自己的兴趣、能力和热情融合为一份个人职业生涯的发展计划，我们真不敢想象他们的未来将会怎样。

总之，每个人在求职历程中，或多或少都会陷入上述的某种或某几种误区而难以自拔。如何能摆脱和防止陷入这些求职误区与困惑，是我们每个求职者必须深入思考和认真探讨的问题（鄢敬新，2005）。

二、走出职业选择的心理误区

（一）排除从众心理

所谓从众心理，是在社会或群体的压力下个人放弃自己的意见而采取顺从行为的心理倾向。从众心理重的人容易接受暗示，无主见、依赖性大、不能独立思考而是迷信名人和权威。

在大学毕业生择业问题上从众心理表现在愿意到大城市、大机关去工作。其实到大机关、大城市工作并不一定是你最佳的职业选择，而只是从众心理影响的结果。古往今来大多数成才者都具有很强的创造和思维能力，并力求摆脱从众心理的束缚。作为大学生应当具有很强的独立思考能力，逐步培养自己独立分析问题、解决问题的能力。克服从众心理的影响，为今后走向社会培养良好的心理素质。

(二)摒弃虚荣心理

虚荣心理也是妨碍求职择业的一种不健康的心理状态。虚荣心过强者在择业中往往把注意力集中在社会知名度高、经济上实惠的就业岗位。这些人不从发挥自身优势出发,不考虑自己的竞争能力,甚至不考虑自己的专长爱好,他们选择职业是为了让别人羡慕,做给别人看而不是为自己寻找用武之地。

建议在选择职业时首先自问——我需要什么样的工作?我适合做什么样的工作?我能得到什么样的工作?经过冷静思考得出结论并付诸行动才可能真正丢掉虚荣心理的思想包袱,选择真正属于自己的职业。

(三)克服挫折心理

挫折心理是指人在从事有目的的活动时遇到障碍所表现出来的情绪反应。当一个人产生心理挫折后就可能陷入苦闷、焦虑、失望、悔恨、愤怒等多种复杂的情绪的体验之中。因此挫折心理是一种消极的心理状态。

在就业问题上大学生受到挫折是因为他们的去向和抱负不能为社会和亲友所理解和接受,从而产生的怀才不遇的感觉。这往往是大学生自我评价甚高造成的,而且通常是期望值越高挫折感就越重。如果在挫折中不是认真反思,而是失去理智盲目地一意孤行,就可能形成人格障碍,由此引起内心世界的严重扭曲,对健康人格塑造构成严重威胁。

要正确对待挫折、战胜挫折首先要进行自我分析。这就是通过自我认识自觉地调整自己的需要、动机、目的、情绪。其次要进行自我冷化。就是对自我实行冷处理,用自己的理智驾驭情感。为了使自己冷静下来可以试着进行呼吸训练、肌肉放松训练、气功入静等训练方法。此外还有自我暗示激励法、自我宣泄与转移目标法等等都可以起到良好的效果。

如果你是充满自信而又脚踏实地的人,相信你一定能克服择业中的挫折心理。

(四)抑制羞怯心理

新时期的大学生接触实际、接触社会的机会很少。在校内熟人圈子里他们还能应付,一出校门便感到手足无措。特别是毕业生分配制度改革方案出台后在供需见面中普遍存在的羞怯心理直接影响到用人单位对他们的取舍。

如何在求职择业活动中抑制并克服自己的羞怯心理呢?第一,要增强自信心。古代有驼背成为捕蝉能手者,国外有从小口吃的人成为雄辩家。关键要善于发现自己的优势,切不要为自己的短处所禁锢。第二,不要过多地计较别人的评论,因为只有自己最了解自己的实力。第三,平时就争取机会迎难而上,多多锻炼。第四,要学会意念控制,遇到陌生场合预感自己可能紧张、羞怯时,暗示自己镇静下来,提醒自己别胡思乱想自己吓唬自己。

拓展阅读

求职中的不当做法

生活中，求职者处理职业选择的一些做法值得商榷，现在提出来给大家思考，最好能够避免：

一是让家长出面处理自己的职业选择问题——从选专业、到找实习单位、到推荐工作，老让自己的家长帮自己去说话，这基本上就是自废武功。有些单位甚至很明确，那么大的孩子还让家长来说事的，基本就不用考虑了。

二是一通简历散天下——海投产生的习惯。没有专业爱好、没有实习经验、没有职业特长的同学，更喜欢到处发简历，而且是统一格式，这类找法最笨、效率最低，远不如研究下人家单位，写一封针对性的应聘函加上一些自己的作品、实习资料、社会实践推荐信有效。

三是只有课程意识没有岗位意识——学校的课程相当于供方、单位的岗位相当于需方，有岗位意识后就可以充分收集相关信息，并在这方面做一些必要的相关人员的专门访问，掌握了解情况尤其是基层基础岗位的工作要求，从而大大提高自己应对的针对性。

四是自贬身价而不是适当的姿态——什么是适当的姿态？就是愿意从基层做起，愿意多付出些努力，愿意与团队配合，愿意学习新知；什么是自贬身价？就是表示可以不要钱干活，表示干啥都行，表示啥都听领导的，表示自己真的啥也不知道。

五是争当官而不是争做业务骨干——大部分组织的基石是业务骨干，尽管成为业务骨干以后有很大的机率担任管理者，但是很多既没专业爱好也没专长的同学却更愿意选择管理岗位，在大部分情况下应届学生争取管理岗位恰恰不是受人欢迎的做法。做管理者有更多的业务表率、协调能力与示范能力的要求，而以己之短易其所严，被剔除的可能性更大。

六是关心待遇而不是关心专属职业能力。实际上在今天的单位中，有了专属的职业能力——方法论、专门经验、交流而得到的新知识，往往直接意味着得到更好的待遇，或者有了更好的筹码来谈判更好的待遇，但更多的求职者在职业选择时对于这类能力的价值意识不够，因此对于待遇给予更多的关注，反而成为功利色彩更浓的易被挑剔群体

（资料来源：袁岳，商业英才网）。

复习巩固

1.职业选择的误区及困惑有哪些？

2.如何走出职业选择的心理误区？

3.如何在求职择业活动中抑制并克服自己的羞怯心理？

本章要点小结

职业选择的一般步骤是：探索、意向、选择、澄清、就职、坚定或矫正、总结提高。影响职业选择的因素有：个人因素，包括自身兴趣、气质、性格、能力、价值观等与职业选择是否匹配；外部因素，包括就业政策、当年的经济形势、当年用人单位需求情况以及当年毕业生情况等对职业选择的影响。求职者在了解了职业选择的理论知识后，可能仍对职业选择存在一些困惑，需要其克服心理误区，走出困惑。

关键术语表

职业选择　职业选择理论　特质—因素理论　职业倾向测验　职业意向　职业期望　从众

本章复习题

1.下列哪项不是构成职业选择的三个基本因素（　　）。

A.职业能力　B.职业意向　C.职业岗位　D.职业成就

2.霍兰德的职业倾向理论将大多数人的人格特质归纳为（　　）。

A.现实型和研究型　B.艺术型和社会型

C.理想型和开拓型　D.管理型和常规型

3.根据自己的常识、经验和能力，收集各种感兴趣的有关职业信息属于职业选择具体决策步骤的哪一步（　　）。

A.职业选择　B.职业意向　C.职业探索　D.职业评估

4.劳动者对某项职业的向往，即希望自己从事某项职业的态度倾向，也称职业期望的是职业选择具体决策步骤的哪一步（　　）。

A.职业选择　B.职业意向　C.职业探索　D.职业评估

5.一个人在对现实的稳定的态度和习惯化了的行为方式中表现出来的人格特征指的是人的（　　）。

A.气质　B.性格　C.能力　D.习惯

6.通常，哪种气质类型的人活泼好动、外向、情绪发生快而多变、直率、浮躁，适合做政府及企事业管理工作、外事工作、公关工作等工作？（　　）。

A.胆汁质　　B.黏液质　　C.多血质　　D.抑郁质

7.在社会或群体的压力下个人放弃自己的意见而采取顺从行为的心理倾向称为（　　）。

A.从众　　B.顺从　　C.同化　　D.暗示

8.在求职择业中存在一种不健康的心理状态，当这种心态过强时，求职者在择业中往往把注意力集中在社会知名度高、经济上实惠的就业岗位。这种心理误区是（　　）。

A.从众　　B.虚荣　　C.羞怯　　D.务实

9.如何走出职业选择的心理误区？（　　）

A.排除从众心理　　B.摒弃虚荣心理

C.克服挫折心理　　D.抑制羞怯心理

附录一　问卷

第一部分：新进员工职业生涯规划"5W"问卷

一、我是谁？

请从以下几个方面对你自己做一个全方位的介绍。

姓名：

属相：

血型：

星座：

你的性格特征：

学历：

所学专业：

兴趣爱好：

特长：

缺陷或不足：

专业技能：

二、我想干什么？（不少于200字）

你的人生理想是什么？

三、我能干什么？（不少于200字）

请从自身知识结构、学习能力、性格特征、兴趣爱好、沟通能力等方面对自己的能力和潜能做全面总结。

四、现有的环境下我能干什么？（不少于200字）

请结合你周围的客观环境和主观环境加以分析说明（客观环境包括企业规模、企业制度、人事政策、职业空间等，主观环境包括同事关系、领导态度、家庭因素、亲戚关系等）。

五、最后我将成为什么？（不少于200字）

通过对上面四个问题的详尽回答，综合分析，请对你的职业规划自我定位，确定你的职业选择和最终的职业目标。

第二部分：MBTI职业性格测试（迈尔斯—布里格斯类型指标）

MBTI 测试前须知：

1.参加测试的人员请务必诚实、独立地回答问题，只有如此，才能得到有效的结果。

2.《性格分析报告》展示的是你的性格倾向，而不是你的知识、技能、经验。

3.MBTI 提供的性格类型描述仅供测试者确定自己的性格类型之用，性格类型没有好坏，只有不同。每一种性格特征都有其价值和优点，也有缺点和需要注意的地方。清楚地了解自己的性格优劣势，有利于更好地发挥自己的特长，而尽可能的在为人处事中避免自己性格中的劣势，更好地和他人相处，更好地做重要的决策。

4.本测试分为四部分，共 93 题；需时约 18 分钟。所有题目没有对错之分，请根据自己的实际情况选择。将你选择的 A 或 B 所在的○涂黑，例如：●

只要你是认真、真实地填写了测试问卷，那么通常情况下你都能得到一个确实和你的性格相匹配的类型。希望你能从中或多或少地获得一些有益的信息。

一、哪一个答案最能贴切的描绘你一般的感受或行为？

序号	问题描述	选项	E	I	S	N	T	F	J	P
1	当你要外出一整天，你会 A.计划你要做什么和在什么时候做　B.说去就去	A								
		B								
2	你认为自己是一个 A.较为随兴所至的人　B.较为有条理的人	A								
		B								
3	假如你是一位老师，你会选教 A.以事实为主的课程　B.涉及理论的课程	A								
		B								
4	你通常 A.与人容易混熟　B.比较沉静或矜持	A								
		B								
5	一般来说，你和哪些人比较合得来？ A.富于想象力的人　B.现实的人	A								
		B								
6	你是否经常让 A.你的情感支配你的理智 B.你的理智主宰你的情感	A								
		B								
7	处理许多事情上，你会喜欢 A.凭兴所至行事　B.按照计划行事	A								
		B								
8	你是否 A.容易让人了解　B.难于让人了解	A								
		B								

续表

序号	问题描述	选项	E	I	S	N	T	F	J	P
9	按照程序表做事， A.合你心意　B.令你感到束缚	A								
		B								
10	当你有一份特别的任务，你会喜欢 A.开始前小心组织计划　B.边做边找需做什么	A								
		B								
11	在大多数情况下，你会选择 A.顺其自然　B.按程序表做事	A								
		B								
12	大多数人会说你是一个 A.重视自我隐私的人　B.非常坦率开放的人	A								
		B								
13	你宁愿被人认为是一个 A.实事求是的人　B.机灵的人	A								
		B								
14	在一大群人当中，通常是 A.你介绍大家认识　B.别人介绍你	A								
		B								
15	你会跟哪些人做朋友？ A.常提出新主意的　B.脚踏实地的	A								
		B								
16	你倾向 A.重视感情多于逻辑　B.重视逻辑多于感情	A								
		B								
17	你比较喜欢 A.坐观事情发展才作计划　B.很早就做计划	A								
		B								
18	你喜欢花很多的时间 A.一个人独处　B.和别人在一起	A								
		B								
19	与很多人一起会 A.令你活力倍增　B.常常令你心力交瘁	A								
		B								
20	你比较喜欢 A.很早便把约会、社交聚集等事情安排妥当 B.无拘无束，看当时有什么好玩就做什么	A								
		B								
21	计划一个旅程时，你较喜欢 A.大部分的时间都是跟当天的感觉行事 B.事先知道大部分的日子会做什么	A								
		B								
22	在社交聚会中，你 A.有时感到郁闷　B.常常乐在其中	A								
		B								

续表

序号	问题描述	选项	E	I	S	N	T	F	J	P
23	你通常 A.和别人容易混熟　B.趋向自处一隅	A								
		B								
24	哪些人会更吸引你？ A.一个思维敏捷及非常聪颖的人 B.实事求是，具丰富常识的人	A								
		B								
25	在日常工作中，你会 A.颇为喜欢处理迫使你分秒必争的突发 B.通常预先计划，以免要在压力下工作	A								
		B								
26	你认为别人一般 A.要花很长时间才认识你 B.用很短的时间便认识你	A								
		B								

二、在下列每一对词语中，哪一个词语更合你心意？请仔细想想这些词语的意义，而不要理会他们的字形或读音。

序号	问题描述	选项	E	I	S	N	T	F	J	P
27	A.注重隐私　B.坦率开放	A								
		B								
28	A.预先安排的　B.无计划的	A								
		B								
29	A.抽象　B.具体	A								
		B								
30	A.温柔　B.坚定	A								
		B								
31	A.思考　B.感受	A								
		B								
32	A.事实　B.意念	A								
		B								
33	A.冲动　B.决定	A								
		B								
34	A.热衷　B.文静	A								
		B								
35	A.文静　B.外向	A								
		B								

续表

序号	问题描述	选项	E	I	S	N	T	F	J	P
36	A.有系统 B.随意	A								
		B								
37	A.理论 B.肯定	A								
		B								
38	A.敏感 B.公正	A								
		B								
39	A.令人信服 B.感人的	A								
		B								
40	A.声明 B.概念	A								
		B								
41	A.不受约束 B.预先安排	A								
		B								
42	A.矜持 B.健谈	A								
		B								
43	A.有条不紊 B.不拘小节	A								
		B								
44	A.意念 B.实况	A								
		B								
45	A.同情怜悯 B.远见	A								
		B								
46	A.利益 B.祝福	A								
		B								
47	A.务实的 B.理论的	A								
		B								
48	A.朋友不多 B.朋友众多	A								
		B								
49	A.有系统 B.即兴	A								
		B								
50	A.富想象的 B.以事论事	A								
		B								
51	A.亲切的 B.客观的	A								
		B								

续表

序号	问题描述	选项	E	I	S	N	T	F	J	P
52	A.客观的　B.热情的	A								
		B								
53	A.建造　B.发明	A								
		B								
54	A.文静　B.爱合群	A								
		B								
55	A.理论　B.事实	A								
		B								
56	A.富同情　B.合逻辑	A								
		B								
57	A.具分析力　B.多愁善感	A								
		B								
58	A.合情合理　B.令人着迷	A								
		B								

三、哪一个答案最能贴切地描绘你一般的感受或行为

序号	问题描述	选项	E	I	S	N	T	F	J	P
59	当你要在一个星期内完成一个大项目，你在开始的时候会 A.把要做的不同工作依次列出　B.马上动工	A								
		B								
60	在社交场合中，你经常会感到 A.与某些人很难打开话匣儿和保持对话 B.与多数人都能从容地长谈	A								
		B								
61	要做许多人也做的事，你比较喜欢 A.按照一般认可的方法去做 B.构想一个自己的想法	A								
		B								
62	你刚认识的朋友能否说出你的兴趣？ A.马上可以　B.要待他们真正了解你之后才可以	A								
		B								
63	你通常较喜欢的科目是 A.讲授概念和原则的　B.讲授事实和数据的	A								
		B								
64	哪个是较高的赞誉 A.一贯感性的人　B.一贯理性的人	A								
		B								
65	你认为按照程序表做事 A.有时是需要的，但一般来说你不大喜欢这样做 B.大多数情况下是有帮助而且是你喜欢做的	A								
		B								

续表

序号	问题描述	选项	E	I	S	N	T	F	J	P
66	和一群人在一起，你通常会选 A.跟你很熟悉的个别人谈话 B.参与大伙的谈话	A								
		B								
67	在社交聚会上，你会 A.是说话很多的一个 B.让别人多说话	A								
		B								
68	把周末期间要完成的事列成清单，这个主意会 A.合你意 B.使你提不起劲	A								
		B								
69	哪个是较高的赞誉 A.能干的 B.富有同情心	A								
		B								
70	你通常喜欢 A.事先安排你的社交约会 B.随兴之所至做事	A								
		B								
71	总的说来，要做一个大型作业时，你会选 A.边做边想该做什么 B.首先把工作按步细分	A								
		B								
72	你能否滔滔不绝地与人聊天 A.只限于跟你有共同兴趣的人 B.几乎跟任何人都可以	A								
		B								
73	你会 A.跟随一些证明有效的方法 B.分析还有什么毛病，及针对尚未解决的难题	A								
		B								
74	为乐趣而阅读时，你会 A.喜欢奇特或创新的表达方式 B.喜欢作者直话直说	A								
		B								
75	你宁愿替哪一类上司(或者老师)工作? A.天性淳良，但常常前后不一的 B.言辞尖锐但永远合乎逻辑的	A								
		B								
76	你做事多数是 A.按当天心情去做 B.照拟好的程序表去做	A								
		B								
77	你是否 A.可以和任何人按需求从容地交谈 B.只是对某些人或在某种情况下才可以畅所欲言	A								
		B								
78	要作决定时，你认为比较重要的是 A.据事实衡量 B.考虑他人的感受和意见	A								
		B								

四、在下列每一对词语中,哪一个词语更合你心意?

序号	问题描述	选项	E	I	S	N	T	F	J	P
79	A.想象的 B.真实的	A								
		B								
80	A.仁慈慷慨的 B.意志坚定的	A								
		B								
81	A.公正的 B.有关怀心	A								
		B								
82	A.制作 B.设计	A								
		B								
83	A.可能性 B.必然性	A								
		B								
84	A.温柔 B.力量	A								
		B								
85	A.实际 B.多愁善感	A								
		B								
86	A.制造 B.创造	A								
		B								
87	A.新颖的 B.已知的	A								
		B								
88	A.同情 B.分析	A								
		B								
89	A.坚持己见 B.温柔有爱心	A								
		B								
90	A.具体的 B.抽象的	A								
		B								
91	A.全心投入 B.有决心的	A								
		B								
92	A.能干 B.仁慈	A								
		B								
93	A.实际 B.创新	A								
		B								

每项总分	E	I	S	N	T	F	J	P

五、评分规则

1.当你将●涂好后，把 8 项(E、I、S、N、T、F、J、P)分别加起来，并将总和填在每项最下方的方格内。

2.请复查你的计算是否准确，然后将各项总分填在下面对应的方格内。

每项总分

外向	E			I	内向
实感	S			N	直觉
思考	T			F	情感
判断	J			P	认知

六、确定类型的规则

1.MBTI 以四个组别来评估你的性格类型倾向：

“E－I”“S－N”“T－F”和“J－P”。请你比较四个组别的得分。每个子别中，获得较高分数的那个类型，就是你的性格类型倾向。例如：你的得分是：E(外向)12 分，I(内向)9 分，那你的类型倾向便是 E(外向)了。

2.将代表获得较高分数的类型的英文字母，填在下方的方格内。如果在一个组别中，两个类型获同分，则依据下边表格中的规则来决定你的类型倾向。

评估类型

同分处理规则	假如	E＝I	请填上 I
	假如	S＝N	请填上 N
	假如	T＝F	请填上 F
	假如	J＝P	请填上 P

性格解析

“性格”是一种个体内部的行为倾向，它具有整体性、结构性、持久稳定性等特点，是每个人特有的，可以对个人外显的行为、态度提供统一的、内在的解释。

MBTI 把性格分成 4 个维度，每个维度上的包含相互对立的 2 种偏好：

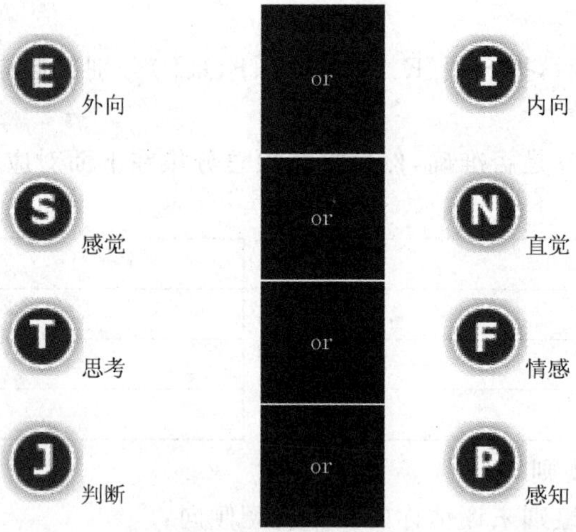

其中,“外向 E—内向 I”代表着各人不同的精力(Energy)来源;“感觉 S—直觉 N”“思考 T—情感 F”分别表示人们在进行感知(Perception)和判断(Judgement)时不同的用脑偏好;“判断 J—感知 P”针对人们的生活方式(Life Style)而言,它表明我们如何适应外部环境——在我们适应外部环境的活动中,究竟是感知还是判断发挥了主导作用。

ISTJ	ISFJ	INFJ	INTJ
ISTP	ISFP	INFP	INTP
ESTP	ESFP	ENFP	ENTP
ESTJ	ESFJ	ENFJ	ENTJ
注:根据 1978－MBTI－K 量表,以上每种类型中又分 625 个小类型			

每一种性格类型都具有独特的行为表现和价值取向。了解性格类型是寻求个人发展、探索人际关系的重要开端。

【MBTI 十六种人格类型】

ISTJ

1.严肃、安静、借由集中心志与全力投入及可被信赖获致成功。

2.行事务实、有序、实际、逻辑、真实及可信赖。

3.十分留意且乐于任何事(工作、居家、生活均有良好组织及有序)。

4.负责任。

5.照设定成效来做出决策且不畏阻挠与闲言,会坚定为之。

6.重视传统与忠诚。

7.传统性的思考者或经理。

ISFJ

1.安静、和善、负责任且有良心。

2.行事尽责投入。

3.安定性高，常居项目工作或团体之安定力量。

4.愿投入、吃苦及力求精确。

5.兴趣通常不在于科技方面。对细节事务有耐心。

6.忠诚、考虑周到、知性且会关切他人感受。

7.致力于创构有序及和谐的工作与家庭环境。

INFJ

1.因为坚忍、创意及必须达成的意图而能成功。

2.会在工作中投注最大的努力。

3.默默强力的、诚挚的及用心的关切他人。

4.因坚守原则而受敬重。

5.提出造福大众利益的明确远景而为人所尊敬与追随。

6.追求创见、关系及物质财物的意义及关联。

7.想了解什么能激励别人及对他人具洞察力。

8.光明正大且坚信其价值观。

9.有组织且果断地履行其愿景。

INTJ

1.具有强大动力与本意来达成目的与创意——固执顽固者。

2.有宏大的愿景且能快速在众多外界事件中找出有意义的模范。

3.对所承负职务，具良好能力于策划工作并完成。

4.具怀疑心、挑剔性、独立性、果决，对专业水准及绩效要求高。

ISTP

1.冷静旁观者——安静、预留余地、弹性及会以无偏见的好奇心与未预期原始的幽默观察与分析。

2.有兴趣于探索原因及效果，技术事件是为何及如何运作且使用逻辑的原理组构事实、重视效能。

3.擅长于掌握问题核心及找出解决方式。

4.分析成事的缘由且能实时由大量资料中找出实际问题的核心。

ISFP

1.羞怯的、安宁和善地、敏感的、亲切的且行事谦虚。

2.喜于避开争论，不对他人强加已见或价值观。

3.无意于领导却常是忠诚的追随者。

4.办事不急躁，安于现状无意于以过度的急切或努力破坏现况，且非成果导向。

5.喜欢有自有的空间及照自订的时程办事。

INFP

1.安静观察者——具理想性与对其价值观及重要之人具忠诚心。

2.希望外在生活形态与内在价值观相吻合。

3.具好奇心且很快能看出机会所在。常担负开发创意的触媒者。

4.除非价值观受侵犯，行事会具弹性、适应力高且承受力强。

5.具想了解及发展他人潜能的企图。想做太多且做事全神贯注。

6.对所处境遇及拥有不太在意。

7.具适应力、有弹性除非价值观受到威胁。

INTP

1.安静、自持、弹性及具适应力。

2.特别喜爱追求理论与科学事理。

3.习惯于以逻辑及分析来解决问题——问题解决者。

4.最有兴趣于创意事务及特定工作，对聚会与闲聊无大兴趣。

5.追求可发挥个人强烈兴趣的生涯。

6.追求发展对有兴趣事务之逻辑解释。

ESTP

1.擅长现场实时解决问题——解决问题者。

2.喜欢办事并乐于其中及过程。

3.倾向于喜好技术事务及运动，结交同好友人。

4.具适应性、容忍度、务实性；投注心力于工作会很快具成效。

5.不喜欢冗长概念的解释及理论。

6.最专精于可操作、处理、分解或组合的真实事务。

ESFP

1.外向、和善、接受性、乐于分享喜乐予他人。

2.喜欢与他人一起行动且促成事件发生，在学习时亦然。

3.知晓事件未来的发展并会热烈参与。

4.最擅长于人际相处能力及具备完备常识，很有弹性能立即适应他人与环境。

5.对生命、人、物质享受的热爱者。

ENFP

1.充满热忱、活力充沛、聪明的、富想象力的，视生命充满机会但期能得自他人肯定与支持。

2.几乎能达成所有有兴趣的事。

3.对难题很快就有对策并能对有困难的人施予援手。

4.依赖能改善的能力而无须预做规划准备。

5.为达目的常能找出强制自己为之的理由。

6.即兴执行者。

ENTP

1.反应快、聪明、长于多样事务。

2.具激励伙伴、敏捷及直言专长。

3.会为了有趣对问题的两面予以争辩。

4.对解决新的及挑战性的问题富有策略，但会轻视、忽略或厌烦经常的任务与细节。

5.兴趣多元，易倾向于转移至新生的兴趣。

6.对所想要的会有技巧地找出逻辑的理由。

7.长于看清楚他人，有智能去解决新或有挑战的问题。

ESTJ

1.务实、真实、事实倾向，具企业或技术天分。

2.不喜欢抽象理论；最喜欢学习可立即运用事理。

3.喜好组织与管理活动且专注以最有效率方式行事以达至成效。

4.具决断力、关注细节且很快做出决策——优秀行政者。

5.会忽略他人感受。

6.喜作领导者或企业主管。

ESFJ

1.诚挚、爱说话、合作性高、受欢迎、光明正大的——天生的合作者及活跃的组织成员。

2.重和谐且长于创造和谐。

3.常做对他人有益事务。

4.给予鼓励及称许会有更佳工作成效。

5.最有兴趣于会直接及有形影响人们生活的事务。

6.喜欢与他人共事去精确且准时地完成工作。

ENFJ

1.热忱、易感应及负责任的——具能鼓励他人的领导风格。

2.对别人所想或希求会表达真正关切且切实用心去处理。

3.能怡然且技巧性地带领团体讨论或演示文稿提案。

4.爱交际、受欢迎及富同情心。

5.对称许及批评很在意。

6.喜欢带引别人且能使别人或团体发挥潜能。

ENTJ

1.坦诚、具决策力的活动领导者。

2.长于发展与实施广泛的系统以解决组织的问题。

3.专精于具内涵与智能的谈话，如对公众演讲。

4.乐于经常吸收新知且能广开信息通道。

5.易生过度自信，会强于表达自己创见。

6.喜于长程策划及目标设定。

附录二 参考答案

第一章

复习巩固：

第一节

1.答：职业是人们为了维持生计，承担社会分工角色，发挥个性才能的一种持续进行的社会活动。具有时代性、差异性和层次性特征。其功能为：维持生计；承担社会角色；发挥个性。

2.答：生涯是生活中各种事件的演进方向和历程，它统合了个人一生中各种职业和生活角色，由此表现出个人独特的自我发展形态。生涯作为一个人终其一生所扮演角色的整个过程，由三个层面构成：第一，时间，即个人的年龄或生命的历程；第二，经历，即每个人一生所扮演各种不同的角色；第三，个人所扮演的各种角色投入的程度。

3.答：职业生涯规划(career planning)是指个人与组织相结合，在对一个人职业生涯的主客观条件进行测定、分析及总结的基础上，对自身素质，例如兴趣、爱好、能力、特长、经历及不足等各方面进行综合分析与权衡，结合时代特点，根据自己的职业倾向，确定最佳的职业奋斗目标，并为实现这一目标做出行之有效的安排。其要素为：第一，了解自己；第二，了解工作环境；第三，抉择能力；第四，培养自己面对调整和转变的弹性。

第二节

1.答：长期性原则；差异性原则；发展性原则；阶段性原则；挑战性原则。

2.答：社会层面：有助于适应快速变化的社会；有助于适应终身学习的社会。组织层面：有助于组织开发人力资源；有助于减少人才流失。个人层面：有助于促进个人的成功；有助于认识自己和环境。

本章复习题：

1.A 2.B 3.D 4.B 5.D 6.A

第二章

复习巩固:

第一节

1.答:条件匹配(活找人)、特性匹配(人找活)。

2.答:特质因素理论是职业生涯管理理论中最为悠久的一种理论。它源于19世纪的官能心理学,并由美国职业指导专家、波士顿大学教授帕森斯创立,后又经由美国职业心理学家威廉姆斯发展而成。特质因素理论的核心是人格特性与职业因素的匹配。其理论前提是每个人都有一系列独有的特性,这些特性是可以客观而有效地进行测量的;每一种职业都有其特定的因素,不同职业需要具备不同特性的人员;每个人的独特特质又与特定的职业相关联;不同的职业需要具有不同个性特质的职员,这样才能获得成功;选择一种职业是一个相当易行的过程,而且人职匹配是可能的;个人特性与工作要求之间配合得愈紧密,职业成功的可能性就愈大。

3.答:(1)自我了解,包括了解个人的能力、天赋、能力、兴趣、志向、资源、限制条件以及其他特质;(2)对工作环境和性质的了解,包括了解不同行业、各种职业成功的必备条件、优缺点、成功要素、对工作的要求、薪酬水平、发展前景和机会等。此外,个人还需要制定为准备就业而设置的教育课程计划,并了解提供这种课程的教育机构、学习年限、入学资格和费用等;(3)整合有关自我与职业世界的知识。

第二节

1.答:鲍定与纳奇曼、施加等人,在弗洛伊德人格心理分析理论的基础之上,吸收了特质因素论和心理咨询理论的一些概念和技术,对职业团体进行了大量研究,于20世纪60年代后期提出了一种强调个人内在动力和需要等动机因素在个人职业选择过程中的重要性的职业选择和职业指导理论,称之为“心理动力论”。心理动力论者认为职业选择是个人综合快乐原则与现实原则的结果。个人在人格与冲动的引导下,通过升华作用,选择可以满足其需要与冲动的职业。职业指导的重点强调“自我功能”的增强。若心理问题获得解决,则包括职业选择在内的日常生活问题将可顺利完成而不需再加指导。

2.答:(1)人类的发展是连续的过程,婴儿期最简单和最早的心理生理发展历程与成人阶段最复杂的智力与生理发展是息息相关的;(2)需求满足的本能,就复杂的成人行为与简单的婴儿行为而言,并没有两样;(3)每一个人的需求类型在人生的前6年就已经决定,只有少部分可能在人生的后期得到修正;(4)人所寻求的职业由其需求决定,而其需求在其6岁前就已经发展完成;(5)这个理论适用于所有不同年龄的人,以及不同类型和教育程度的工作,唯有两项例外:①受到外界文化或经济困难限制的人,或是受到这些外在因素刺激的人;②在工作上得不到满足的人;(6)工作是一种婴儿期冲动得到升华作用的表征，工作就是将婴儿期的冲动升华成社会能接受的行为；(7)缺乏对职业的了解可能使个人所选择的工作无法实现其心理预期。因情绪(或神经系统)而使就业机会的信息受到干扰阻隔，这种现象属于心理机制范畴，是该理论关注的一个部分；(8)每一种工作都可列入不同的职业群，而各个职业群都代表着不同心理需求的满足类型。

3.答：心理动力理论吸收了精神分析、特质因素论以及来访者中心疗法的优势，提倡从探究“过去”生活经验与动机中发现个体的职业需求点，为只关注“现在”与“未来”的职业生涯观注入了新鲜的血液。该理论对个体的需要给予了特别关注，同时还十分注重加强个体自身对职业的自我探索。此外，该理论提倡深入分析职业资料，以期从中窥视个体的心理动力，掌握个体需求获得满足的程度、如何获得满足等，从而为个体的职业决策提供详细完备的信息。

虽然心理动力论对于个人内在的动力因素(如需要、心理机制等)特别重视，可以弥补“特质因素论”忽略人深层心理需要的缺陷，但该理论过于强调内在因素，对于可能影响职业选择的外在因素略而不谈，甚至假定“个人有自由选择职业机会”。此外，该理论在分析具体职业与需要满足的方式上，多偏向低层次需要的满足，几乎没有涉及高层次需要，这些问题构成了该理论的缺点。

第三节

1.答：成长、试探、建立、保持和衰退五个阶段。

2.答：舒伯认为人在一生当中必须扮演九种主要的角色，依次是：儿童、学生、休闲者、公民、工作者、夫妻、家长、父母和退休者。

3.答：舒伯是生涯辅导理论的大师，其生涯发展论综合了差异心理学、发展心理学、自我心理学以及有关职业行为发展方向的长期研究结果，建构了一套完整的生涯发展理论。其理论观点是现今生涯辅导重要的理论基础，指导了目前生涯辅导的具体实施，得到了各国生涯辅导界的普遍支持。

他用动态的“生涯发展”概念取代了静态的“职业”概念，将职业生涯概念拓展到人的一生。“生活广度与生活空间的生涯发展”，即生涯彩虹图既包含横向的发展阶段、发展任务(即生活广度的部分)，也包含纵向的生涯角色的发展(即生活空间的部分)，交织成一个具体的生涯发展结构，这对促进个体的自我了解、自我实现有很大裨益。

但是，职业生涯发展理论中关于中年期、老年期的角色与任务，还有待研究，理论尚不够完整。而且生涯发展论似乎较少关注经济、社会因素对生涯发展方向的影响，且学习因素与职业发展历程的关系也需进一步深入研究。

第四节

1.答：现实型(realistic)、研究型(investigative)、艺术型(artistic)、社会型(social)、企业型(enterprising)和常规型(conventional)。

2.答：(1)适宜原则。(2)相近原则。(3)中性原则。(4)相斥原则。

3.答：了解自己的性格类型，寻找与自己性格相符的职业，做到人职匹配。

第五节

1.答：(1)遗传因素和特殊能力。(2)环境因素。(3)学习经验：①工具式学习经验。②联结式学习经验。(4)工作取向技能。

2.答：克朗伯兹认为，职业选择的关键在于广义的学习，其他理论所强调的兴趣也是学习的结果。因此，为了做出更加合理的职业选择，需要获得多种多样的学习经验，例如寻找参与学习电脑、进行体育锻炼、与朋友交往等各种不同性质的活动，因为所有这些技能都有可能在未来的工作中派上用场，并有助于拓展个人的兴趣，培养个人适当的自我信念和世界观。

3.答：克朗伯兹的理论强调社会影响以及学习经验对生涯选择的重要性，并从社会学习的视角解释了人类的职业选择行为，弥补了其他理论的不足之处，具有重要的意义。此外，它为生涯辅导工作提供了很多实用的方法和技术，具有较高的实用价值。例如，该理论提出的系统职业决策步骤和方法，对于辅导人员设计适当的训练计划，培养个体决策能力具有指导意义。

但是，该理论试图解释个人教育与职业爱好和技能是如何形成、并如何影响职业和工作领域的选择的，但由于其作用机制相当复杂，该理论仅为进一步研究提供了思路。

本章复习题：

1.C　2.C　3.B　4.B　5.D　6.D　7.D　8.D　9.C　10.A

第三章

复习巩固：

第一节

1.答：职业环境分析可以从以下几个方面入手：(1)家庭环境分析；(2)了解职业状况；(3)调查就业市场信息；(4)了解劳动法律规范及政府就业政策。

2.答：树立并固守核心的价值观，勤勉有效的执行力，日常的反馈和调整。

第二节

1.答：自行设计法、职业咨询法、生活计划(生命计划)。

2.答：技能评估策略、职业信息整合策略、决策策略。

3.答：霍兰德职业倾向测量、SWOT分析、“5W”思考模式、性格自我测试、职业素质测试、米子图等(任选三种表述)。

本章复习题：

1.D　2.B　3.C　4.C　5.B　6.A　7.C　8.D　9.A　10.B

第四章

复习巩固:

第一节

1.答:“5W”模式是职业规划指导时常采用的一种称为五个“what”的归零思考模式,具体来说就是要解决职业生涯规划中的五个具体问题:(1)“我是谁?”(2)“我想做什么?”(3)“我能干什么?”(4)“环境支持或允许我干什么?”(5)“我的职业与生活规划是什么?”

第二节

1.答:(1)技术/职能型;(2)管理型;(3)自主/独立型;(4)安全/稳定型;(5)创造型;(6)服务型;(7)挑战型;(8)生活型。

2.答:(1)提高职业适应性。(2)借助组织的职业计划表,选定职业目标,发展职业角色形象。(3)培养和提高自我职业决策能力和决策技术。

第三节

1.答:(1)根据自身条件选择合适的绩效标准;(2)通过访问调查抽取并分析效标样本;(3)获取效标样本有关胜任特征的数据资料,进行行为事件访谈;(4)组建合适的胜任特征模型;(5)检验和证实胜任特征模型。

2.答:美国职业指导专家霍兰德在《职业决策》一书中提出了人职匹配理论,强调兴趣与职业之间的关系。霍兰德提出了四个假设:(1)大多数人的人格可以分为现实型(R)、研究型(I)、艺术型(A)、社会型(S)、企业型(E)和常规型(C)这六种类型,这些是在个人与环境的相互作用中形成的。每一种特定人格类型的人会对相应的职业类型中的活动感兴趣。(2)人们所生活的职业环境也同样可以划分为上述六种类型。各种职业环境大致由同一种人格类型的人占据。(3)人们寻求的是能够充分施展自己的能力,充分表现、发展自己价值的职业环境。(4)个人的行为是由个人的人格和其所处的环境相互作用决定的。

本章复习题:

1.A　2.ABCD　3.ABCDEF

第五章

复习巩固:

答案略。

本章复习题：

1.A 2.D 3.D 4.A 5.D 6.AB 7.C 8.B 9.B

第六章

复习巩固：

第一节

1.答：胆汁质的人精力旺盛，激动暴躁，神经活动具有很高的兴奋性。他们能以极大的热情去工作，主动克服工作中的困难；但如果对工作失去信心，情绪就马上会低沉下来。他们更适合做导游、推销员、节目主持人、勘探工作者、演员、公关人员等工作。

多血质的人感受性低而耐受性高，不随意的反应性强，具有较大的可塑性和外倾性。他们反应迅速而灵活，工作能力较强，情绪丰富易兴奋，并且表现明显。他们极易适应环境，但注意力不稳定，兴趣易转移。他们不适宜从事单调机械的工作和要求细致的工作。而管理、导游、外交、公安、军官等职业更适合他们。

黏液质的人具有较强的自我克制能力，能埋头苦干、态度持重不易分心，由于灵活性相对较差，他们可能有因循守旧的倾向。黏液质的人适宜的工作有会计、法官、调解人员、管理人员、外科医生等。

抑郁质的人感受性高而耐受性低，不随意反应性低，严重内倾，情绪兴奋性高，而且体验深刻，反应速度慢，相对刻板而不灵活。他们情感细腻，做事谨慎小心，观察力敏锐，善于觉察别人不易察觉的细小事物，但工作的耐受性差，容易感到疲劳，并且容易产生惊慌失措的情绪。他们适宜承担的工作与胆汁质的人正好相反，诸如打字员、校对员、检查员、化验员、数据登记人员、文字排版人员、机要秘书等适合他们。

2.答：气质与性格都在人的生活实践中形成，二者互相渗透、彼此制约。就气质与性格各自形成的特点讲，气质更多地受到遗传素质的影响，而性格是在人自身的素质同环境的相互作用中形成的，比气质更具有可塑性。

气质与性格的联系十分紧密。一方面，人的气质特征直接影响一个人的性格，同样是勤劳的人，具有多血质气质的人在劳动中容易表现为情绪饱满，精力充沛，而有黏液质气质的人则可能表现为踏实肯干、操作精细。另一方面，性格也会在一定程度上掩盖、改造气质，使其服从于实践要求的行为方式。如长期从事需要精细操作、耐心坚持的性格特征的工作，有可能逐步地改变胆汁质的冲动与多血质的注意力容易转移等特性。

3.答：(1)功能性技能、内容性技能和适应性技能；(2)一般能力和特殊能力；(3)流体能力和晶体能力。

第二节

1.答：价值观在职业中的体现就是职业价值观，是人们对待职业的一种信念和态度，是人们在职业生活中表现出来的一种价值取向。例如，在选择职业的过程中，有人喜欢工作环境轻松愉快、有人追求丰厚的收入、有人希望奋斗到较高的社会地位等等。

工作价值观则通常与某种具体职业相联系。例如，创造性对个体来说是一项重要的工作价值，那么建筑师、设计师、广告创意人员、工程师和艺术家就是最好的选择；而独立、变化、时效性强、有影响力则被认为是记者这一行业的工作价值。

2.答：个人需要和个性、个人认识和情感、家庭环境、受教育程度、社会因素、职业需求。

3.答：London的职业动机理论模型包括三部分：情境条件、个体特征、职业决策和行为。

个体特征是指与个体的职业潜在相关的个人兴趣、需要等变量，包含三个结构维度，分别是职业认同、职业洞察和职业弹性。

职业决策和行为是与职业有关的决策和行为，包括产生备选行动方案、搜集信息、分析信息、设立目标、做决定、执行决定等。

4.答：职业动机内化，是指将外部的生活实践与个体内在的价值目标相联结以确立职业目标的过程。即将自己的现实生活状态、个人能力倾向、职业发展资讯同自我内在心理冲突和心理体验相联系，从自我价值和人生意义的角度去建构自己的职业目标，以便使自己更清晰地意识到为什么从事这一职业。

第三节

1.答：职业人格是指人作为职业权利和义务的主体所应具备的基本人品和心理面貌。它是一定社会的政治制度、物质经济关系、道德文化、价值取向、精神素养、理想情操、行为方式的综合体。职业人格既是人的基本素质之一，又是人的职业素质的核心部分。

2.答："大五"人格理论包括五种人格特质：神经质、外倾性、经验开放性、认真性、宜人性。

神经质(N)评鉴顺应与情绪不稳定，识别那些容易有心理烦恼、不现实的想法、过分的奢望式要求以及不良反应的个体。外倾性(E)评鉴人际间互动的数量和强度、活动水平、刺激需求程度和快乐的容量。经验开放性(O)评鉴对经验本身的积极寻求和欣赏；喜欢接受并探索不熟悉的经验。宜人性(A)评鉴某人思想、感情和行为方面在同情至敌对这一连续体上的人际取向的性质。认真性(C)评鉴个体在目标取向行为上的组织性、持久性和动力性的程度，把可靠的、严谨的人与那些懒散的、邋遢的人做对照。

本章复习题：

1.B　2.B　3.A　4.A　5.D　6.C　7.D　8.D　9.C　10.C　11.A　12.D　13.B　14.ABC　15.ABCD

第七章

复习巩固:

第一节

1.答:乔韩窗口理论把“自我”划为四个领域,分别为:公开的领域、盲目的领域、隐秘的领域和未知的领域。

2.答:SWOT 分析法中“S”代表优势(是个人内部因素,如乐观积极等),“W”代表弱势(是个人的内部因素,如过于忧郁等),“O”代表机会(是指外部环境因素,如出国深造机会等),“T”代表威胁(是外部环境因素,如人才市场竞争激烈等)。

3.答:略。

第二节

1.答:职业心理测评是心理测验的一个分支,是指通过心理测评的方法来认识自我,是一种简单易行的自我认识方法。

2.答:职业能力倾向测验把人的职业能力倾向分成九种,分别为一般学习能力倾向、语言能力倾向、算术能力倾向、空间判断能力倾向、形态知觉能力倾向、书写知觉能力倾向,眼手运动协调能力倾向、手指灵巧度、手腕灵巧度。

3.答:艾森克人格问卷由三个人格维度和一个效度量表组成,分别为:E 量表(内外向)、N 量表(神经质)、P 量表(精神质)和 L 量表(掩饰性)。

第三节

1.答:投射测验是指观察个体对一些模糊的或者无结构材料所做出的反应,通过被试的想象而将其心理活动从内心深处暴露或投射出来的一种测验。

2.答:罗夏墨迹施测过程一般分为四个阶段:(1)自由反应阶段,即自由联想阶段。(2)询问阶段。(3)类比阶段。(4)极限探询阶段。

3.答:投射测验的优点是:弹性大,被试不受限制;材料仅为图片,没有阅读能力的被试也可以进行测评。缺点是:评分缺乏客观标准,测验的实施程序、记分以及对结果的解释都必须经过长期的训练等。

第四节

1.答:在与他人比较时,我们应该注意比较的参照对象:首先,跟别人比较的是我们做事的条件,还是我们做事的结果。其次,跟他人比较的标准是可变的还是不可变的。最后,与什么样的人比较。

2.答:我们可以从以下几个方面来认识自己:第一,认识自己眼中的“我”;第二,认识别人眼中的“我”;第三,认识自己心中的“我”,指自己对自己的期许,即理想我。

3.答:行为结果根据内外部、控制点和稳定性对行为进行归因。

本章复习题：

1.D 2.C 3.A 4.C 5.C 6.B 7.ABCD 8.ABD 9.ACD 10.BCD 11.ABCD 12.ABC

第八章

复习巩固：

第一节

1.答：职业期望又称职业意向，是劳动者对某种职业的向往，也就是希望自己从事某项职业的态度倾向。

2.答：过于追求优越的待遇和条件；受虚荣心影响，存在攀比心理；自傲自大、好高骛远；存在从众心理，盲目跟风。

3.答：防止偏离自己的择业目标；防止期望值过高；通常采取"分步达标"和自我调整的办法，不断调整期望值直至达到最佳。

第二节

1.答：职业声誉也称职业声望，是某职业在公众心目中留下的总体印象，是人们根据个体生活经验对不同职业社会地位高低的评价，反映了一定社会发展阶段和一定时期的职业观。

2.答：影响职业声誉的因素有：职业环境、职业功能、任职者素质、社会报酬。

3.答：测量职业声誉的基本方法是：列出一些职业让被调查者主观感觉的声誉高低程度进行等级排序，研究人员再根据被试排列的结果赋予相应的分值。然后计算出每种职业的声誉得分，再根据得分高低排列各种职业的声誉等级。

本章复习题：

1.AC 2.BD 3.ABCD 4.AC 5.ABCD 6.ABCD 7.AB 8.ABCD 9.ABC

第九章

复习巩固：

第一节

1.答：(略)职业信息是对与职业有关的所有信息的统称。完整的职业信息应包括：职业资源信息、职业新闻信息、职业政策信息、职业测评信息以及通过对完整的职业信息的采集、对社会上提供的各职业类型、数量、需求、职业人员的要求、提供的薪酬及待遇等资料。

2.答：(略)职业信息具有目的性、社会性、不稳定性、规范性、统一性、时效性等特点。

3.答:职业信息分为宏观职业信息和微观职业信息。宏观职业信息包括整个社会背景、经济形势和政策、整体就业状况、国家总的就业政策等;微观职业信息包括人才供求情况、系统的就业政策、各类考试和培训信息以及用工制度、工作性质等具体的信息。

第二节

1.答:(略)就业者个人自身因素(主动性、偏好)、社会背景信息因素(信息的真实性)、信息获取渠道因素(信息渠道)。

2.答:(略)全面收集法、分领域或地区收集法、定向收集法、分阶段收集法、分渠道收集法、分类型收集法等。

3.答:(略)职业信息收集工作是否有计划地开展,是否能够运用已掌握的职业信息收集方法多方面多渠道地对信息加以收集整理,是否能够对收集的信息加以辨别,等等。

本章复习题:

1.ABC　2.BC　3.ABCD　4.CD　5.ABD　6.BCD　7.ABD　8.ABCDEF　9.ABC

第十章

复习巩固:

第一节

1.答:社会认知主要指个体在人际活动中,对认知对象的外在特征的认知,推测、判断其内在属性的过程。

2.答:社会认知的特征有:互动性、选择性、间接性、防御性、认知的完形特性。

3.答:影响个体社会认知的因素主要有三个方面,即认知者因素、认知对象因素和认知情境因素。

第二节

1.答:家庭环境分析指的是对家庭软、硬环境的分析。

2.答:家庭软环境主要指家庭的心理环境,是指笼罩着特定场合的特殊气氛或氛围,它诉诸人的内在情绪和感受,对人起着潜移默化的作用,是人的个性和社会化发展的“温床”。家庭硬环境是指可以用量化指标来评判和衡量的环境因素,比如家庭的成员结构、资源分配、生活方式等。

3.答:家庭教养方式有专制型、溺爱型、放任型和民主型。

第三节

1.答:学校环境是指所在学校的办学特色与教学优势、专业的设置、社会实践经验等。

2.答:SWOT分析法又称态势分析法,此方法能够较客观而准确地分析和研究一个单位现实情况,是一种根据企业或组织自身的既定内在条件进行分析,找出自身的优势、劣势及核心竞争力所在的企业战略分析方法。

3.答:影响职业发展的社会环境因素有社会政治环境、经济环境、法制环境、科技环境、文化环境等。

本章复习题:

1.ABCD 2.ABC 3.ABCD 4.ABCD 5.ABC 6.ABC 7.ABCD 8.ABCD 9.ABC

第十一章

复习巩固:

第一节

1.答:宏观角度、中观角度以及微观角度。

2.答:(略)集体主义和个人主义;对权力与权威的服从;物质主义与关注他人;仪式化和非仪式化;紧急时间取向和随意时间取向;工作取向和闲暇取向;高情境与低情境文化。

3.答:(略)有限资源的竞争;代际和个性冲突;好斗的个性;文化多元的团队;工作和家庭需求之间的竞争;性别冲突。

4.答:休闲活动和工作是一种相互作用并达到平衡的关系,两者之间存在相互的影响。

第二节

1.答:略。

2.答:(略)比方说在大型会议前一天晚上12点左右发现所打印的上千份宣传册中缺了一个重要部分,负责印刷任务的人员已关机,这时你该怎么办?

3.答:职业环境适应、职业角色适应、职业技能适应、职业人际适应和职业心态适应。探索和自我调适。

本章复习题:

1.B 2.A 3.C 4.A 5.D 6.ABCD 7.D 8.B 9.B 10.C

第十二章

复习巩固：

第一节

1.答：职业生涯目标定义为：个人希望从自己的职业生涯中获得的成果。

2.答：职业生涯目标包括人生目标、长期目标、中期目标与短期目标。

3.答：外部因素主要包括：(1)社会环境：经济发展水平、社会文化环境、政治制度和氛围、社会价值观念；(2)组织环境：企业文化、管理制度、领导者素质和价值观。个人因素主要包括：(1)能力；(2)价值观念；(3)兴趣意志；(4)机遇。

第二节

1.答：对于大学生，制定职业生涯目标规划，有利于自我定位、认识自我、了解自我，明确自己的方向，明确自己的人生目标，使大学生能够立足的是所选职业，它不仅是生活的基础，更重要的是它能体现出每个人存在的价值；对于员工，制定职业生涯目标，有助于促进员工对自己的了解，同时实现对工作环境、组织环境乃至地区就业环境的充分了解。

2.答：制定职业生涯目标的原则主要有：SCI(ENCE)-ART(科学与艺术原则)、A+B(积极平衡原则)、先理智后情感原则、实事求是原则、切实可行原则、协调一致原则。

3.答：确定职业生涯目标的具体步骤包括：

(1)自我分析，主要包括：优势分析、劣势分析、机会分析和挑战(威胁)分析。

(2)职业目标路线选择。选择方法包括：预测、衡量和比较；选择路线包括：技术/职能型路线、管理型路线、自主/独立型路线、安全/稳定型路线、创业型路线、服务型路线、挑战型路线和生活型路线。

(3)职业目标分解。目标分解程序包括：确定长期目标、确定中期目标和确定短期目标。

4.答：(1)长期目标特征：

①目标是自己认真选择的，和组织、社会的发展需求相结合；

②目标很符合自己的兴趣、价值观，能为自己的选择感到骄傲；

③目标能用明确的语言定性说明；

④有实现的可能，并有更大的挑战性；

⑤目标与志向相吻合，能够立志通过努力实现理想；

⑥目标与人生目标相融为一，指导自己为创造美好未来坚持不懈。

(2)中期目标特征：

①目标是结合自己的志愿、组织的环境及要求制订的，与长期目标相一致；

②目标基本符合自己的兴趣、价值观，使人充满信心，且愿意公之于众；

③目标切合实际，并且未来的发展有所创新，有一定的挑战性；

④目标能用明确的语言定量与定性说明；

⑤目标有比较明确的执行时间，根据外部环境变化可做适当的调整；

⑥目标可以发挥自己的能动性，实现的可能性非常大。

(3)短期目标特征：

①目标表述清晰、明确；

②目标对于本人具有意义，与自我价值观和中长期目标一致，有可能暂时不能完全满足自己的兴趣要求，但可"以迂为直"；

③目标切合实际，并非幻想；

④有明确的具体完成时间；

⑤有明确的努力方向，通过努力能达到适合环境需要的能力，实现起来完全有把握；

⑥目标精练。

本章复习题：

1.B　2.C　3.B　4.B　5.D　6.ABCD　7.ABDE　8.ACDE　9.ABCE

第十三章

复习巩固：

第一节

1.答：职业生涯心理辅导是指按照个体职业心理发展的特点和规律，着眼于职业生涯发展过程，促进受辅者职业生涯良好适应与发展的过程。

2.答：基本原理是发展性与整体性原则相结合、广泛综合性与自主性原则相结合、教育性与实践性原则相结合。主要技术有角色扮演技术、心理测验技术、研讨诊断技术、交往训练技术、行为塑造技术、理性情绪技术等。

3.答：职业生涯心理辅导策略有威廉姆逊的职业生涯心理辅导策略、罗伊的生涯心理辅导策略、鲍丁的生涯心理辅导策略、库伦伯茨的职业生涯心理辅导策略、克内菲尔坎姆和斯列皮兹的职业生涯心理辅导策略等。

第二节

1.答：个别咨询模式的特点是：需要建立共同参与、相互信任的良好咨询关系，始终保持友好气氛；咨询是动态的交互过程，常以言语的方式和平等的立场进行讨论或沟通；咨询技术的运用要充分考虑咨询目标与个体的期望，灵活控制咨询主题；咨询目标必须促进个体的自我了解和职业生涯发展的合理规划。基本过程分为：咨询初期——建立关系阶段、中期——探明问题阶段、后期——执行与评估阶段。

2.答：团体咨询模式的特点是：咨询目标是参与咨询活动的全体成员一起制定的共同目标；团体咨询是互动性的，成员担任各自的角色，可以进行双向和多向沟通；互相交流、互相帮助、共同探讨问题的气氛能够感染和影响成员，有助于个体摆脱困境；团体成员拥有各自的人际关系和有关职业问题的丰富信息，能给个体更好的启发与帮助；团体咨询效率高，省时省力，易于迁移到团体之外的现实工作中；团体咨询特别适用于人际关系适应不良的个体。基本过程包括：团体形成阶段、团体前期活动阶段、团体后期行动阶段、反馈与评估阶段。

3.答：环境支持模式包括组织发展、管理开发和个体目标建立等。

本章复习题：

1.ABCD　2.ACD　3.A　4.ABD　5.ABC　6.ABC　7.BCD　8.B

第十四章

复习巩固：

第一节

1.答：所谓职业选择，是指人们从自己的职业期望、职业理想出发，依据自己的兴趣、能力、特点等自身素质，从社会现有的职业中选择一种适合自己的职业。其中，职业能力、职业意向、职业岗位是构成职业选择的三个基本因素。

2.答：职业选择的一般步骤包括：探索、意向、选择、澄清、就职、坚定或矫正、总结提高。

3.答：影响职业选择的因素有：

(1)个人因素，包括自身兴趣、气质、性格、能力、价值观等与职业选择是否匹配；

(2)外部因素，包括就业政策、当年的经济形势、当年用人单位需求情况以及当年毕业生情况等对职业选择的影响。

第二节

1.答：不求实际，好高骛远；自我认识不足；缺乏环境调研，仓促上阵；投机心理，广种难收；自信心缺失；反客为主，受制于人；职业生涯规划失误；缺乏有效的求职策略和方法；价值观的局限性；不懂得未来形成于现在。

2.答：排除从众心理；摒弃虚荣心理；克服挫折心理；抑制羞怯心理。

3.答：首先是要增强自信心；其次是不要过多地计较别人的评论；再次是平时就争取机会迎难而上，多多锻炼；最后是要学会意念控制，遇到陌生场合预感自己可能紧张、羞怯时，暗示自己镇静下来，提醒自己别胡思乱想自己吓唬自己。

本章复习题：

1.D　2.ABD　3.C　4.B　5.B　6.C　7.A　8.B　9.ABCD

附录三　参考文献

中文文献：

[1]欣欣，路爱平.个人职业生涯规划[M].北京：中国时代经济出版社，2004.

[2]陈钰炫.试论职业信息采集与应用[J].职业，2010(20)：12.

[3]程肇基，任映红.指向自我认同教化：大学生自我概念形成的路径[J].教师教育研究，2004(20)：27－32.

[4]池厚新，谢秀珍.基于SWOT理论的大学生职业生涯定位研究[J].出国与就业(就业版)，2011(9).

[5]樊富珉.团体咨询的理论与实践[M].北京：清华大学出版社，2002.

[6]樊富珉，费俊峰.青年心理健康十五讲[M].北京：北京大学出版社，2006.

[7]方俐洛，凌文铨，刘大雄.职业心理与成功求职[M].北京：机械工业出版社，2002.

[8]郭平.当代青年的职业适应[J].中国青年研究，2006(7)：78－80.

[9]韩卫民，杨莹.信息收集的方法及注意事项[J].河南科技，2011(6).

[10]郝春霞.从员工流失反思员工激励——以餐饮业为例[J].中国经贸导刊，2011(5)：71－72.

[11]黄德祥.青少年发展与辅导[M].台湾：五南图书出版股份有限公司，1991.

[12]黄明睿.职业信息在高校中的应用研究[J].教育与职业，2008：32.

[13]黄强.职业适应性形成中的心理学问题[J].天津职业技术师范学院学报，2004(2)：23.

[14]黄希庭，郑涌.大学生心理健康与咨询[M].北京：高等教育出版社，2000.

[15]黄希庭.心理学[M].上海：上海教育出版社，1997.

[16]姜乾金.医学心理学(第二版)[M].北京：人民卫生出版社，2010.

[17]金盛华.社会心理学[M].北京：高等教育出版社，2010.

[18]金树人.生计发展与辅导[M].台北：台湾天马文化事业有限公司，1988.

[19]乐国安.社会心理学[M].广州：广东高等教育出版社，2006.

[20]李宝元.职业生涯管理：原理·方法·实践[M].北京：北京师范大学出版社，2007.

[21]李洁.大学生职业自我概念及其在职业指导中的应用[D].南京师范大学硕士学位论文,2005.

[22]李伟文.试论大学生就业信息的采集和应用[J].苏州大学学报(工科版),2009(5).

[23]林泽炎,李春苗.员工职业生涯设计与管理[M].广州:广东经济出版社,2003.

[24]凌文铨,白利刚,方俐洛.我国大学科系职业兴趣类型图初探[J].心理学报,1998(1):78—84.

[25]刘俊心.大学毕业生如何正确进行职业选择[J].中国职业技术教育,2006(6):54—55.

[26]刘翔平,陈尧坤.论学生社会技能的结构、评估与培养[J].教育研究与实验,1995(2):47—51.

[27]刘艳.如何利用职业信息做好高校职业指导[J].广东海洋大学学报,2008(2).

[28]刘燕青.高校毕业生职业信息采集与应用新探[J].湖北成人教育学院学报,2010(4):42—43.

[29]刘志明.职业锚[M].北京:中国劳动社会保障出版社,2007.

[30]刘子龙,高北陵,袁尚贤,社会能力评定量表全国协作组.社会能力评定量表的编制及信效度检验[J].中国临床心理学杂志,2005(5):19—22.

[31]龙立荣,李晔.职业生涯管理[M].北京:中国纺织出版社,2003.

[32]廖寻真.论和谐人格的主要特征和构建途径[J].经济与社会发展,2010(6):90—92.

[33]骆永萍.论学校职业指导的错位与纠正[J].河南职业技术师范学院学报(职业教育版),2008(4).

[34]聂衍刚,林崇德,郑雪,丁莉,彭以松.青少年社会适应行为与大五人格的关系[J].心理科学,2008(4):774—779.

[35]彭聃龄.普通心理学[M].北京:北京师范大学,2004.

[36]钱铭怡.心理咨询与心理治疗[M].北京:北京大学出版社,1994.

[37]邱美华,董华欣.生涯发展与辅导[M].台北:心理出版社,1997.

[38]沈洁.霍兰德职业兴趣理论及其应用述评[J].职业教育研究,2010.7.

[39]沈之菲.生涯心理辅导[M].上海:上海教育出版社,2000.

[40]史建勋.职业生涯规划与管理[M].北京:清华大学出版社,2012.

[41]宋专茂,王涌.高职院校《大学生就业心理辅导》课程建设的理论与实践[J].广东技术师范学院学报(职业教育),2009(1):31—35.

[42]孙兆扬,董梅.基于归因理论的大学生职业生涯规划探析及对策研究[J].安

阳工学院学报,2007(3):21—24.

[43]谭明,方翰青.我国职业适应性综述[J].中国职业技术教育,2012(18):34—39.

[44]汤新云,孙玉锦.高校毕业生职业信息的采集与应用[J].当代职业教育,2011(5).

[45]王一敏.当代青年的职业选择与指导[M].上海:上海教育出版社,1998.

[46]汪立超.基于韦纳归因理论的高职生就业挫折探析及对策研究[J].滁州职业技术学院学报,2011(1):24—25.

[47]王瑞,王琮瑶,张琳.职业信息在高职毕业生就业等方面应用的现状及建议[J].辽宁教育行政学院学报,2009(6):5—41.

[48]吴宜璇.试论高校职业信息的应用[J].就业与创业,2009(6).

[49]吴芝仪.我的生涯手册[M].北京:经济日报出版社,2008.

[50]相前.加强职业信息开发,促进大学生就业[J].职业时空,2010(1):293.

[51]谢宝珍,金盛华.实践智力、社会智力、情绪智力的概念及其教育价值[J].心理学探新,2001(2):21—25.

[52]许晓辉,郭安宁,刘伟.高校毕业生就业信息的搜集、整理、利用及有效性控制[J].高等农业教育,2006(6):77—79.

[53]阎观潮,张玉波.职场起步——职场新人求职就业必备手册[M].北京:机械工业出版社,2005.

[54]尹冬平.论信息素养的培养[J].湖南师范大学教育科学学报,2005(2):96—97.

[55]于海波,张进辅.从职业价值观中分析当代大学生需要的特点[J].广西民族学院学报(自然科学版),2003(2):22.

[56]赵天宇.谈毕业生对就业信息的收集途径[J].中小企业管理与科技,2012(10):261—262.

[57]郑溪璐.青少年社会适应行为及其培养[J].基础教育研究.2009(6):3—7.

[58]朱华珍.大学生职业指导中职业信息的收集与加工[J].思想理论教育,2011(10).

[59]佐斌.大学生心理发展[M].北京高等教育出版社,2004.

[60]艾泽欧·阿荷拉著.谢彦君译.休闲社会心理学[M].北京:中国旅游出版社,2010.

[61]彼得森,冈萨雷斯著.时勘等译.职业咨询心理学——工作在人们生活中的作用[M].北京:中国轻工业出版社,2007.

[62]戴安娜·萨克尼克,威廉·本达特,莉萨·劳夫曼著.周文霞,潘静洲等译.职业的选择:成功规划你的人生[M].机械工业出版社,2011.

[63]丹尼尔·戈尔曼著.耿文秀,查波译.情绪智商[M].上海:上海科学技术出版社,1997.

[64]都布林著.姚翔,陆昌勤等译.职业心理学:平衡你的工作与生活[M].北京:中国轻工业出版社,2008.

[65]E·H·施恩著.仇海清译.职业的有效管理[M].北京:生活·读书·新知三联书店,2003.

[66]洛克著.钟谷兰,曾垂凯,时勘等译.把握你的职业发展方向(第五版)[M].北京:中国轻工业出版社,2006.

[67]Reardon 等著.侯志瑾,伍新春译.职业生涯发展与规划[M].北京:高等教育出版社,2005.

[68]T Butler 著.赵剑非译.哈佛职业生涯设计[M].北京:中国商业出版社,2004.

[69]Taylor S. E. 等著.谢晓非等译.社会心理学[M].北京:北京大学出版社,2005.

[70]鄢敬新.职业生涯规划宝典[M].青岛:青岛出版社,2005.

[71]姚裕群,朱启臻.选择职业的艺术[M].天津:天津人民出版社,1991.

[72]张添洲.生涯发展与规划[M].台北:五南图书,1994.

[73]张再生.职业生涯管理[M].北京:经济管理出版社,2002.

英文文献:

[74]Holland J L. Making Vocational Choices: A Theory of Vocational Personalities and Work Environments[M]. Psychological Assessment Resources, 1997.

[75]Mouw T. Social Capital and Finding a Job: Do Contacts Matter? [J]. American Sociological Review, 2003: 868—898.

[76]Riggio R E. Assessment of Basic Social Skills[J]. Journal of Personality and Social Psychology, 1986, (3): 649.

[77]Hall, D.T., and J. G. Goodale. Human Resource Management: Strategy, Design, and Implementation[M]. Glenview, IL: Scott, Foresman, 1986.

[78] Hood, J., & Banathy, L. V. Career process [M]. New York: Macmillan,1972.

[79]McDaniels, C.The Practice of Career Guidance and Counseling[J]. Inform

1978(7)：1—8.

[80] McFarland, A. S. Power and Leadership in Pluralist Systems [M]. California：Stanford University Press，1969.

[81]Shartle，C.L. Occupational Information：Its Development and Application [M]. Prentice—Hall，1952.

[82] Super，D. E. The Psychology of Careers [M]. New York：Harper & Row，1957.

[83]Super，D.E. Career Education and the Meanings of Work. Monographs on Career Education[M]. 1976.

[84]Webster，David S. Academic Quality Rankings of American Colleges and Universities[M]. Charles C. Thomas，Publisher，2600 South First Street，Springfield，IL 62717，1986.